北京文化书系
红色文化丛书

北京红色遗存

中共北京市委宣传部
中共北京市委党史研究室   组织编写
中共北京市委党史研究室   编　著

北京出版集团
北京出版社

图书在版编目（CIP）数据

北京红色遗存 / 中共北京市委宣传部，中共北京市委党史研究室组织编写；中共北京市委党史研究室编著. —北京：北京出版社，2021.4
（北京文化书系. 红色文化丛书）
ISBN 978-7-200-16344-5

Ⅰ.①北… Ⅱ.①中… ②中… Ⅲ.①革命史—北京 Ⅳ.①K291

中国版本图书馆CIP数据核字（2021）第060813号

北京文化书系　红色文化丛书
北京红色遗存
BEIJING HONGSE YICUN
中共北京市委宣传部
中共北京市委党史研究室　组织编写
中共北京市委党史研究室　编著

*
北 京 出 版 集 团
北 京 出 版 社　出版
（北京北三环中路6号）
邮政编码：100120

网　　址：www.bph.com.cn
北 京 出 版 集 团 总 发 行
新 华 书 店 经 销
北京建宏印刷有限公司印刷
*
787毫米×1092毫米　16开本　24.75印张　368千字
2021年4月第1版　2024年4月第2次印刷
ISBN 978-7-200-16344-5
定价：110.00元
如有印装质量问题，由本社负责调换
质量监督电话：010-58572393
编辑部电话：010-58572835；发行部电话：010-58572371

"北京文化书系"编委会

主　　任　杜飞进

副 主 任　赵卫东

顾　　问　（按姓氏笔画排序）
　　　　　于　丹　刘铁梁　李忠杰　张妙弟　张颐武
　　　　　陈平原　陈先达　赵　书　宫辉力　阎崇年
　　　　　熊澄宇

委　　员　（按姓氏笔画排序）
　　　　　王杰群　王学勤　李　良　李春良　杨　烁
　　　　　余俊生　宋　宇　张　维　张　淼　陈　冬
　　　　　陈　宁　陈名杰　赵靖云　钟百利　唐立军
　　　　　谈绪祥　康　伟　韩　昱　程　勇　舒小峰
　　　　　翟立新

"红色文化丛书"编委会

主　　　编　李忠杰

执 行 主 编　李　良　刘　岳

执行副主编　陈志楣　范登生　张恒彬　运子微

编　　　委　邵维正　柳建辉　关海庭　黄如军　包国俊
　　　　　　杨凤城　王树荫　公方彬　周良书　赵小卫
　　　　　　李　方　秦德占　陈洪玲　刘晓宝　林小波
　　　　　　胡献忠　曹　英　张春丽　黄延敏　孙希磊
　　　　　　张守连　孟繁华　高杨文　张　彬

编委会办公室
　　　　　　主　任　刘　岳（兼）
　　　　　　副主任　曹　楠　宋传信
　　　　　　成　员　方东杰　黄迎风　高俊良
　　　　　　　　　　王桂环　祁　霄

本 书 作 者　刘　岳　宋传信　曹　楠　黄迎风　高俊良
　　　　　　王桂环　祁　霄　杨华锋　孙太红　赵　妍
　　　　　　孙良菊　阮珍珍　鲁　杨　董盼盼　齐静霞
　　　　　　徐支燕　陈　亮　王　妍

飞进同志担任主任,中共北京市委宣传部常务副部长赵卫东同志担任副主任,由相关文化领域权威专家担任顾问,相关单位主要领导担任编委会委员。原中共中央党史研究室副主任李忠杰、北京市社会科学院研究员阎崇年、北京师范大学教授刘铁梁、北京大学文化资源研究中心主任张颐武分别担任"红色文化""古都文化""京味文化""创新文化"丛书编委会主编。

在组织编撰出版过程中,我们始终坚持最高要求、最严标准,突出精品意识,把"非精品不出版"的理念贯穿在作者邀请、书稿创作、编辑出版各个方面各个环节,确保编撰成涵盖全面、内容权威的书系,体现首善标准、首都水准和首都贡献。

我们希望,"北京文化书系"能够为读者展示北京文化的根和魂,温润读者心灵,展现城市魅力,也希望能吸引更多北京文化的研究者、参与者、支持者,为共同推动全国文化中心建设贡献力量。

"北京文化书系"编委会

2019年9月

"红色文化丛书"
序言

北京是千年古都，有着丰厚的文化积淀。1949年伴随着中华人民共和国成立的脚步，北京获得新生。改革开放以来，北京文化得到新的更大发展。党的十八大以后，以习近平同志为核心的党中央进一步明确了北京作为全国政治中心、文化中心、国际交往中心、科技创新中心的战略定位，不仅为整个首都建设，也为北京的文化建设指明了方向、增强了动力。

为了深入挖掘北京文化内涵、推进全国文化中心的建设，中共北京市委决定编纂"北京文化书系"。书系包括"古都文化、红色文化、京味文化、创新文化"4个系列。按照市委要求和市委宣传部部署，由市委党史研究室负责，由我当主编，组织有关部门和单位的专家学者编纂了"红色文化丛书"。这是整个书系的一个重要组成部分。

对本套丛书，首先需要做几点总体上的说明和介绍。

一、北京红色文化的内涵和外延

编纂"红色文化丛书"，首先要界定北京红色文化的内涵和外延，这样才能确定写什么、怎样写。

文化，作为人类改造客观世界和主观世界的活动及其成果的总和，始终伴随着人类的活动而生成、发展，从而不断展现出五彩斑斓的色彩。当代中国文化，源自于中华优秀传统文化，熔铸了中国共产党领导人民在革命、建设、改革中创造的革命文化和社会主义先进文化，到当代，本质上成为中国特色社会主义文化。如果以颜色作为象征，总体上可以说是一种以红色为基调的文化；而中国共产党培育、形成和展现的文化，则是一种比较完全意义上的红色文化。这是广义上的红色文化。

但在本套丛书中，我们对红色文化做了狭义上的界定，即将红色文化限定于主要在1949年前由中国共产党培育、形成和展现的革命文化。这样界定，主要是为了尊重文化自身内容的多样性和复杂性，避免过于宽泛造成内容上的庞杂，也为了更加突出不同时期文化的主要特点。否则，北京红色文化就会像一个硕大无比的筐子，什么都能往里装了。

因此，本套丛书所说的北京红色文化，主要是指1921年中国共产党成立至1949年中华人民共和国成立之间，中国共产党在北京地区领导人民群众为争取民族独立、人民解放而斗争所培育、形成和展现的革命文化。往前，回溯到五四运动前后红色文化的萌发；往后，延伸到新中国成立后到1966年前所创作的反映新民主主义革命的主要作品、建筑，如人民英雄纪念碑等。

无论广义还是狭义，红色文化都是中国共产党"为中国人民谋幸福、为中华民族谋复兴"的初心和使命的重要体现，都是在实现这一初心和使命的历程中培育、形成、发展和完善起来的重要成果。而北京红色文化，则是这一初心和使命在北京区域内的体现和反映。

北京红色文化与中共北京历史有着紧密的联系。北京红色文化，是中国共产党在北京的活动、工作、斗争中培育、形成和展现出来的。因此，写北京红色文化，当然要写中共北京历史。但党史又不能完全等同于文化。所以，本套丛书安排几本书梳理和介绍了北京地区党的组织和活动，展示了党在北京地区英勇和复杂的斗争。但撰写这些历史，不是简单地写历史，而是重在反映这些历史中的文化和精神，努力体现贯串其中的北京红色文化。因此，这些历史与标准的党史著作是有区别的。

二、北京红色文化的特殊地位

北京红色文化不是孤立的地域文化,而是党和国家整个红色文化中一个特殊的重要组成部分。

中国共产党这艘红船,在上海制造,在南湖起航。追根溯源,首先是在北京孕育的。北京地区的党组织,是中国共产党的地方组织,但在某些时期也超出了地方的范围。如李大钊领导的北方区委,曾负责当时北方十几个省、区、市党的工作。北京发生的许多事件,如五四运动、一二·九运动等,都对全国产生了重大影响,起到了引领作用。

特别是1949年1月北平和平解放后,中共中央决定定都北平,随即"进京赶考",从西柏坡迁驻香山,9月正式入驻中南海。在此期间,党中央、毛泽东运筹帷幄,指挥夺取了中国革命的最后胜利;筹备和召开中国人民政治协商会议,建立了中华人民共和国。北京的历史翻开了新的一页,中国的历史也翻开了新的一页。所以,从1949年初起,北平就实际上发挥了首都的作用。新中国成立之后,北京作为中华人民共和国的首都,围绕大局,服务中央,一直到今天,都发挥着特殊的作用。

所以,北京是地方的北京,但也是全国的北京。北京的红色文化,既具有地域性,也具有全局性。北京的红色文化,在党和国家整体的红色文化中,发挥着一定程度上全局性的作用;对全国的红色文化建设,也在一定程度上发挥着典型、示范和引领的作用。

所以,我们撰写"红色文化丛书",既坚持立足于北京,又坚持着眼于全党全国,把北京红色文化放在全局中来认识和撰写,不仅充分反映党中央对于北京党组织和北京地区革命斗争的领导,而且反映党中央在北京对于全国革命斗争的领导和指挥。同时,又充分反映北京地区革命斗争的实际,充分反映北京地区革命斗争在全局中发挥的特殊作用,从而正确地反映北京红色文化与党和国家整体红色文化的关系。

三、北京红色文化的形态和表现

文化有物质和非物质两类基本形态。所以，北京红色文化，既包括精神领域的红色文化，也包括物质形态的红色文化。这种物质形态的红色文化，就是指蕴含在这些物质形态之中，以物质形态表现出来的红色精神文化。比如中共中央在香山的办公旧址，表现为物质形态，但包含有丰富的文化内容。所以，我们将北京的红色遗存、红色地标等均纳入了北京红色文化的范围。

物质形态的北京红色文化，主要有3类。

第一类，是红色地标。在本套丛书中，我们提出了"红色地标"的概念。所谓红色地标，就是指北京区域内具有地标性的红色遗址遗迹和纪念建筑。一般来说，每个城市都会有自己的地标性建筑。但很多北京的地标，不仅是北京的地标，而且是全国性的地标。如北大红楼、卢沟桥、天安门广场、国家博物馆、毛主席纪念堂等，它们有些是原先就有的，有的是1949年之后建立起来的。这些地标性建筑，都具有特别重大的意义，甚至从某个角度可以代表中国共产党、代表中华人民共和国。

第二类，是红色遗址遗迹。主要是除红色地标外反映革命斗争历史和精神的大量遗址遗迹。红色地标不少也是遗址遗迹，但因为其特别重要，就单列出来了。除此之外的大量红色遗址遗迹，也蕴含着丰富的红色文化。所以我们也在本套丛书里做了研究、介绍和展示。其中不少已经被列入不同级别的文物保护名录，有的还没有被列入。北京党史部门曾对这些遗址遗迹做过调查，特别是曾按中共中央党史研究室的统一部署，做过一次大规模的全面普查，这次在本套丛书里进一步加以反映。所有这些遗址遗迹，都是北京红色文化的重要载体。

第三类，是可移动红色文物。包括红色文献，如党创办的很多杂志、出版的各种书籍；红色艺术品，如木刻、标语、宣传画、摄影作品等。1949年及之后设计的国旗、国徽也是红色艺术品。它们具有可移动性的物质形态，也是北京红色文化的重要载体。

其实还有一类，兼具物质形态和非物质形态。主要是红色的文学作品、音乐作品、戏剧作品、舞蹈作品、电影作品、民间文艺等。就其内容和表现形式而言，应该属于非物质文化形态，但它们也以一定的物质形态存留于世。其中有的是原生态的历史作品，也有的是1949年后创作的反映1949年前革命斗争的作品。

精神领域的北京红色文化，主要是指在长期革命斗争中表达和反映的思想、理论、路线、政策、主张、观点、口号、精神、规范、要求、价值取向、道德要求等等。它们总体上都可以归入红色文化的范畴。如果直接在北京区域内形成和表现出来的，就是北京红色文化。

这类北京红色文化，也是非常丰富的。本套丛书主要展示和论述了一系列革命精神，用以集中反映北京在精神领域的红色文化，如五四精神、抗战精神等。每一本书都有从不同侧面的展示，在《北京红色文化概述》里又做了集中的分析论述。

四、北京红色文化的作用和价值

文化是一个国家、一个民族的灵魂。文化的发展繁荣与国家民族的命运紧紧联系在一起。北京的文化建设不仅与北京的发展紧紧联系在一起，而且在全国的文化建设和中国特色社会主义的建设中都起着重要的作用。

北京红色文化是北京文化的重要组成部分，同样具有十分重要的作用和价值。

从时间长度上来说，北京红色文化，既在新民主主义革命的过程中具有重要的价值，发挥了重要的作用，又对1949年后的革命、建设、改革具有基础性、延续性、灵魂性的价值和影响，一直发挥并将继续发挥重要的作用。

从空间维度上来说，北京红色文化既对北京地区的革命、建设、改革有着重要的价值，发挥着重要的作用，又因为其居于首都地位，所以对党和国家的全局发挥着重要的作用，对全国的红色文化建设起着引领和示范的作用。

对于历史而言，本套丛书将北京红色文化的作用概括为：传播马列主义，解答中国问题；认知基本国情，选择革命道路；加强政治宣传，动员鼓舞群众；团结进步力量，壮大统一战线；引领革命洪流，助推全国胜利。

对于现实而言，本套丛书将北京红色文化的时代价值概括为：传承红色基因，弘扬社会主义核心价值观；挖掘红色文化，助力全国文化中心建设；厘清历史真相，反击历史虚无主义；开发红色资源，促进地区经济社会发展。

这些提炼和概括，是在《北京红色文化概述》作者和编委会认真研究的基础上形成的，代表了我们整个团队对北京红色文化作用和价值的认识。

五、北京红色文化与其他文化的关系

"北京文化书系"包括"古都文化、红色文化、京味文化、创新文化"4个系列4套丛书。因此，编纂"红色文化丛书"，除了界定北京红色文化的定义和范围之外，还必须厘清和处理好其与古都文化、京味文化、创新文化的关系。

古都文化，是一种传统文化，而且是一种以古都为特点的传统文化。古都文化当然不是红色文化。但是红色文化多少也吸收和传承了古都文化的某些因子。作为京城、古都，北京长期居于国家政治、文化的中心地位。因此，那种天下观念、家国情怀、宽广视野，对于许多革命家在北京出发、许多历史事件在北京发生、中国共产党在北京孕育、新中国在北京诞生，都起了重要的作用。作为中华人民共和国的首都，北京不仅是全国的政治中心，也是全国的文化中心。北京文化是首都文化。长期形成的都市建设理念，对北京红色地标的规划、布局和建设也产生了深刻的影响。所以，北京红色文化在很多方面传承了中国传统文化的精华，也包括古都文化中的某些思想养分。

京味文化，是兼具都城性、生活性和民间性的一种文化。北京红色文化，运用了京味文化的很多形式，如戏剧、书画、礼仪、节庆、

服饰、民俗、工艺、饮食等。中国共产党在革命、建设、改革中都利用其从事宣传、动员、教育（如统一战线、党的建设、武装斗争），产生了明显的效果。比如，党中央、毛泽东在到达北平的第一天，就会见了民主党派负责人和其他民主人士，并在颐和园设宴招待和餐叙，这既是饮食，也是礼仪，既是生活，也是政治。北京红色文化，在相当程度上渗入、影响和改造了京味文化。比如，1949年，中国共产党接管北平之后，在忙于一系列重大政治、军事事务的同时，立即着手整理市容、收容乞丐、封闭妓院，从而初步清除了传统京城的糟粕，改造了某些低俗的城市文化。

创新文化，是改革开放以来提出和突出强调的新型文化。作为中国共产党提出和确立的战略要求，创新文化甚至在广义上也是一种红色文化。两者在很多方面有着内在的联系、内在的共性。红色文化应该是一种富于创新的文化，创新文化也包含着红色文化的基因。但同时，我们也懂得，文化是一种庞大的社会历史现象，具有非常明显的多样性和复杂性。其中包含着非常众多的子文化、亚文化，也会有非常众多和不同的色彩。没有必要给所有的文化都贴上一个红色或非红色的标签。所以，北京红色文化与北京创新文化是并行不悖的。两者互相促进、互相交融，共同丰富和发展着北京文化，共同构成全国文化中心建设的重要内容，共同为北京"四个中心"与国际一流的和谐宜居之都建设发挥重要作用。

六、"红色文化丛书"的框架和特点

基于上述观点、分析和考虑，"红色文化丛书"一共包含12本著作，分别是《北京红色文化概述》《北京的红色觉醒》《北平抗战的红色脊梁》《迎接北平的红色黎明》《新中国在这里诞生》《北京红色先驱》《北京学府的红色文化》《北京红色地标》《北京红色遗存》《北京红色文艺》《北京红色出版》《北京红色设计》。

这12本书所写的内容和角度并不完全一样。《北京的红色觉醒》《北平抗战的红色脊梁》《迎接北平的红色黎明》《新中国在这里诞生》,主要按时间顺序,分4段介绍了不同时期党在北京的活动及其形成和发展的红色文化。今年是中华人民共和国成立70周年,这几本书连贯回答了中华人民共和国从何而来的问题。特别是《新中国在这里诞生》,集中介绍了中共中央在香山及到中南海筹划建立中华人民共和国的主要过程,对我们重温中共中央在香山的历史,从中汲取力量和智慧很有帮助。这4本书,均是以北京党史为基础,但又着重从文化的角度切入和贯通。党史叙事是研究和介绍北京红色文化的前提和基础。如果不说明党在北京的活动和工作,就无法说明北京的红色文化。当然,如果简单地重复党史而忽略红色文化的形成和发展,那就是党史而不是红色文化了。

《北京红色先驱》分别介绍了在北京革命斗争中涌现的著名人物和英烈模范。没有以他们为代表的共产党人和志士仁人,北京红色文化就无从产生。这些先驱,既有个体,也有群体,都是北京红色文化的创造者、体现者和代表者。

《北京学府的红色文化》集中介绍和展示了北京大、中、小学校中党的活动及其体现的红色文化。北京是学校特别是高校最集中的地区。北京学府在中共党史和中国革命史上发挥了特殊的作用。以往介绍各个学校的革命斗争史,都是一个一个学校单个研究和介绍的。但这次,我们首先把各个学校打通和整合起来,从整体上介绍北京学府红色文化的形成、发展、内容和特点。这种写法虽然要困难得多,但体现了北京学府红色文化的整体性和统一性。

《北京红色地标》《北京红色遗存》反映的是红色物质文化遗产。它们代表了北京红色文化的一个重要类别,着重介绍了具有地标意义的红色遗址遗迹、重要建筑和纪念设施。不仅介绍了有关这些建筑设施的红色历史,还从建筑学和美学的角度介绍和分析了建筑设计上的特点。突出红色地标,这是红色文化研究的一个创新,也是北京红色文化的一个重要特色。

《北京红色文艺》《北京红色出版》《北京红色设计》分别展示了北京红色文化的几个重要领域和类型。其中的红色出版和红色设计在党史研究中是个创举。迄今的党史著作，都是在叙述党史过程时提到这种或那种杂志、报纸或书籍。但它们的具体情况如何，中国共产党到底出版过哪些报纸、杂志和书籍，均语焉不详。《北京红色出版》首次做了集中研究和介绍。虽然只是北京地区的出版物，但仍然具有开创性的意义。《北京红色设计》更是一种新的探索和突破。它从艺术设计的角度介绍了一批建筑、雕塑、书刊、纪念物品、徽章标识中的红色文化，令人耳目一新，具有很强的知识性。

在这些单项著作的基础上，《北京红色文化概述》一书从整体上概述了北京红色文化的形成和发展、土壤和条件；物质形态的北京红色文化、精神层面的北京红色文化、北京红色文化的本质特点、北京红色文化的传承和发展、北京红色文化的时代价值、通过弘扬北京红色文化推进新时代新北京的建设等。这本书兼具历史概述和理论分析，集中回答了"北京红色文化是什么、有哪些"的基本问题。

所有这12本书，由于内容、角度不同，体例和风格上也有不同。我们一直努力保持体例和风格的统一，但很难完全统一，只能从实际出发，发挥各自的特色。不同角度、不同写法、不同风格，正好可以起到互补和整合的作用。

七、"红色文化"工程的实施和推进

编纂"红色文化丛书"，是北京市委的决定和部署，是贯彻落实习近平总书记对于北京首都建设和文化建设重要指示的重要举措。丛书编委会和所有作者，特别是负责单位市委党史研究室，都不断增强"四个意识"、坚定"四个自信"、做到"两个维护"，从政治和大局的高度对待这项工作，勇于担当负责，积极主动作为，努力完成市委交代的任务。

从接受任务开始，编委会就制订了严密的工作计划，以钉钉子精神抓工作落实，一环紧扣一环、一步紧跟一步，稳步有序地把这项工程推向前进。从设计方案到选择作者，从确定选题到拟订提纲，从写出初稿到反复修改，从多次审议到最后统稿，从专家审核到编辑

介入，每一个环节都召开专门会议，提出要求，落实措施，明确要求，规定时间，有布置、有检查、有落实。市委党史研究室从主任到有关人员，全程参与和负责，及时推进工程，及时请示汇报，及时解决问题；为每一本书都确定了联络员，随时沟通联系。各位作者深入研究，认真写作，准时完成了不同阶段的写作和修改任务。编委会成员和有关专家多次审核每一本书，认真把关，提升质量。邵维正将军年事已高，但仍坚持参加了几乎每一次会议，并审稿把关。北京出版集团全程参与，及时配备了责任编辑，提前介入图书的审阅、编辑工作。正由于所有同志的共同努力，才使得这项工程按照市委的要求及时完成。全书形成第二、第三稿后，我们还专门将全套丛书报送给十几位有名望的学者型省部级领导，请他们审阅把关、提出意见。

"红色文化丛书"具有鲜明的政治性。所以，我们首先坚持正确的政治导向，坚持以党的两个历史决议的精神为准绳，在重大历史事实、基本观点和重大结论上，与党中央保持高度一致。同时，确保史实的准确性。尽力运用原始资料，认真核对比较，吸收最新成果，深入挖掘拓展，要求作者最大限度减少错漏和不准确之处。

"红色文化丛书"也具有很强的学术性。市委明确要求打造成精品工程。所以，本套丛书从一开始就把打造精品作为基本标准，一切按精品要求来设计、写作、审核、研究、修改、编辑，不断消除与精品不符的问题。每一本书都大改了3～5次，小改更多。都是希望全方位展示北京红色文化研究的成果，努力为北京人民提供内容丰富、权威准确的北京红色文化读物，也为北京红色文化建设提供一个重要的工作基础。当然，最后完成的书稿与精品工程可能还有一定的差距，这是我们深感遗憾的地方。

"红色文化丛书"也兼顾了读者的需求，力求增加一定的生动性、可读性。根据每本书的内容和任务，我们要求语言文字上形象一点、生动一点。但实现的情况不完全一样，生动性、可读性各有差异。除了语言文字外，每本书还配了适当的照片资料。

我们希望，"红色文化丛书"能够成为向中华人民共和国成立70

周年献上的一份礼物，能够从红色文化的角度清晰展示中国共产党在领导北京地区革命斗争过程中的初心和使命，也为全党和北京市开展"不忘初心、牢记使命"主题教育提供有益的参考读物。

作为主编，我根据这套丛书研究和编纂的实际情况，对上述7个方面作出说明和介绍。希望各方面领导、群众和广大读者看了这些说明和介绍后，能够更加准确地理解北京红色文化，理解这套丛书的内容和特点。

感谢参与这套丛书、以不同方式支持这套丛书的所有人员。

李忠杰

2019年6月7日

目 录

导语   1

东城区   1

  东城区革命史概述   3

  主要遗存及故事   7

    1. 火烧赵家楼遗址（前赵家胡同1号）   7

      主题故事 ▶ 火烧赵家楼   8

    2. 青年毛泽东第一次北京之行居住地（豆腐池胡同15号、吉安所左巷8号）   10

      主题故事 ▶ 青年毛泽东在北大图书馆当"书记"   12

    3. 中法大学旧址（东黄城根北街甲20号）   15

      主题故事 ▶ 从中法大学走上革命道路的陈毅   16

    4. 三一八惨案发生地（张自忠路3号）   18

      主题故事 ▶ 三一八惨案发生后   20

    5. 中国铁道博物馆正阳门馆（前门大街甲2号）   22

      主题故事 ▶ 抗日救亡的呐喊   23

    6. 北平陆军监狱旧址（炮局胡同21号）   25

      主题故事 ▶ 吉鸿昌"恨不抗日死"   26

    7. 军调部中共代表团驻地旧址（翠明庄）（南河沿大街1号）   28

      主题故事 ▶ 没有硝烟的战场   30

西城区 33

西城区革命史概述 35
主要遗存及故事 39

1. 平民通讯社旧址（北长街20号福佑寺内） 39
    - 主题故事 ▶ 寺庙里的平民通讯社 40
2. 国立北平大学女子师范学院旧址（新文化街45号鲁迅中学内） 42
    - 主题故事 ▶ 中共第一位女党员缪伯英 43
3. 国立蒙藏学校旧址（小石虎胡同33号） 45
    - 主题故事 ▶ 中共第一个少数民族党支部 47
4. 北京鲁迅旧居（阜成门内宫门口二条19号） 49
    - 主题故事 ▶ 从"老虎尾巴"到"绿林书屋" 50
5. 陶然亭慈悲庵、高石之墓（太平街19号陶然亭公园） 52
    - 主题故事 ▶ 生前未能相依共处 愿死后得并葬荒丘 54
6. 京报馆旧址（魏染胡同30号、32号） 57
    - 主题故事 ▶ 湮没60年的中共秘密党员邵飘萍 58
7. 刘公馆（纪晓岚故居）（珠市口西大街241号） 60
    - 主题故事 ▶ 中共地下联络点 61
8. 国立北平师范大学旧址（南新华街13号、15号、17号） 63
    - 主题故事 ▶ 民族解放先锋队的诞生 65
9. 辅仁大学旧址（定阜街1号） 66
    - 主题故事 ▶ 不向日伪低头的老校长 67
10. 中国大学旧址（大木仓胡同35号） 69
    - 主题故事 ▶ 中国大学的"饥寒团" 70
11. 中共北平地下党员会师大会会场（佟麟阁路62号） 72
    - 主题故事 ▶ 中共北平地下党员大会师 73

朝阳区　　　　　　　　　　　　　　　　77

朝阳区革命史概述　　　　　　　　　　79
主要遗存及故事　　　　　　　　　　　83

1. 马骏烈士墓（日坛北路6号日坛公园西北角）　　83
   - 主题故事 ▶ 初心永恒　　　　　　　84
2. 五里桥北平和平解放谈判地旧址（东高路与朝阳北路交叉口西北侧）　　86
   - 主题故事 ▶ 五里桥和谈　　　　　　86
3. 四九一电台旧址（豆各庄乡双桥街9号院）　　88
   - 主题故事 ▶ 开国大典的电波从这里发出　　89

海淀区　　　　　　　　　　　　　　　　91

海淀区革命史概述　　　　　　　　　　93
主要遗存及故事　　　　　　　　　　　97

1. 圆明园三一八烈士公墓（圆明园九洲清晏殿遗址处）　　97
   - 主题故事 ▶ 三一八烈士群像　　　　97
2. 北京大学革命烈士纪念碑（颐和园路5号北京大学校园内）　　100
   - 主题故事 ▶ 范鸿劼——李大钊的学生和战友　　101
3. 清华英烈纪念碑（双清路30号清华大学校园内）　　103
   - 主题故事 ▶ 清华最光荣的儿子　　　105
4. 李大钊烈士陵园（香山南路万安里1号万安公墓内）　　107
   - 主题故事 ▶ 公葬李大钊　　　　　　108
5. 樱桃沟一二·九运动纪念地（北京植物园樱桃沟北部）　　111
   - 主题故事 ▶ 青苔掩不住的抗日石刻　　112
6. 黑山扈战斗纪念园（百望山森林公园内）　　114
   - 主题故事 ▶ 黑山扈击落日机　　　　116

7. 贝家花园（苏家坨镇贝家花园路5号） 118
  主题故事 ▶ 自行车上的"驼峰航线" 119

8. 大觉寺（阳台山东麓） 121
  主题故事 ▶ 北平时局风云突变 122

9. 北京西山无名英雄纪念广场（西山国家森林公园内） 124
  主题故事 ▶ 血洒宝岛的刘光典 125

丰台区   129

丰台区革命史概述   131

主要遗存及故事   135

1. 长辛店劳动补习学校旧址（长辛店大街南段东祠堂口1号） 135
  主题故事 ▶ 邓中夏在长辛店 136

2. 长辛店工人俱乐部旧址（长辛店大街174号） 138
  主题故事 ▶ 北方劳动界的一颗明星 139

3. 赵登禹将军墓（卢沟桥西道口沙岗子附近） 141
  主题故事 ▶ "大刀向鬼子们的头上砍去！" 142

石景山区   145

石景山区革命史概述   147

主要遗存及故事   150

八宝山革命公墓（石景山路9号） 150
  主题故事 ▶ "党和人民的骆驼"——任弼时 151

门头沟区   155

门头沟区革命史概述   157

主要遗存及故事   161

1. 京西山区田庄党支部纪念馆（雁翅镇田庄村） 161
   主题故事 ▶ 京西山区的播火者 161
2. 八路军邓华支队司令部旧址（斋堂镇西斋堂村聂家大院） 164
   主题故事 ▶ 宋邓支队挺进平西 164
3. 冀热察挺进军司令部旧址陈列馆（斋堂镇马栏村） 167
   主题故事 ▶ 写小说的将军 168
4. 宛平县八年抗战为国牺牲烈士纪念碑（斋堂镇九龙头） 170
   主题故事 ▶ 威震敌胆的"刘大鼻子" 171
5. 平西情报联络站纪念馆（妙峰山镇涧沟村） 173
   主题故事 ▶ 书生站长梁波 174

房山区 177
房山区革命史概述 179
主要遗存及故事 182
1. 平西抗日战争纪念馆（十渡镇十渡村） 182
   主题故事 ▶ 诗歌为伴去战斗 183
2. 老帽山六壮士纪念碑亭（十渡镇十渡村） 185
   主题故事 ▶ 老帽山六壮士 186
3. 赵然烈士墓（十渡镇西庄村） 188
   主题故事 ▶ 不愧燕赵风 功绩谓卓然 188
4. 窑上英烈园（琉璃河镇窑上村） 190
   主题故事 ▶ 窑上英烈崔振春 191

通州区 195
通州区革命史概述 197
主要遗存及故事 201

    1. 中共潞河中学支部旧址（北苑街道新华南路 135 号）　　201

        主题故事 ▶ 通州第一党支部　　202

    2. 大沙务革命烈士纪念碑（西集镇大沙务村）　　203

        主题故事 ▶ 潮白河畔六烈士　　204

    3. 平津战役前线指挥部旧址（宋庄镇宋庄村中街）　　206

        主题故事 ▶ 一切为了前线　　207

顺义区　　209

  顺义区革命史概述　　211

  主要遗存及故事　　214

    1. 顺义区潮白烈士陵园（潮白河大桥东侧）　　214

        主题故事 ▶ 顺义第一位共产党员——李昆　　215

    2. 北京焦庄户地道战遗址纪念馆（龙湾屯镇焦庄户村）　　217

        主题故事 ▶ 抗日老村长　　218

昌平区　　221

  昌平区革命史概述　　223

  主要遗存及故事　　228

    1. 昌平烈士陵园（流村镇西峰山村水台路）　　228

        主题故事 ▶ 昌平第一位革命烈士——杨诗田　　229

    2. 昌平县立乡村师范学校旧址（政府街邮政局院内）　　230

        主题故事 ▶ 昌师巧抵日伪考试　　231

    3. 国民抗日军起义地遗址（流村镇白羊城村）　　233

        主题故事 ▶ 神秘的"红蓝箍"　　234

    4. 桃林烈士陵园（兴寿镇桃林村）　　236

        主题故事 ▶ 拥军模范王廷兰　　237

大兴区　241

大兴区革命史概述　243
主要遗存及故事　248
1. 华黎烈士墓（榆垡镇榆垡中心小学校园内）　248
　　主题故事 ▶ 为了中华民族的黎明——记华黎烈士　249
2. 田载耕烈士陵园（长子营镇赵献营村南）　251
　　主题故事 ▶ 钢筋铁骨志更坚——记田载耕烈士　252
3. 大兴区烈士纪念广场（清源公园内）　254
　　主题故事 ▶ 女中英杰佟景茂　255

平谷区　259

平谷区革命史概述　261
主要遗存及故事　265
1. 桃棚村抗战遗址（山东庄镇桃棚村）　265
　　主题故事 ▶ 红色桃棚的"建党洞"　266
2. 熊儿寨烈士墓（熊儿寨乡熊儿寨村）　268
　　主题故事 ▶ 北土门、熊儿寨战斗　268
3. 鱼子山抗日战争纪念馆（山东庄镇鱼子山村）　270
　　主题故事 ▶ 鱼子山兵工厂　270

怀柔区　273

怀柔区革命史概述　275
主要遗存及故事　278
1. 刘玉林烈士墓（庙城镇桃山村）　278
　　主题故事 ▶ 怀柔最早的共产党员——刘玉林　279
2. 沙峪抗日纪念碑（渤海镇沙峪村东山）　281
　　主题故事 ▶ 打响怀柔抗日第一枪　281

3. 怀柔第一党支部纪念馆（九渡河镇庙上村） 284
   主题故事 ▶ 庙上有个"高万丈" 285
4. 弘德烈士陵园（宝山镇道德坑村） 287
   主题故事 ▶ 深山沟里的红色医院 288
5. 北京铁军纪念园（九公山长城脚下） 290
   主题故事 ▶ 从汇文中学走出的抗日英雄——彭雪枫 291

密云区 295
密云区革命史概述 297
主要遗存及故事 301
1. 白乙化烈士纪念馆（陵园）（石城镇河北村） 301
   主题故事 ▶ "生不回平西，死不离平北" 302
2. 丰滦密联合县政府遗址（云蒙山牛盆峪村黄花顶） 304
   主题故事 ▶ 最后一颗子弹留给自己 305
3. 王波烈士碑园（不老屯镇半城子村） 307
   主题故事 ▶ 舍家投笔赴沙场 308
4. 承兴密联合县政府旧址纪念馆（北庄镇大岭村） 310
   主题故事 ▶ 大岭的红色政权为什么能够存在？ 311
5. 英雄母亲邓玉芬雕塑和主题广场（石城镇张家坟村） 313
   主题故事 ▶ 英雄母亲邓玉芬 314

延庆区 317
延庆区革命史概述 319
主要遗存及故事 322
1. 康庄铁路党支部旧址（康庄镇康庄火车站） 322
   主题故事 ▶ 战斗在京绥路上的何孟雄 323

2. 平北红色第一村（大庄科乡沙塘沟村） 325
　　主题故事 ▶ "不赶走鬼子我不结婚" 326

3. 昌延联合县政府旧址（大庄科乡霹破石村） 328
　　主题故事 ▶ 妫川英魂 329

4. 白龙潭烈士纪念碑（大庄科乡白龙潭桥东北坡） 332
　　主题故事 ▶ 英雄血染白龙潭 333

5. 平北抗日烈士纪念园（旧县镇韩郝庄路口） 335
　　主题故事 ▶ "海陀金花"舍命护文件 337

6. 延庆县革命烈士墓（八达岭镇岔道村西南） 339
　　主题故事 ▶ 写给先烈的话 340

北京市红色遗存一览表 **342**

北京市相关遗存一览表 **354**

北京市红色纪念展示教育设施一览表 **356**

结语 **357**

后记 **359**

导　语

新民主主义革命时期，中国共产党团结带领广大人民群众在京华大地上谱写了一曲曲惊天地、泣鬼神的华美乐章，留下了一处处昭日月、泽后世的红色遗存。这些红色遗存贯通着党的红色谱系，承载着党的红色基因，见证着首都北京的红色历史，是一批极其宝贵的红色文化资源，必须保护好、传承好、利用好。

北京红色遗存，从时间上主要突出1919年五四运动爆发至1949年中华人民共和国成立30年的革命历史，适当向中华人民共和国成立初期延伸；从类型上主要突出重要领导机构、重要会议旧址、重要人物故居、重要事件遗址遗迹、重要纪念地场馆等，适当向相关爱国主义教育基地延伸；从空间上主要突出北京市现行政区划内的16个辖区，如今行政区划在河北、天津区域内的平郊抗日根据地不再列入北京红色遗存。基于这一界定标准，本书共收录红色及相关遗存、纪念设施272处，并重点对74处遗存进行了详细介绍。

北京红色遗存具有地位独特、物态完整、内涵丰富、影响深远的显著特征。从地位上看，这些红色遗存记录了马克思主义在中国的传播史、中国共产党的创建史、抗日战争和解放战争的斗争史，以及筹建中华人民共和国和建立中华人民共和国的奋斗史，从此开启了中华民族发展进步的新纪元；从物态上看，这些红色遗存从党的创建时期、大革命时期、土地革命战争时期，到抗日战争时期和解放战争时期，形成了新民主主义革命各个历史时期的完整链条；从内涵上看，这些红色遗存生动诠释了中国共产党新民主主义革命时期的不懈奋斗史、理论探索史和自身建设史，深刻彰显了中国共产党历史发展的主题主线、主流本质；从影响上看，这些红色遗存见证了中国共产党的孕育，见证了中华人民共和国的筹备与诞生，见证了改革开放的起步，已经成为广大人民群众永不褪色的红色记忆。

　　记录历史是为了更好地铭记和传承。这正是我们编写本书的初衷。革命历史不能沉睡，红色遗存不可忘却。尤其在中国特色社会主义进入新时代的今天，我们必须从这些红色遗存所蕴含的深刻内涵中汲取丰富营养，补足精神之钙，牢记初心使命，为建设国际一流和谐宜居之都、实现中华民族伟大复兴的中国梦做出新的更大贡献。

东城区

东城区革命史概述

东城区位于北京市中心城区东部，北部、东部与朝阳区接壤，南部与丰台区相接，西部与西城区并联，总面积为41.84平方千米。1949年北平和平解放前后，现东城区域由内一区（第一区）、内三区（第三区）、外一区（第八区）、外三区（第十区，1950年5月调整为第七区）的全部及其他区的一部分组成。1952年9月，第一区改称东单区，第三区改称东四区，第七区改称崇文区。1958年，东单区和东四区合并为原东城区，崇文区进一步扩大。2010年6月，原东城区与崇文区合并成为新的东城区。

东城区除具有深厚的历史底蕴和传统文化积淀外，还承载着丰富的红色记忆，拥有丰富的红色资源，保留有众多红色遗存。

党的创建时期，东城区成为早期马克思主义传播的主阵地，是北京早期党组织的诞生地。1915年9月，陈独秀在上海创办《青年杂志》（后改名《新青年》），新文化运动由此发端。1917年1月，蔡元培就任北京大学校长，聘请陈独秀任文科学长，《新青年》编辑部也随之迁到北京，李大钊、鲁迅、胡适、钱玄同、刘半农等都是主要撰稿人。自此，地处东城区的北京大学和《新青年》编辑部成为新文化运动的主要阵地。1917年俄国十月革命后，在东城区域内工作的陈独秀、李大钊，领导新文化运动，传播马克思主义，开启了以马克思主义为指导解决中国问题的探索之路。1918年，毛泽东组织领导湖南青年赴法勤工俭学，从湖南首次来京，先后住在豆腐池胡同杨昌济[①]寓所、三眼井吉安东夹道7号（今吉安所左巷8号），并在北京大学接受马克思主义的洗礼。

得知巴黎和会中国外交失败的消息后，1919年5月4日，以北京

---

① 杨昌济（1871—1920），教育家。湖南长沙人。曾赴日本、英国留学。1913年回国后任教于湖南省立第一师范学校，关心毛泽东、蔡和森等一批进步青年的成长，并以"欲栽大木拄长天"明志。1920年1月病逝于北京，后葬于长沙县板仓。

大学为首的十几所学校3000多名学生齐集天安门前举行示威。当示威队伍在东交民巷使馆区西口被阻后,又改道奔向赵家楼胡同曹汝霖住宅,愤怒的学生痛打章宗祥、"火烧赵家楼"。五四运动虽遭当局的严酷镇压,但很快就突破知识分子的范围,发展成全国规模的群众爱国运动。迫于压力,北洋军阀政府释放被捕学生,罢免曹汝霖、章宗祥、陆宗舆,中国代表没有在和约上签字。五四运动是近代中国革命史上具有划时代意义的事件,揭开了中国新民主主义革命的历史篇章,在思想上、干部上为中国共产党的成立做了准备。

1920年10月,李大钊、张申府、张国焘等在北京大学李大钊办公室成立北京共产党小组。这是北京第一个共产党组织,东城区成为中国共产党早期活动的重要基地。北京的党组织由此不断发展壮大,领导人民群众走上反帝反封建的革命道路。

大革命时期,与国民党合作,共同领导"首都革命"[①]和三一八运动。1925年11月,中共北方区委和国民党北京市党部为推翻段祺瑞反动政府,在东城区域内组织"首都革命";1926年3月18日,中共北方区委和国民党北京市党部,组织1万余人在天安门前举行反对英、日、法、美、意、荷、比、西八国列强,抗议日军炮击大沽口的国民示威大会,此后演变为震惊中外的三一八惨案。"首都革命"和三一八运动虽然最终未能成功,但揭露了封建势力和帝国主义的反动本质,锻炼了党,积累了经验,教育了人民。

---

① 1925年,北京段祺瑞政府在帝国主义支持下,与各派军阀勾结召开"善后会议""关税会议",推行卖国政策,北京人民对此切齿痛恨,急欲推翻反动政权。驻防京津一带的冯玉祥的国民军也表示支持倒段斗争,于是,中共北方区委决定发动一次推翻段祺瑞政权、建立国民政府的斗争。遂由赵世炎、陈乔年、陈为人等组成指挥部,拟订行动计划,并组织工人保卫队、学生敢死队、农民自卫队和以医大学生为主的救护队,各队都进行军训。11月28日,各队按规定目标发动进攻,攻占邮电局和警察厅。下午1时,数万名群众齐集神武门前开会,发表建国宣言。会后,到铁狮子胡同执政府游行,执政府大门紧闭,游行队伍转向吉兆胡同段祺瑞住宅,高呼口号,要他下台,并在门前开会,通过组织国民委员会、召开国民会议、成立国民政府等议案。第二天,群众继续游行。由于国民党右派破坏和国民军上层人物的动摇,斗争未能达到预期目的。

土地革命战争时期，与国民党反动派进行不屈不挠的斗争。1927年10月，中共中央北方局书记、组织部部长王荷波，因叛徒出卖在北京被捕。同年11月11日，被奉系军阀杀害于地坛外东北处箭挡西侧（今地坛北里居民小区东端），葬于箭挡以南约300米的东营房荒地（今和平里南街西段北侧。中华人民共和国成立后，遗骸被迁往八宝山革命公墓）。与王荷波一起遇难的还有17人。

抗日战争时期，领导广大人民群众开展抗日斗争。1931年9月18日，日军侵占沈阳，后又侵占东北三省，进攻热河。同年12月，在中共北平市委领导下，各大中学校学生成立南下示威团，到南京向国民党当局请愿，要求出兵抗日。

爱国将领吉鸿昌1932年在北平秘密加入中国共产党。1933年5月，在张家口参与组建察哈尔民众抗日同盟军，后在天津被捕。1934年11月，被国民党当局杀害于炮局胡同北平陆军监狱。

1935年12月9日，在党组织的领导下，北京大学、中法大学、贝满女中等大中学生和市民数千人，齐集新华门前请愿，掀起声势浩大的一二·九运动。12月16日，中共北平市委发动学生、工人和农民3万多人在天桥召开大会，举行声势浩大的示威游行，强烈抗议国民党当局成立"冀察政务委员会"。

1937年卢沟桥事变后，北平处于日伪残酷统治之下。面对复杂严峻的形势，北平党组织大批党员陆续撤离，只留下少数人秘密开展地下斗争。

解放战争时期，开展"反饥饿、反内战、反迫害"运动，为第二条战线的形成做出重要贡献。抗日战争胜利后，人们还未来得及分享胜利的喜悦，内战阴霾就已笼罩中华大地。1946年1月，国、共、美3方在协和医院成立军事调处执行部（简称军调部），中共代表团以驻地翠明庄为中转站，向解放区输送人员和紧缺物资，同时传递了大量情报。

1946年12月，在北平地下党学委领导下，北京大学、中法大学、贝满女中、汇文中学等大中学生，在东单广场举行集会，抗议美军暴行。这是全面内战爆发后在国民党统治区发生的第一次大规模的爱国民主运动。

1947年5月20日,在中共地下党组织领导下,7000余名(也有说万余名)大中学生、教师从北京大学出发,举行游行示威,揭开全国"反饥饿、反内战、反迫害"运动的序幕,对国民党的倒行逆施和美国的扶蒋反共政策进行揭露和斗争,标志着以抗暴运动为起点的第二条战线正式形成。

北平解放前夕,东城区域内党组织领导进步力量开展大规模的群众性护厂、护校斗争。1949年1月31日,北平和平解放。域内各区工委和军管工作组根据上级部署,进驻辖区,接管旧政权、建立新政权,开展收容散兵游勇、肃清反革命势力残余、稳定社会秩序、安定民生、恢复生产等工作,东城区掀开崭新的一页。

从1920年10月北京共产党小组成立到1949年1月北平和平解放,东城区域内先后设有中共北京地方委员会,中共北京区执行委员会兼北京地方委员会,中共北方区执行委员会,中共北京(平)市委员会及中共北京市东区、北区委员会等党组织和领导机关。北京大学、中法大学、朝阳大学、艺术专科学校、汇文中学、大同中学、河北高中、沙滩街道、宝泉堂浴池、三轮洋车行、电车公司等诸多大中学校和行业、部门中,均有党的基层组织。

截至2019年1月,东城区有红色遗存23处,相关遗存1处,纪念展示教育设施1处,共25处。其中全国爱国主义教育基地5处、全国重点文物保护单位4处;北京市爱国主义教育基地4处、北京市文物保护单位11处;东城区文物保护单位4处、东城区爱国主义教育基地1处(其中有多处身兼数"职")。

主要遗存及故事

1. 火烧赵家楼遗址（前赵家胡同1号）

清初，此处称赵家胡同，光绪年间改称赵家楼，因胡同内有一赵家3层小楼而得名。曹汝霖在北洋政府任职时在此居住。1919年五四运动当天，北京学生为抗议《凡尔赛和约》，焚烧曹宅，史称"火烧赵家楼"事件。北京市档案馆现存赵家楼的草图，是在火烧曹宅后由京师警察厅派人绘制的。从草图上看，赵家楼院内建筑中西合璧，分东院、西院和中院3个院落，看起来非常阔绰。1934年，此地分前、后赵家楼。1949年后改称前、后赵家楼胡同。

1984年，北京市青年联合会和共青团东城区委在该处悬挂纪念牌。2002年9月，该处被重新命名为火烧赵家楼遗址，并公布为东城区爱国主义教育基地。

火烧赵家楼遗址（李长林 摄）

主题故事▶

火烧赵家楼

1919年5月4日下午,一群青年学生闯进北京天安门东北方向一处中西合璧的四合院。不久,院子起火燃烧,这就是历史上的"火烧赵家楼"事件。

事件的起因要从19世纪末说起,德国以两名传教士在山东被杀为由,派军舰强占胶州湾,将山东纳入自己的势力范围。1914年第一次世界大战爆发后,日本悍然入侵中国与德军交战,乘机占据山东,并炮制"二十一条"秘密条款,妄图灭亡中国。1915年5月9日,外交部次长曹汝霖按照袁世凯授意,向日方表示基本接受"二十一条"。

1917年至1918年,日本又抛出"西原借款"[①]的"橄榄枝",更为隐蔽地侵略中国。1918年9月,中国特命驻日本全权公使章宗祥与日本外务大臣后藤新平签订借款合同之际,同意日本所要求的各项权益。先后任北洋政府财政总长、交通总长的曹汝霖和中华汇业银行总理陆宗舆等也曾经手办理类似借款。1919年1月至6月,第一次世界大战的战胜国在法国召开巴黎和会,日本凭借北洋政府同意的换文,"合法"继承德国在中国的一切特权。

中国外交在巴黎和会失败的消息传到国内,激起全国人民的极大愤慨,社会各界不断向巴黎和会中国代表团发出拒绝在和约上签字的电报。北京各界人士分头举行集会,抗议巴黎和会关于山东问题的无理决定。

1919年5月3日晚,北京大学、北京高等师范学校等学生代表在北京大学法科礼堂(今东城区北河沿大街147号院)集会。北京大学

---

① 指1917年至1918年间段祺瑞政府向日本半公开和秘密借款的总称,共计8次借款,金额达1.45亿日元,因由日本首相寺内正毅的特派代表与段祺瑞的日本顾问西原龟三经手办理而得名。

法科学生谢绍敏破指血书"还我青岛"4个大字,会场气氛瞬间沸腾。会议决定于次日举行学界示威游行。学生们连夜撰写宣言、印制传单、制作标语和旗帜。

5月4日下午1时左右,北京大学、北京高等师范学校等13所大中专学校3000余名学生会聚在天安门前,抗议巴黎和会针对中国问题的决议,要求惩办亲日的曹汝霖、章宗祥、陆宗舆。学生们手持写着"废除二十一条""外争主权,内除国贼""拒绝和约签字"等口号的大小旗子,尤为引人注目的是北京高等师范学校学生张润芝在巨幅白旗上书写的"挽词":"卖国求荣,早知曹瞒遗种碑无字;倾心媚外,不期章惇余孽死有头。北京学界挽卖国贼曹汝霖、章宗祥遗臭千古。"集会上,有人发表演说,有人高喊口号,最后大家决定先到各国公使馆游行示威,再到总统府请愿。很多市民闻讯加入到游行队伍中。

游行队伍从天安门出发,南出中华门,前往东南方向的外国驻华使馆区。在东交民巷西口,游行队伍受到军警阻拦,反复交涉无果,无法通过使馆区。在炎炎烈日下晒了整整两个小时的青年学生,无不情绪激昂,决定改道直奔赵家楼胡同曹宅。沿途,学生们散发宣言和传单。宣言写道:"中国的土地可以征服而不可以断送!中国的人民可以杀戮而不可以低头!国亡了!同胞起来呀!"[1]

下午4时左右,浩浩荡荡的游行队伍来到曹宅门前。只见大门紧闭,数十名警察在门外把守。学生们高呼口号,并将标语和旗子扔进院内。警察见状连忙上前阻止。北京高等师范学校学生匡互生[2]看到院墙上有一个小窗镶着玻璃,便冲过去,一拳砸碎玻璃,爬进院内,打开大门。曹汝霖闻讯躲进两个卧室间的暗室,逃过一劫。正在曹宅的章宗祥被学生认出,挨了一顿痛打。为了给曹汝霖一个教训,学生

---

[1] 中共北京市委党史研究室编:《北京青年运动史料(1919—1927)》,北京出版社1990年版,第17页。

[2] 匡互生(1891—1933),湖南邵阳人。1919年夏毕业于北京高等师范学校数理部。1933年4月在上海病逝。

放火烧了曹宅。大批军警蜂拥而至，将许德珩等32名学生逮捕。

6月3日，军警再次逮捕170多名北京学生。第二天被捕学生达800人，北大校舍成了临时监狱。爱国学生被捕激起全国人民的愤怒。6月5日，上海工人举行声援学生的罢工。随后，一些大中城市出现工人罢工、学生罢课、商人罢市的"三罢"高潮。斗争以燎原之势，迅速扩展至全国20多个省100多个城市，标志着中国工人阶级开始以独立的姿态登上政治舞台。不久，曹汝霖、章宗祥、陆宗舆被罢免。中国代表缺席巴黎和会签字仪式。由北京学生点燃的革命火种，在中华大地渐成燎原之势。

（黄迎风）

2. 青年毛泽东第一次北京之行居住地（豆腐池胡同15号、吉安所左巷8号）

1918年8月，毛泽东组织湖南青年赴法勤工俭学，从湖南首次来京，先后居住在东城区豆腐池胡同9号（今15号）、景山东街三眼井胡同吉安东夹道7号（今吉安所左巷8号）。这两处寻常院落留下了青年毛泽东的革命足迹。

豆腐池胡同15号即杨昌济故居，为两进院落，院子全长约30米、宽12米，大门开在东南角。前院有南北房各3间，靠东墙有一株枣树；后院有北房4间，皆为硬山合瓦顶。1918年6月，杨昌济被聘为北京大学教授，全家从湖南迁往北京，居住在此。院门上挂有"板仓杨寓"的铜牌，里院北房住家属，外院北房东边为杨先生自己住房，西边为女儿杨开慧的住房，南房两明一暗，西侧两间为会客室。同年8月，毛泽东与蔡和森住在南房靠院门的单间里。1984年1月，此处被公布为东城区文物保护单位。此处现为民居。

景山东街三眼井胡同吉安东夹道7号是一所普通民宅，占地面积约100平方米，院内有北房3间、东西耳房各1间、东房2间。1918

豆腐池胡同15号青年毛泽东居住地（刘岳 摄）

吉安所左巷8号青年毛泽东居住地（刘岳 摄）

年8月，新民学会总干事萧子升出面，租下该院3间北房。为便于联系，毛泽东从豆腐池胡同9号搬到这里居住，同住的有萧子升、罗学瓒、蔡和森、陈绍休、陈焜甫、罗章龙、欧阳玉山等7人。屋内仅有一铺大炕，人多炕窄，条件十分艰苦。毛泽东在此居住六七个月。其间，毛泽东在北京大学图书馆工作。1919年3月12日，毛泽东离京。1979年8月，此处被公布为北京市文物保护单位。

主题故事 ▶

青年毛泽东在北大图书馆当"书记"

为了组织湖南青年赴法勤工俭学，应老师杨昌济的邀请，1918年8月15日，毛泽东和罗学瓒、萧子升、张昆弟、罗章龙、李维汉、陈赞周等25名新民学会会员离开湖南北上，19日来到北京。第二天，毛泽东瘦高的身影出现在古老的豆腐池胡同9号的"板仓杨寓"。杨昌济希望毛泽东要么到法国去，要么留在北京大学读几年书，并挽留毛泽东、蔡和森居住于此。于是，毛、蔡二人暂住在"板仓杨寓"南房挨着东南角巽门的单间。

由于来京的新民学会会员居住分散，不便展开活动，不久，毛泽东等人就在当时北京大学附近的景山东街三眼井胡同吉安东夹道7号租了3间房，离开了豆腐池胡同"板仓杨寓"。

京城米贵，居大不易。毛泽东需要在北京找个差事，有点收入。于是，他请杨昌济帮忙。1918年9月，经杨昌济介绍、北京大学校长蔡元培的书面推荐，北京大学图书馆主任李大钊在图书馆为毛泽东谋了份临时差事，主要负责管理第二阅览室的上海《申报》《时事新报》《民国日报》、北京《晨报》《京报》[①]《国民公报》《顺天时报》、天津《大公报》、长沙《大公报》以及英文《北京导报》、日文《支那新报》

[①] 京报社址设在前门外三眼井38号，后迁到琉璃厂小沙土园21号。

等15种中外文报纸，登记阅览者姓名，月薪8块大洋。

对于毛泽东当时在北大图书馆所谋临时差事的名称，许多著作记述略有不同。如埃德加·斯诺所著《西行漫记》记载毛泽东自述："李大钊给了我图书馆助理员的工作，工资不低，每月有八块钱。"①中共中央文献研究室编著的《毛泽东传》写道："十月间，经杨昌济介绍，毛泽东认识了当时任北大图书馆主任的李大钊。李大钊安排他到图书馆当一名助理员。"②中共北京市委党史研究室编著的《中国共产党北京历史》（第一卷）写道："1918年9月，毛泽东第一次来到北京，不久到北大图书馆担任书记员。"③

那么，毛泽东在北京大学图书馆所谋临时差事的名称到底叫什么？笔者认为，既不是"助理员"也不是"书记员"，而是"书记"，依据如下：

第一，据1920年《国立北京大学职员录》记载，不仅在北京大学图书馆，就是在整个北京大学的机构中，都没有"助理员"这一职位名称。

第二，据1920年5月10日《北京大学日刊》上刊登的《北京大学总务处图书部试行条例》规定，北京大学图书馆设管理、阅览、理书、书目编订4个课，另附讲义收发、缮写2室。除图书馆主任外，工作人员共有4类：助教——负责在图书馆收集书籍，指导学生借阅参考，人员从北京大学毕业生中聘任，1920年9月设立；事务员——由资深的图书馆工作人员担任，各课的"领课"由一等事务员担任；书记——一般由增聘的新手担任；杂务人员——包括装订匠、打字员、缮写员等。可见，当时4类工作人员中，没设"助理员"这一职位。从上述规定可知，北京大学图书馆"助教"一职，从1920年9月

---

① ［美］埃德加·斯诺：《西行漫记》，生活·读书·新知三联书店1979年版，第127页。
② 中共中央文献研究室编：《毛泽东传》，中央文献出版社1996年版，第41页。
③ 中共北京市委党史研究室：《中国共产党北京历史》（第一卷），北京出版社2011年版，第22页。

才开始设置，而毛泽东1919年3月已离开北京大学，不可能担任。另外，他以前从未在北京大学学习或工作过，也不可能担任"事务员"一职。他的工作范畴，明显地不属于"杂务人员"之列。无论从毛泽东在北大图书馆的工作内容，还是从他属于新增聘人员身份来看，都与"书记"的职责、要求相近。

第三，毛泽东1919年4月28日在《给七、八舅父母信》中提到，"甥在京中北京大学担任职员一席"①。他本人没有言明自己担任"助理员"一职。而"书记"一职，则是与"职员"最为贴切的。

第四，曾任北大代理校长的蒋梦麟在《回忆中的李大钊、毛泽东》一文中说："毛泽东到北大图书馆当书记，是在我代理校长的时期。有一天，李守常（李大钊）到校长室来说，毛泽东没饭吃，怎么办？我说，为什么不让他仍旧办合作社？他说不行，都破产了。我说，那末图书馆有没有事，给他一个职位好啦。于是我就拿起笔来，写了一张条子：'派毛泽东为图书馆书记，月薪十七圆。'"②

蒋梦麟的回忆在时间上明显有误。蔡元培1919年五四运动后离开北京大学，7月由蒋梦麟代为处理北大校务，直到9月北大新学期开学蔡元培到校处理校务为止，为期两个月③，毛泽东是1918年9月至1919年3月在北大图书馆工作，约半年时间。蒋梦麟代为处理北大校务是在毛泽东离开北大后4个月，不可能为毛泽东在北大谋"一个职位"。但是，蒋梦麟的回忆明确地说明了毛泽东所谋临时差事的名称叫"书记"。

第五，毛泽东的湖南省立第一师范同学、湖南来京赴法勤工俭学主要组织者之一的萧子升，在《毛泽东与我》中回忆说：由于生活困难，他们写信请示蔡元培可否给同学安插一个打扫教室的工作。蔡

---

① 中共中央文献研究室毛泽东研究组、韶山毛泽东同志纪念馆编：《毛泽东致韶山亲友书信集》，中央文献出版社1996年版，第5页。

② 蒋梦麟：《回忆中的李大钊、毛泽东》，载张静如等编：《李大钊生平史料编年》，上海人民出版社1984年版，第59页。

③ 马勇：《蒋梦麟传》，河南文艺出版社1999年版，第99页。

校长知道这件事后，有个更好的主意，他致北大图书馆馆长李大钊书函："守常先生大鉴：毛泽东欲在本校谋一半工半读工作，请设法在图书馆安置一个书记的职位，负责整理图书和清扫房间，月薪八元。蔡元培即日。"于是，李大钊给毛泽东安排了清扫房间、整理图书的工作，一个极简易的差事[①]。萧子升的回忆也明确说明毛泽东所谋临时差事的名称叫"书记"。

第六，查毛泽东任"图书馆助理员"一说，盖来源于斯诺所著《西行漫记》一书。《西行漫记》一书是由毛泽东口述、黄华翻译、斯诺用英文写成的。因此，个别名词的理解、翻译差误是难免的。《西行漫记》英文版的"assistant"一词确有"助手、助理、助教"的意思，译者据此直译成中文，便有了流传甚广的毛泽东任北京大学图书馆"助理员"一说。

综上所述，笔者认为毛泽东在北京大学图书馆工作的职务名称应该是"书记"。至于"书记员"一说，可能是画蛇添足、自作主张，在"书记"后边加了一"员"字。

不过，毛泽东当时所任的图书馆"书记"，与现在担任各级党政组织主要负责人的"书记"大有不同。古汉语中"书"指书写、书信、"记"指笔记，旧时"书记"指从事公文抄写工作的人员，属于事务级、办事级的低级小吏。工人阶级政党的负责人称为"书记"，最早源于马克思和恩格斯。1846年年初，在布鲁塞尔创建的"共产主义通讯委员会"，将该组织负责人称为"书记"，含有"人民公仆"的意思。

（刘　岳）

3. 中法大学旧址（东黄城根北街甲20号）

中法大学前身是民国初期蔡元培等发起组织的留法勤工俭学会

[①] 萧瑜：《毛泽东与我》节译之五，载台湾《艺文志》第20期第20页。

中法大学旧址（刘岳 摄）

创办的法文预备学校，校址在西山碧云寺，1920年改称中法大学西山学院。1924年，在阜成门外设立中法大学社会科学院。1925年，文科迁至东黄城根北街，改称服尔德学院。1931年改称文学院。1934年，社会科学院并入文学院。1939年至1940年，迁往昆明。抗战胜利后，迁回东黄城根复校。1950年，中法大学被拆分，并入其他大学。

中法大学是中国共产党早期的活动据点。1922年，建立以肖明为书记的中共西山支部，1923年，建立以肖明为书记的中共中法大学支部。1936年和1937年，中共东城区委在中法大学均设有支部。抗战胜利后，中法大学有中共南系学委地下党员2人。

1984年5月，中法大学旧址被公布为北京市文物保护单位。

主题故事 ▶

从中法大学走上革命道路的陈毅

提起陈毅，大家首先会想到他是无产阶级革命家、军事家，中国人民解放军的创建人和领导人。那么，他是从哪里开始走上革命道路的呢？这就离不开他就读的大学——中法大学。

从1920年建校至1950年结束，30年间中法大学始终贯彻执行首任校长蔡元培先生的办学方针，即"思想自由，兼容并包"。马克思主义学说在课堂上占有相当的位置。这种民主自由的教育方针，培养了学生的爱国主义情感和进步思想，师生政治活动较为自由，爱国民主运动活跃。早在1923年，校内就建立共产党的秘密支部，陈毅是其中一员。

1923年10月，陈毅的哥哥陈孟熙和老同学金满城多次来信，向陈毅介绍中法大学的情况。陈毅决定先去北京入学，再与中共组织取得联系。他经武汉转道到北京，进入中法大学。

入学后不久，1923年11月，由颜昌颐、肖振声介绍，陈毅从中国社会主义青年团转入中国共产党，成为一名正式党员。经组织批准，他担任中法大学党支部书记。这是陈毅在党内担任的第一个职务。

当时最重要的工作就是搞统一战线，向群众宣传，发动群众。陈毅以极大的热情投入到工作中。正如校长李书华后来所说的那样，"陈毅作为学生，哪儿是读书！读书是掩护，其实是在搞革命"。他每月召集一次党的会议，传达上级党组织的指示，安排党在学校和附近农村的工作，为党的工作奔波忙碌。

1925年4月，陈毅与金满城、李嵩高在北京香山成立"西山文社"，创作了大量文学作品。其中，《归来的儿子》讲述的是一个朴实善良的妇女，丈夫死后，身边只留下一个6岁的女儿。儿子外出求学，数年未归。她渴望远游的儿子早早归来，陪伴她安度晚年。儿子归来后，她有说不出的高兴，之后却是深深的忧虑，并不是儿子不孝，而是因为深深嵌在儿子脸上的愁闷。每每说及世上大乱，他就异常着急愤怒，常常一个人关在房里思索，有时痛哭，有时大笑，乡里人都当他是个疯子，不敢挨近。其实这个儿子爱他的母亲，更爱他的人民。最终一种强烈的责任感驱使他又离家出走，去"与当官的作对"。陈毅把自己的革命思想用小说的形式表达了出来。

作为中法大学的学生代表，陈毅还参加了北京市学联的工作，投入到领导北京各校的斗争中。当时，中法大学在北京各大专院校中是最不成规模的，人数既少，组织也松散，甚至连一个统一的宿舍和伙食单位都没有。但是，每次示威游行，中法大学的学生都表现出强大的力量。一次游行的队伍与警察发生冲突,陈毅率领中法大学的同学奋勇冲击,使游行队伍得以突破警戒线。陈毅在各校学生中很有威信。每当这样的时刻,同学们总是喊:"去找陈毅!去找陈毅!"

1925年3月12日,孙中山在北京逝世。陈毅和同学们到碧云寺迎丧,并参加守灵。他写文章热烈赞颂孙中山:在西山就读期间,一间四壁的小屋,"像一具棺材","万幸,西山的道路近数日重光了。民族空前的英雄的遗骸,决定到西山来寄殡。在古刹石塔之中,于青天白日之下,寄放着为光明而牺牲的遗躯,山水为之生色"[①]。

然而,孙中山尸骨未寒,国民党右派就背叛孙中山的革命政策,陈毅对此义愤填膺。在斗争实践中,他深刻地认识到,直接受帝国主义者宰割的工人和农人才是革命主力军。7月28日,陈毅在《京报》副刊发表题为《谁是救国的主力军》的文章,大声疾呼:"工人农人们,才是我们救国的主力军,有智识的爱国之士,与其在都市上出特刊开大会,不如放身归田,或者投身工厂,去从事组织工农,这才是我们成功的捷径,这才是我们永远的办法。"

1925年年底,陈毅从中法大学毕业了,当初怀揣着文学梦的他从此走上了职业革命家的道路,在漫漫征程中写下更为壮烈的"革命诗篇"!

(孙太红)

4. 三一八惨案发生地(张自忠路3号)

这里旧称铁狮子胡同,原为段祺瑞执政府旧址。1926年3月18日上午,北京60多个团体和80余所大中学校人员,在天安门前举行

[①] 曲秋:《西山埋葬》,北京《晨报》副刊1925年6月25日。

"反对八国通牒国民大会"。会后,游行群众结队前往铁狮子胡同段祺瑞执政府请愿。中共北方区委和北京地委领导人李大钊、赵世炎、陈乔年、陈为人、刘伯庄等也都参加了游行。当队伍来到铁狮子胡同执政府门前时,遭到执政府卫队的残酷镇压,当场打死47人,199人受伤。其中,北京女子师范大学学生刘和珍①、燕京大学学生魏士毅等当场牺牲,李大钊、陈乔年等人受伤。

1984年5月,段祺瑞执政府旧址被公布为北京市文物保护单位。1992年,共青团北京市东城区委等单位在三一八惨案发生地建立纪念碑,将其列为东城区青少年教育基地。2002年9月,此处被公布为东城区爱国主义教育基地。2006年5月,被公布为全国重点文物保护单位。

三一八惨案发生地(刘岳 摄)

---

① 刘和珍(1904—1926),江西南昌人。民国时期北京学生运动领袖之一。先后就读于南昌女子师范学校、北京女子师范大学。北京师范大学(海淀区北太平庄校区)有以刘和珍牺牲为造型的石雕。

主题故事 ▶

三一八惨案发生后

1926年3月18日，正在女师大读书的许广平把刚抄完的《小说旧闻钞》送到宫门口西三条21号鲁迅的寓所，撂下抄稿，转身要走。鲁迅问："为什么这样匆促？"许广平答："要去请愿。"

这一天，数十个团体及80余所学校，包括学生、工人、市民等各界群众共计1万余人在天安门举行"反对八国通牒国民大会"，抗议日本军舰侵入大沽口，炮击国民军及美、英、日、法、意、荷、比、西八国无理通牒的罪行，并安排会后到段祺瑞执政府请愿。作为女师大学生领袖的许广平，自然不会缺席。在大队伍集合之前，她抽空把抄好的稿子先送到鲁迅家。

得知许广平要去请愿，鲁迅不以为然："请愿请愿，天天请愿，我还有些东西等着要抄呢！"听先生这么一说，许广平不好违拗，只得钻进南屋抄起稿来。历史就是这样玄妙，鲁迅的一句话很可能救了她一命。

"写着写着，忽然有人来报信：'铁狮子胡同段执政命令军警关起两扇铁门，拿机关枪向群众扫射，死伤多少还不知道。'"后来许广平这样回忆。一听这话，她扔下笔，跑回学校。不多时，看到同学刘和珍、杨德群[①]的尸体被抬了回来。

屠杀就这样开始了。"全场除'噼啪'的枪声外，是一片大静默，绝无一些人声。什么'哭声震天'，只是记者先生们的'想当然耳'。"当时任教清华大学的朱自清在文章中这样写道。第一次枪声响了四五分钟，共放了好几排枪。枪声稍停，朱自清随着人流往外跑。此时，他身旁的伙伴已经中枪倒下了。

---

① 杨德群（1902—1926），湖南湘阴人。1913年考入湖南女子师范学校，在著名教育家杨昌济、徐特立等熏陶之下，刻苦好学，凝重有礼。曾在穷苦山区小学任教，与向警予共事。

后来，李大钊之女李星华回忆，李大钊险些丧命于卫兵的枪下。当时，一个卫兵正要向李大钊开枪，忽听旁边有人喊："不要开枪，拿活的！拿活的！"李大钊扭头一看是个警察。不过，那警察并没有抓他，而是向东边一指，小声说："朝那边走！快走，快走！"李大钊跌跌撞撞往南走，后来躲进一个小饭铺，才算脱险。

这一天，包括刘和珍、杨德群在内的47人倒在段祺瑞执政府卫兵的枪下，其中最小的年仅12岁。正如鲁迅所说"这是民国以来最黑暗的一天"。鲁迅连续写了7篇檄文，包括名篇《记念刘和珍君》和《淡淡的血痕中》。

惨案发生后，中国知识分子和媒体表现出前所未有的社会良知，用"同仇敌忾"来形容，一点也不过分，中国知识阶层无论其政治观点与学术观点有怎样的不同，均纷纷痛斥执政府和段祺瑞的行为是"倒行逆施"的"暴行"，"是政府自弃于人民矣"，"是民国历史上黑暗的一页"。学人如蒋梦麟、傅斯年、周作人、林语堂、朱自清、闻一多、王世杰、许士廉、高一涵、杨振声、凌叔华、邵飘萍、陶孟和等，均有文字见诸报端；梁启超刚刚动完手术，犹不忘口诛笔伐；刘半农与赵元任再一次词曲璧合，哀声凄楚，传唱京城；鲁迅则有《记念刘和珍君》等文，尤为悲天悯人……民意不可违。

诸多媒体也加入谴责屠杀暴行的行列，如《语丝》《国民新报》《世界日报》《清华周刊》《晨报》《现代评论》等。特别是邵飘萍主持的《京报》，大篇幅地连续发表消息和评论，广泛而深入地报道惨案真相，在惨案发生后的12天内，就连续发表113篇消息、评论、通电。《京报》副刊也发表了有关文章103篇。

强大的民意压力使曾被讥为"花瓶"的国会破天荒地召集非常会议，通过屠杀首犯"应听候国民处分"的决议；京师地方检察厅对惨案进行调查取证并正式认定："此次集会请愿宗旨尚属正当，又无不正侵害之行为，而卫队官兵遽行枪毙死伤多人，实有触犯刑律第311条之重大嫌疑。"

3月18日下午，愤怒到极点的鲁迅在《无花的蔷薇之二》中笔锋

—转写道——

已不是写什么"无花的蔷薇"的时候了。

虽然写的多是刺,也还要些和平的心。

现在,听说北京城中,已经施行了大杀戮了。

当我写出上面这些无聊的文字的时候,正是许多青年受弹饮刃的时候。

呜呼,人和人的魂灵,是不相通的。

历史不堪回首!历史不应忘却!

(高俊良)

5. 中国铁道博物馆正阳门馆(前门大街甲2号)

中国铁道博物馆正阳门馆(骆洪刚 摄)

清光绪二十六年(1900)八国联军攻占北京城后,为保证军需供应和控制北京,英、法联合修筑马家堡至北京前门东站的铁路。当时正阳门东站(俗称前门东站)无固定站所,光绪三十二年(1906)正式建成站所。1924年孙中山进京,北京市民闻讯在前门东站举行欢迎仪式,李大钊等人到车站迎接。抗日战争和解放战争时期,中共北平地下铁路工作委员会在前门东站建立党的地下组织,发展党员,并开展斗争。

1959年9月，新建的北京站开通运营，正阳门东站停用。20世纪60年代初，原车站被改造成铁道部科技馆，不久又归属北京铁路分局，改建成北京铁路文化宫。20世纪70年代，为给北京环线地铁让路，正阳门东站以钟楼为中心进行"镜面对称平移"，但车站建筑外观仍保存历史原貌。

2001年，正阳门东站旧址被公布为北京市文物保护单位。2010年10月，被改造为中国铁道博物馆正阳门馆，正式对外开放。博物馆建筑面积近万平方米，集收藏、陈列、宣传、教育等功能于一体，展馆内容分为蹒跚起步、步履维艰、奋发图强、长足进步和科学发展等5部分，涵盖了中国铁路从清末至今屈辱、奋争、兴盛和辉煌的历史。

主题故事 ▶

抗日救亡的呐喊

1931年12月的北平，寒风呼啸、滴水成冰，几千名衣裳单薄的学生会聚在前门东站坚持卧轨斗争。卧轨持续三天三夜，许多市民和商会被感动，送来饼干、开水，瑞蚨祥等商号送来成捆的毛毯，供卧轨学生御寒。

九一八事变，华北大地危在旦夕，"中华民族到了最危险的时候"，富有革命斗争传统的北平学生，发出了抗日救亡的怒吼。9月24日，80余所大中学校代表集会，成立北平学生抗日救国联合会。北平各校学生纷纷组织请愿团和示威团，从11月下旬起，先后有1000余名学生到南京请愿，要求国民党当局出兵抗日。

12月5日晨，9所大中学校2100多名学生，再次会集前门东站，准备南下示威。中共北平市委成立由5人组成的秘密党团，下设4个临时党团支部，领导南下学生。6日下午，北平师范大学、北平大学高中部1000余名学生加入南下队伍,随后,中国学院、中国学院附中、艺文中学等校的1000余名学生也来到车站,云集车站的学生逾4000人。可车站方面以"奉上级命令"为由,拒绝发车。于是,学生成立了北平学生南下总指挥部,在车站召开各校代表紧急会议,决定进行卧轨斗争,以示南下决心;各校学生轮流休息和吃饭,纠察队守卫车站大门,警卫学生队伍,防止敌人破坏。几分钟后,车站的要害部门如办公室、会客室、调度室均被学生们占领。法学院、女子学院的学生首先卧轨。

夜幕下的铁轨上,黑压压地聚集了一大片卧轨的学生。大家虽然满腔怒火,行动上却井然有序。夜深了,冷风刺骨,同学们群呼口号,以壮士气。车站内外,"誓死到南京去""自动回校者是亡国奴"等标语随处可见。

漫长寒冷的3个昼夜过去了,北平各个铁路车站一片冷清。火车停驶了,汽笛声消失了,旅客不见了。学生的卧轨斗争,使北平的铁路交通完全瘫痪,国民政府备受各界舆论谴责。强大压力下,南京政府复电坐镇北平的陆海空军副司令张学良"就近妥为办理",张学良趁势下令发车。2100多名大中学生登上19节车厢,呼喊着口号,高唱抗日救亡歌曲乘车南下。

车外寒风凛冽,车内抗日热情高涨。印传单、写标语、缝旗帜,学生们为即将来临的斗争紧张地准备着。南下之行并非坦途,在天津,国民党当局不仅撤走当地车站的工人,还将在车上工作的北平铁路工人赶下车,学生就动员了一批天津铁路工人上车工作;在济南,山东省政府主席韩复榘派出"大刀队"以武力威慑,学生们就向官兵宣传抗日道理,车站变成了军民联合宣传抗日的阵地,韩复榘只能放行;在蚌埠,学生分成"请愿团""示威团"两个阵地;在徐州,国民党当局设立接待站,准备茶水、点心、糖果,企图软化学生斗志,但学生不为所动。列车继续南下,在南京下关车站,北平南下学生最终与前来迎接的南京学生胜利会师。

14日,到达南京的学生分成8路纵队,抵达中山东路国民政府门前，要求向蒋介石面陈抗日要求，未果。15日，学生们手持红旗，右臂缠着红布，高喊"对日宣战！""保护民众抗日运动"等口号，来到丁家桥16号（今南湖南路10号）国民党中央党部示威，不断冲击由卫兵守卫的大厦礼堂。

压力之下，蒋介石被迫中断会议，并派考试院院长蔡元培和京沪卫戍司令长官、代理行政院院长陈铭枢代见。学生们对蒋介石避而不见的行为异常愤怒，再次向礼堂发起冲击。顿时，中央党部铃声大作，预先埋伏好的四五百名国民党特务、警卫冲了出来，和学生发生冲突，造成数十名学生被打伤，其中两人重伤，13人被捕。

17日中午，北平、天津、上海、南京、济南等地3万余名学生，再次来到国民党中央党部，抗议当局镇压学生。之后学生们又到珍珠桥畔，捣毁中央日报社。国民党南京卫戍司令部出动万名军警镇压，致30多名学生死亡、100多人受伤、100多人被捕。18日，军警将北平示威团学生武装押回北平。

南下请愿示威虽然在国民党当局的镇压下失败了，但揭露了南京政府"不抵抗主义"的卖国政策，宣传了中国共产党的抗日主张，唤起了各界人士的爱国激情。在全国抗日反蒋斗争的强大冲击下，12月15日，蒋介石被迫"辞去国民政府主席等本兼各职"，宣布下野[①]。

（曹　楠）

6. 北平陆军监狱旧址（炮局胡同21号）

清乾隆年间在此地设立炮局，故称炮局胡同。后炮局废弃，清末改为监狱。民国后沿用此称。国民党统治时期，改称北平陆军监狱，习惯上仍叫炮局监狱。吉鸿昌曾被短暂关押并就义于此。安子文等人

[①] 1932年3月6日，蒋介石重新上台，出任国民政府军事委员会委员长兼总参谋长。

被国民党反动派逮捕，先被关押在这里，之后被押至西城草岚子监狱。全民族抗战期间，此地成为日本侵略者关押中国"要犯"的监狱。监狱戒备森严，四周建有7座碉堡。抗战胜利后，被国民党当局接收。

中华人民共和国成立后，此地先后改为劳改局、北京市公共交通分局看守所。

主题故事 ▶

北平陆军监狱旧址（刘岳 摄）

吉鸿昌"恨不抗日死"

恨不抗日死，留作今日羞。
国破尚如此，我何惜此头。

这是吉鸿昌烈士的就义诗，震撼人心。

1930年国民党军"围剿"中央苏区时，吉鸿昌不愿执行"中国人打中国人"的政策，拒绝高官厚禄，撕毁了委任状。为此，他被迫"出国考察实业"，实则变相被流放国外。在国外，吉鸿昌每到一处就向侨胞宣传抗日救亡的道理。

上海一·二八抗战爆发后，他秘密回国。1933年，吉鸿昌筹组察哈尔民众抗日同盟军，攻克了塞外重镇多伦，击毙日伪军千余人，声威大震。9月，部队进入平北山区，陷入国民党军队重围。10月8日，同盟军激战小汤山，以求突围。8日下午4时，国民党5个师与日军相配合，在飞机和大炮的狂轰滥炸下，逐渐从四面缩小包围圈。同盟军将士们在吉鸿昌指挥下,冒着敌人的炮火,以连为单位,各班战斗小组散开交替跃进;骑兵部队躲过正面炮火,从左翼向敌人阵地后方迂回;同时,山炮狂轰,掩护部队前进。

经过3个多小时的浴血奋战,同盟军逼近小汤山。吉鸿昌一跃而起,扯掉上衣,袒露胸膛,一手端枪,一手举起大刀,带头冲锋,全军为之鼓舞,将士们齐刷刷站立起来,端着枪,呐喊着,一鼓作气击溃了进犯之敌。小汤山的敌人溃退到了沙河一线,留下4门山炮和一片死尸。当晚,同盟军进占小汤山休息整顿。为保存抗日火种,吉鸿昌接受了国民党当局的调停条件,含泪离开部队。抗日同盟军在日伪军和国民党军队夹击下失败了。

1933年10月,吉鸿昌秘密回到天津,他在法租界的家很快成了中共的秘密活动联络站。他与共产党员南汉宸、宣侠父等人以会友、打麻将牌、听戏等娱乐活动为掩护,联络抗日反蒋力量。1934年5月,吉鸿昌组织成立"中国人民反法西斯大同盟",引起国民党当局的注意,密令刺杀吉鸿昌等人。国民党特务计划先通过捕杀与吉鸿昌联系密切的任应岐,引诱吉鸿昌上钩。11月9日,经任应岐联系,吉鸿昌与李宗仁的代表刘少南见面会谈。特务早已监视,紧紧尾随,闯进法租界国民饭店二楼45号房间。吉鸿昌等人正借打麻将牌做掩护研究工作,刚好3圈结束,重新搬庄换门,刘少南被打了一枪,当场身亡,吉鸿昌肩膀被擦伤。

国民饭店乱成一团。法国租界工部局派巡捕将国民饭店团团围住,一上楼就急急地问茶房:"吉鸿昌在哪里?"吉鸿昌从隔壁房间里挺身而出:"不用查了,我在这儿!"巡捕一拥而上,吉鸿昌大喊一声:"别动手,我自己走,先送我去医院看看伤,有什么话回头再说!"巡捕房以有杀人嫌疑为由,将吉鸿昌逮捕,不久以"通缉在案"为由,将其引渡到国民党天津市公安局,后又秘密转送到北平军分会,关押在北平陆军监狱。

1934年11月22日晚,北平军分会对吉鸿昌进行了"军法会审"。北平军分会负责人何应钦问:"吉鸿昌,你为什么搞抗日活动?招出你们的秘密来！"吉鸿昌说："抗日是四万万五千万中国人民的事情，有什么秘密？只有蒋介石跟你们祸国殃民，和日本暗中勾结，干些不明不白的勾当，才有秘密。""我要救国，蒋要卖国，我不得不为抗日而讨蒋。"吉鸿昌慷慨陈词，把法庭当战场，愤怒揭露蒋介石等人的卖国行为，并将上衣解开，袒露出察北抗日作战中所负的累累伤痕，指出国民党与日本侵略者勾结的罪证。何应钦张口结舌，只好半道上打住了。

在北平陆军监狱里，吉鸿昌拖着一身的刑伤，热情地给狱友们讲抗日道理，讲他为什么参加共产党，讲共产党的政策，把嗓子都说哑了，好多人被感动哭了。最后，他把怀里的金表拿出来，叫典狱长卖了，为大家添点菜吃。在殉难的前一夜，他还在宣传抗日。

11月24日，蒋介石密电北平军分会，下令对吉鸿昌"就地枪决"。在就义的前几个小时，吉鸿昌要了笔墨和信纸，写了一封遗书，给夫人及亲属留下最后遗嘱，说他"是为时代而牺牲"。时候到了，吉鸿昌披上斗篷，就像平时出门遛弯儿似的走了出来，从容走向刑场。走着走着，他忽然停了下来，捡起一根树枝，在刑场的土地上挥手写下本文开头的那首就义诗。

写罢，他对特务们说："我为抗日而死，不能跪下挨枪，我死了也不能倒下！""我为抗日而死，死得光明正大，不能在背后挨枪。""你在我眼前开枪。我要亲眼看着敌人的子弹是怎样打在我的身上！"

持枪的凶手都愣住了，只好走到前面，面对面地向吉鸿昌举起了枪。枪声响了，吉鸿昌仰靠在椅子上英勇就义，时年39岁。

（杨华锋）

7. 军调部中共代表团驻地旧址（翠明庄）（南河沿大街1号）

翠明庄是座中西合璧式3层灰砖楼房，此处原为京剧演员梅兰芳

军调部中共代表团驻地旧址（翠明庄）（刘岳 摄）

于20世纪30年代所购，原拟在此盖一座戏园，但因日本侵华而停建。日军侵占北平后在此建高级招待所。日本投降后，此处改为国民党励志社招待所。

1946年1月13日至1947年2月21日，此处成为北平军事调处执行部中共代表团工作人员住所，3楼临街的房间为当年中共代表团安放电台的地方。当时，军调部中共代表团人员有叶剑英、罗瑞卿、李克农、宋时轮、耿飚、陈士榘、黄华等。

20世纪50年代初期，翠明庄主楼失火被焚，后按原样修复。1984年1月，此处被公布为东城区文物保护单位。1995年10月，被公布为北京市文物保护单位。2013年6月，被命名为北京市爱国主义教育基地。

主题故事 ▶

没有硝烟的战场

为实现停战协定，避免军事冲突，1946年1月，由国、共、美3方组成的北平军事调处执行部在北平成立。这虽是一个调停军事冲突、恢复交通的机构，但内部的斗争却很尖锐，丝毫不亚于炮火猛烈的战场。表面上一切重大问题要3方协议才能解决，但实际上充当"调停人"的美方偏袒国民党。如何在这个没有硝烟的战场上赢得主动权，着实考验着共产党人的智慧。

叶剑英率中共直接参与谈判的人员住在北京饭店，李克农率电台、机要及其他人员住翠明庄饭店（现为翠明庄宾馆）。根据协议，北平军事调处执行部的一切保障与安全工作由国民党方面负责。为了便于监视，国民党在翠明庄对面的楼房驻有特务机关，翠明庄内部"服务员"也都是国民党特务组织励志社指派的。

李克农警惕性很高，对下属在工作上要求严格。他告诫同志们："要有机智的头脑，善于对敌斗争，特别是要提高警惕，具有随时应付突然事变的能力。"他还关切地指出："我们是共产党员，要有'富贵不能淫，威武不能屈'的崇高革命气节，为革命献身，乐在其中、死得其所。"

当时，机要科和电台都集中在翠明庄的南楼。李克农要求这里的一切生活事宜自理，不允许"服务员"进入楼内。中共人员严格遵守规定，自己打扫卫生，为值班人员送餐，严禁无关人员进入南楼。但那些"服务员"总是想方设法找各种借口进入楼内。今天说检修门窗，明天讲清查家具，后天又要检修电话……实在没有理由，就说要统一换洗床单被罩。对这些小伎俩，同志们也有自己的办法。工作人员严守保密规定，从不随意交谈保密事项，一般也不打电话，工作完毕立即妥善保管好密码、电报。"服务员"一旦进入，就立即停止工作，并由专人跟随。

一次，有个"服务员"进来扫地擦桌子，总是偷瞄办公桌上的文件。一位同志就趁他偷看时突然一拍桌子，大喝道："干什么？想偷看？来，给你看！"顺手拿起文件冲他猛地一晃，声色俱厉地说："不要以为我们什么都不知道！早就注意上你了，想干什么就说！"因为声音很大，其他服务员也都过来看。特务猝不及防，吓得脸色发白，后退时绊在椅子上差点摔倒，哆嗦着说："对不起，对不起。"在铁一般纪律的防卫下，特务们无机可乘、无隙可钻、束手无策。

特务在南楼无计可施，便转而在餐厅和走廊做文章。如围着餐桌来回转，在走廊里尾随，尤其是"女服务员"还用眼神挑逗，无话找话奉承中共人员等。对于这种下作无聊的手法，共产党方面的人员沉着应对、光明磊落。特务的阴谋又一次失败，只好灰溜溜收场。李克农表扬大家：身在北平、心在延安，保持了一个革命者应有的气节。

随着国共谈判斗争的激烈和复杂，特务得不到什么有价值的消息，就在生活上刁难中共人员。翠明庄的伙食由最初的四菜一汤，饭后有水果，变得清汤寡水，越来越糟。一次在食堂，李克农当众严肃地质问翠明庄负责人中共代表团的伙食标准，在得到答复后厉声追问道："你看看，他们现在吃的标准是什么？与规定的相差多少？"

在事实面前，那位负责人无言以对，只好支支吾吾。李克农指着他，严正抗议道："你们这样做是有蓄谋的，严重违反了停战协议，违反了3方规定的伙食标准，这是贪污！是克扣军饷！"对方垂着头，毕恭毕敬地点头称是，赔礼道歉说："请将军息怒！我一定追查此事。今后保证按伙食标准办好膳食！请各位长官海涵！"在食堂就餐的几十位同志，看到对方这副狼狈相，哄堂大笑。此后中共代表团的伙食又恢复到以前的标准，特务再也不敢在伙食上做手脚了。

北平军调部中共代表团认真执行中共中央确定的斗争方针，有力配合了对国民党的政治和军事斗争，使党的和平建国方针获得国内外进步舆论的支持，取得了政治上的主动地位，也支援了中共北平地下组织，促进了北平革命斗争的发展。

（赵　妍）

西城区

西城区革命史概述

西城区位于北京市中心城区西部，东接东城区，南邻丰台区，西与海淀区、丰台区接壤，北与海淀区、朝阳区毗邻，辖区面积50.7平方千米。1949年北平和平解放前后，西城区现辖境由第二区（原内二区）、第四区（原内四区）、第十一区（原外四区，1950年5月改为第八区）的全部及其他区的一部分组成。1952年9月，第二区改称西单区、第四区改称西四区、第八区改称宣武区。1958年5月，西单区、西四区合并为原西城区，宣武区扩大。2010年7月，原西城区与宣武区合并为今西城区。

西城区是古都北京的发祥地，历史悠久、文化丰厚。在西城这片热土上，曾发生过许多可歌可泣的革命历史事件，更有诸多仁人志士在这里建立光辉业绩，留下革命足迹。至今域内保留着许多弥足珍贵的红色遗存。

西城区是中国早期传播马克思主义的主要地区之一。1912年至1926年，鲁迅先生迁居西城，写下《狂人日记》《呐喊》《彷徨》等不朽著作，为新文化运动呐喊。1916年至1926年，党的主要创始人之一李大钊在该域内居住，较为系统地传播马克思主义，为创建中国共产党、领导北方国民革命运动做了大量工作。1918年12月，李大钊、陈独秀在宣武门外的安徽泾县会馆创办《每周评论》，宣传进步思想。1919年12月，毛泽东曾暂居北长街福佑寺并主持创办平民通讯社，在湖南会馆召开驱张大会，展开反对湖南军阀张敬尧的斗争。1920年8月，周恩来、邓颖超率天津觉悟社成员来京，与北京的少年中国学会、人道社、曙光社、工读互助团等进步社团代表，在陶然亭慈悲庵举行联席会议，共同探讨团体联合、改造社会问题。1921年夏，少年中国学会成员陈愚生在慈悲庵内租下两间南屋，作为中共北京党组织的秘密活动场所。

西城区是北京建立党团组织较早的地区之一。1920年11月，北京女子高等师范学校学生缪伯英①加入北京共产党支部，成为中共第一位女党员。1921年，中共北京地方组织建立后，成立以北京高等师范学校和北京女子高等师范学校党员为主的中共西城支部，是西城地区最早的基层组织。1924年，蒙藏学校建立中共历史上第一个少数民族支部，成为党开展少数民族工作的前沿阵地。1925年，中共北方区委在蒋养房胡同创办北方地区第一所党校，为北方各地培养一批革命骨干。此外，在西城地区建有中共西部委员会、中共南部委员会，中共南区区委、中共西区区委、中共西城区委、中共南城区委，中共北平城委、学委、工委、文委、铁委、平委、警委以及所属的基层党支部。

这些党的基层组织分布在北京高等师范学校、中国大学、北京女子高等师范学校、东北大学、北大法学院、私立辅仁大学、成达中学、北平市立第一女子中学、师大女附中、师大附中、三中、四中、自忠学校、中外出版社、财印局、电话总局、西直门火车站、广东会馆等诸多学校、单位以及油盐、三轮车、木工等行业。北平市学生联合会机关设在北平市立第一女子中学，民族解放先锋队在北平师范大学文学院成立。关押在北平军人反省分院的共产党员建立狱中党支部，开展理论学习，进行狱中斗争。1949年2月，北平地下党员会师大会分别在宣武门内北京大学第四院和南新华街北平师范大学礼堂召开，标志着中共北平地下党员在党内首次公开。

西城区是开展革命活动的主要阵地之一。1919年五四运动爆发，北京高等师范学校、中国大学、铁道管理学院等校爱国师生参加集会和游行。6月，陈独秀起草《北京市民宣言》，在南城新世界游艺场散发传单而被捕。1923年二七惨案发生后，爱国学生与市民在北京高等师范学校、北京女子高等师范学校、北京法政专门学校等地多次举行追悼大会和示威游行等活动。1924年国共两党实现第一次合作，

---

① 缪伯英（1899—1929），女，湖南长沙人，1920年加入中国共产党，先后任中共北京西城支部第一任书记、中国劳动组合书记部女工部负责人、中共北方区委妇女部第一任部长、中共湖南省委第一任妇委书记等。1929年10月，因积劳成疾在上海病逝。

西城民众在中国共产党的带领下，积极投身国民革命运动，参加孙中山追悼活动和移灵仪式、国民会议促成会全国代表大会、声援五卅运动、关税自主运动、倒段反奉斗争和三一八运动等一系列反帝、反军阀爱国运动。在三一八惨案中，北京师范大学学生范士融、北京艺专学校学生姚宗贤、北工大学生江禹烈和女师大学生刘和珍、杨德群遇难。鲁迅称这一天为"民国以来最黑暗的一天"，为此写下《可憎与可笑》和《记念刘和珍君》。京报社长邵飘萍、《社会日报》主编林白水，因声讨军阀，被以"宣传赤化"的罪名杀害于天桥刑场。1927年4月28日，李大钊等20人在京师看守所英勇就义。1933年4月22日，中共河北省委、中共北平市委领导各界人士，在妙光阁（浙寺）为李大钊举行公祭，次日进行公葬。

大革命失败后，西城地区中国共产党组织屡遭破坏，几经重建，始终坚持革命斗争。1931年九一八事变后，中共北平党组织积极组织爱国学生群众，开展抗日救亡运动和反内战斗争。12月，西城各校学生组成第四批北平学生南下请愿团，开展大规模卧轨斗争。1935年一二·九运动爆发，北平师范大学、东北大学、民国大学、北平市立第一女子中学、师大女附中等校学生积极投身其中。一二·一六抗日示威游行中，游行队伍在天桥、前门召开市民大会，把抗日救亡运动推向新高潮。1936年，域内学生参加六一三和一二·一二抗日游行示威，学生们提出"拥护二十九军抗日"等口号，取得良好效果。1937年2月，中共中央北方局由天津迁至北平，加强对北方地区抗日救亡运动的领导。主要领导为刘少奇等人，他们先后居住在西四砖塔胡同四眼井1号、鲍家街寿逾百胡同17号。

1937年卢沟桥事变爆发后，域内中共地下党员采取隐蔽灵活的方法，领导爱国民众进行顽强的抗日斗争。同年7月26日，民族解放先锋队队员发动牛街回民群众和附近居民，配合中国守军，阻截进犯广安门的日军。爱国学生组成读书会，团结进步学生，学习宣传进步书刊，创办刊物、壁报，宣传马克思主义。域内的中共中央晋察冀分局平津情报联络站、平西情报交通联络站、黄浩情报联络小组和八路军前方总部情报站等，搜集传递日伪军政情报，营救被捕人员，为抗日根据地购买贵重药品、医疗器械和军需物资等。爱国知识分子和文化界人士，积极反抗日伪统治。辅仁大学校长陈垣抵制日伪奴化教育，连续发表弘扬民族气节的史学论著；中国大学教授蓝公武、董鲁安，在课堂上公开宣传抗日，并将其住所作为中共地下组织的活动场所；北平师范大学教授杨秀峰投笔从戎，建立抗日武装，被誉为"红色教授"；国画大师齐白石拒绝为日伪作画；李苦禅因参与抗日活动被日本宪兵关进监狱。

抗日战争胜利后，中共地下组织领导西城人民在生存斗争的基础上，建立反卖国、反内战、反独裁的广大阵线。在西城地区建立赵振民台、艾山台、王超向台等地下电台，并创办长城印刷厂，开展情报和统战工作。组织域内学生参加反甄审运动、抗暴运动、五二〇运动、助学运动、四月风暴、反美扶日运动、反南迁等，成为第二条战线的重要力量。领导西直门火车站、油盐店业、浴池业、建筑业、电信业等工人开展保障工资、改善待遇的斗争。1946年，新华社北平分社和《解放》报编辑部设在宣武门外方壶斋10号，国民党北平当局制造"四三"事件，查封了报社。1948年4月，北平电信局中共地下组织领导电信职工开展"六八斗"斗争，改组伪工会，掌握工会领导权。同年8月，组织电信系统3000多名职工开展"饿工"斗争，并取得胜利。在北平和平解放前夕，域内中共地下组织领导进步力量开展大规模护厂、护校斗争，为争取民主与解放进行了不懈斗争。1949年1月31日，北平宣告和平解放。域内各区工委和军管工作组根据上级部署，进驻辖区，完成接管旧政权、建立人民政权、安定社会秩序、整顿市场、肃清敌特等工作，迈出改造建设家园的坚定步伐。

西城区有红色遗存26处、相关遗存5处、纪念展示教育设施2处。它们见证了中国共产党领导人民为民族独立、人民解放而英勇奋斗的革命历程，是宝贵的红色精神财富，是开展爱国主义和革命传统教育的重要阵地，也是一笔宝贵的红色文化遗产。

主要遗存及故事

1. 平民通讯社旧址（北长街20号福佑寺内）

　　1919年，毛泽东、彭璜、何叔衡等人领导开展驱张运动。12月18日，毛泽东率领湖南公民代表团抵达北京，暂居福佑寺。毛泽东在此创办平民通讯社，联络在京的湖南学生和知名人士到北洋政府总统府门前请愿，开展一系列驱张斗争。毛泽东撰文《湖南改造促成会发起宣言》，用犀利的笔锋推动驱张运动。1920年6月，在全国驱张运动的压力下，皖系军阀张敬尧不战而败，全部退出湖南。

　　毛泽东在北京组织驱张斗争期间，与李大钊、邓中夏、罗章龙等人建立密切联系，并潜心阅读大量有关俄国情况和共产主义的书刊，深受马克思主义和俄国十月革命的影响，为向马克思主义者转变奠定了思想理论基础。

　　中华人民共和国成立后，福佑寺改为班禅驻京办事处，现由国家

平民通讯社旧址（刘岳　摄）

机关事务管理局管理使用。1984年5月，福佑寺被公布为北京市文物保护单位。

主题故事 ▶

寺庙里的平民通讯社

在苍松翠柏的掩映中，福佑寺显得更加静谧庄重。百年前的一个寒夜，寺庙后配殿里，长案一张，青灯一盏，墙上映出一个年轻而挺拔的身影，只见他时而仰头思索，时而奋笔疾书，冷极了就搓搓手掌，呵上一口哈气，接着又埋头书写起来。

1919年12月18日，毛泽东率湖南公民代表团，冒着严寒赶赴北京，住进福佑寺。虽然条件艰苦，但为公开揭露军阀张敬尧的恶行，传播驱张消息，争取全国舆论支持，他决定立即在此创办平民通讯社，并任社长。寺庙后配殿既是他们的办公处①，也是他们的卧室，木板架起的通铺就是床，一张长条香案就是办公桌。就是在这样恶劣的条件下，平民通讯社自1919年12月22日起，每日印发驱张新闻、稿件150余份，并向全国各大报社发稿。北京、上海和汉口多家报社发表社论或时评予以支持，形成强大舆论压力。

在这座古庙里，毛泽东不仅处理平民通讯社所有的文稿，还撰写许多磅礴有力的文件②。他经过深入细致调查而写成的"《湘人力争矿厂抵押》呈总统府国务院及外财农商三部文"稿件，于1919年12月27日由平民通讯社印发，揭露了张敬尧的罪恶行径。文章言简意赅，极具战斗力，第二天北京《晨报》全文转载。

与此同时，毛泽东还积极联络在京的湖南学生和知名人士汇入

---

① 一说办公室设在正殿里，参见《在峥嵘岁月中的伟大革命实践——回忆毛主席在北京的部分革命活动》，《光明日报》1977年9月14日。

② 张怀：《新民学会二三事》，载中国革命博物馆、湖南省博物馆编：《新民学会资料》，人民出版社1980年版，第539页。

驱张洪流，开展一系列的驱张斗争。12月28日，代表团在烂缦胡同湖南会馆召开驱张大会，商讨驱张的办法。10位国会议员当场签名，并推举熊希龄、范静生、郭同伯3位议员呈见总统、总理，表达驱张决心。有力的舆论宣传，让更多人聚集在驱张旗帜下。

1920年1月28日上午，毛泽东带领请愿团全体成员冒着刺骨严寒，踏着积雪，到北洋政府总统府门前请愿。请愿队伍手执旗帜，拥向新华门。新华门前军警林立，荷枪实弹，如临大敌。双方相持3个多小时，毛泽东等6位代表才被接见。代表们相继发言，痛斥张敬尧祸湘罪恶，声明非见靳云鹏总理不可。秘书摇了一通电话，四处"寻找"，可就是找不到靳云鹏。

两个小时后代表出来，报告情况，大家群情激愤，直奔棉花胡同靳宅。靳云鹏果然在家，因无法回避，便派副官于化龙接待。代表们将张敬尧祸湘罪状交于化龙。于化龙进入内室，与靳云鹏商议片刻后回复说："明日召开国务会议，将湖南问题提出讨论，这是靳总理负责任的话。"饥寒交迫的请愿者只好拖着疲惫的身躯，离开棉花胡同。

2月5日，代表们如约来到靳宅，却见军警如蚁，刀枪晃动，大门紧闭，宅院无人。向国务院请愿的门就这样被堵塞了。代表团两个月内，7次请愿，没有结果。见代表们情绪低落，毛泽东就激励大家决不能放弃，虽然未能撼动张敬尧，但已让他声名狼藉，只要再加一把力，一定能将他赶出湖南。

在毛泽东等湖南青年、各界人士的鼎力抗争和全国压力之下，军阀张敬尧于1920年6月11日仓促乘兵舰逃离长沙。

驱张运动过程中，毛泽东的名字频繁出现在各种驱张通电和新闻里，其社会活动能力和政治才干越来越引人注目，为其日后参加革命运动奠定了基础。

此次来京，毛泽东在湖南会馆、陶然亭慈悲庵都留下了足迹，与李大钊、邓中夏等人建立密切的联系，并研读了《共产党宣言》《社会主义从空想到科学的发展》等马克思主义经典著作。后来毛泽东回忆说:"到了1920年夏天,在理论上,而且在某种程度的行动上,我已成为一个马克思主义者了,而且从此我也认为自己是一个马克思主义者了。"①

(董盼盼)

2. 国立北平大学女子师范学院旧址(新文化街45号鲁迅中学内)

此处原为清末斗公府旧址,清光绪三十四年(1908)建京师女子师范学堂,1912年后改称北京女子师范学校。1919年改称北京女子

今鲁迅中学校园内的鲁迅雕像(刘岳 摄)

---

① [美]埃德加·斯诺:《西行漫记》,东方出版社2010年版,第147页。

高等师范学校。1924年改为国立北京女子师范大学。1928年北平大学设立后，改为第二师范学院。1931年7月，北平师范大学与北平大学第二师范学院（即原女师大）合并，称国立北平师范大学。后来又改为第八女子中学、第158中学。1996年更名为鲁迅中学。

中国共产党成立后，在李大钊影响下，北京女子高等师范学校成立党支部。缪伯英是中共第一位女党员、西城支部第一位书记。1923年至1926年，鲁迅兼任女师大国文系讲师。1926年在三一八惨案中牺牲的刘和珍、杨德群即为该校学生。惨案发生后，北京女子师范大学第一个党支部成立，赵世兰、刘亚雄等8人被吸收为中共党员。1929年12月，谢冰莹担任党支部书记，在艰苦的环境中坚持斗争。李大钊在该校讲授社会学和女权运动史，启发学生运用马克思主义观点分析社会问题，在青年学生中引起很大反响。

2002年，鲁迅中学被公布为北京市爱国主义教育基地。2006年，被公布为全国重点文物保护单位。

主题故事 ▶

中共第一位女党员缪伯英

1919年秋，北京女子高等师范学校迎来了更名后的第一批新生。一位剪着齐耳短发、脸庞圆润的女生格外引人注目，她就是以湖南长沙地区第一名的成绩入学的缪伯英。

刚刚经过五四运动洗礼的京城，青年学生思想活跃，各种团体蓬勃兴起，呈现出一派新气象。缪伯英一边在学校刻苦学习，一边积极参与校内外活动。在北京大学举办的湖南学生同乡会上，她认识了何孟雄。在何孟雄的介绍下，她经常到北京大学读书、看报、听演讲，和同学一起探索改造社会的道路。

1919年12月，王光祈等发起成立北京工读互助团，目的是帮青年半工半读，实现教育和职业兼顾的理想①。缪伯英便暂停北京女子高等师范学校的课程，加入工读互助团第三组。第三组都是女生，又称北京女子工读互助团。十几名女生抱着"工是劳力，读是劳心，互助是进化"的理念，怀着对"没有剥削、没有压迫、人人平等自由"的理想追求，开始自食其力的学习生活。她们租下东安门北河沿17号的一间房子，开起裁缝店、洗衣店。尽管她们工作热情、不怕吃苦，但依然入不敷出。1920年9月，女子工读互助团不得不解散。

参加工读互助团期间，缪伯英经常到北大听报告。有一次李大钊做了热情激昂的演讲，她听后十分振奋。会后，她找到李大钊，激动地说："您讲得真好，我不是北京大学学生，您能收我做学生吗？"李大钊看着她那诚挚炽热的眼神，便答应了。

受李大钊影响，缪伯英开始研读有关马克思主义的书籍、报刊，参与有关社会活动。1920年3月，在李大钊的倡导下，北京大学进步学生邓中夏、何孟雄、高君宇②、李骏等19人，发起成立"北京大学马克思学说研究会"。经何孟雄介绍，缪伯英加入了研究会，并常聚在北京大学西斋的"亢慕义斋"图书室，潜心研读马列主义著作和有关十月革命的书籍。她还把进步书刊秘密带到北京女子高等师范学校，在进步同学中传阅。她逐步认识到，社会积弊太深，改良的道路行不通，只有通过革命的手段，才能打破旧制度，建立新社会。她慢慢地摆脱"工读互助"思想的影响，初步接受马克思主义。

1920年11月，北京社会主义青年团成立，缪伯英成为第一位女团员。不久，经李大钊介绍，她加入中国共产党北京支部，成为中国

---

① 参见《工读互助团募款启事》，载《新潮》1919年第2卷第2号。

② 高君宇（1896—1925），名尚德，山西静乐峰岭底村（现属娄烦）人。中国共产党早期党员，曾任北京社会主义青年团首任书记，出席中共二大、三大，在二大上被选为中央执行委员。1925年3月1日，他带病出席国民会议促成会全国代表大会，因阑尾炎导致败血症，于3月6日凌晨病故。

共产党历史上第一位女党员。1921年10月她与志同道合的何孟雄结婚，成为一对"英""雄"夫妻。他们婚后居住的中老胡同5号院成为党组织的秘密联络站。陈独秀赴苏俄出席共产国际四大，从上海途经北京时，就住在他们家。缪伯英还把陈独秀携带的秘密文件，巧妙地缝在衣服内层，使陈独秀安全抵达。

1924年5月，由于叛徒告密，北洋政府密令京师警察总监逮捕缪伯英等人。党组织得到消息后，立即通知她转移。回到家乡湖南后，她应湖南省立第一女子师范学校校长徐特立的聘请，担任湖南省立第一女子师范学校附属小学主事即校长，并以此为掩护开展党的工作。

1927年10月，党组织派缪伯英到上海担任中共沪东区委妇女运动委员会主任，开展地下工作。白色恐怖笼罩下的上海，工作环境十分恶劣。她不断改名换姓，过着居无定所、食无定时的生活，加上超负荷工作，她的身体越来越弱。1929年10月，她感染了伤寒，被送进上海宝隆医院。病危之际，她与丈夫何孟雄诀别："既以身许党，应为党的事业牺牲……未能战死沙场，真是恨事！孟雄，你要坚持斗争，直至胜利！"

不久，年仅30岁的缪伯英不幸离世，留下一双可爱的儿女。雪上加霜的是，1931年2月，何孟雄被国民党杀害于上海龙华刑场。他们的一双年幼儿女在上海龙华监狱监禁一年多后，被送进孤儿院，后在1932年1月日军进攻上海的战火中失散，下落不明。

缪伯英的生命只有短短的30个春秋，但她用生命谱写了中国共产党第一位女党员的壮丽篇章。

（黄迎风）

3. 国立蒙藏学校旧址（小石虎胡同33号）

明初此处为常州会馆，清初为建宁公主府，后来为清高宗第一子定亲王永璜之长子绵德府第。1913年，北洋政府蒙藏院贡桑诺布尔在京创办国立蒙藏学校，始租孙家花园为校址，1916年迁校于此。

1923年秋，李大钊陆续派邓中夏、赵世炎、黄日葵、朱务善、刘伯庄等人到国立蒙藏学校开展革命工作，部分学生加入社会主义青年团。1924年部分团员加入中国共产党，这是历史上第一批蒙古族党员。之后，组建中共蒙藏学校支部，成为中国共产党第一个少数民族党支部。1927年后，国立蒙藏学校党支部遭破坏。1948年，党组织决定在国立蒙藏学校成立党的外围组织——蒙古青年革命民主联盟（简称蒙联）。1949年年初，组建国立蒙藏学校党小组，3月恢复党支部。

中华人民共和国成立后，国立蒙藏学校旧址曾一度改为中央民族学院附属中学，后由国家民委使用。2001年，此处被公布为北京市文物保护单位。2006年，被公布为全国重点文物保护单位。

1923年11月，绥远蒙古族旅京学生与在京供职人员在蒙藏学校合影。前排左二为多松年，左五为云泽（乌兰夫），二排右一为吉雅泰，三排左五为奎璧

主题故事 ▶

中共第一个少数民族党支部

在繁华的西单商业街后身,有一条不经意间就会错过的小石虎胡同。就在这条狭窄的小胡同里,矗立着一座北京现存较完整的贝子府——绵德府。谁又能想到,在20世纪初北洋政府时期,这里作为国立蒙藏学校,有着中国共产党建立的第一个少数民族党支部,共产主义在少数民族中的传播,就是从这里开始的。

1923年的秋天,云泽(乌兰夫)、多寿(多松年)、李裕智等39名土默特旗的蒙古族青年,来到北洋政府创办的国立蒙藏学校。这批年轻人在归绥(今呼和浩特)读书时就闹过学潮,参加过五四运动一周年纪念活动和抵制日货等爱国斗争,来到北京后,很快就被这里浓厚的政治气氛所感染。

开课后不久,就遇上为反对丈量土地进京请愿的土默特旗农民代表,随后主动加入请愿行列,为家乡农民代表出谋划策,鼓劲助威。后来,又因为北洋政府取消国立蒙藏学校学生的官费待遇,掀起要求恢复学生官费的学潮。这批蒙古族青年生气勃勃,很富有斗争精神,把北洋政府专司蒙藏事务的机构——蒙藏院及受其指使的国立蒙藏学校当局搞得狼狈不堪。他们的这种行为,马上就吸引了中共北方组织领导和党的创始人之一李大钊的关注。

很快,中共北方组织就派邓中夏、赵世炎等人和这批蒙古族青年接触,李大钊也亲自到国立蒙藏学校了解情况,进行革命启蒙教育,还办起马克思主义研究小组,从理论上提高他们的觉悟,为在国立蒙藏学校建立党团组织做了思想准备。1924年春天,奎璧、吉雅泰、多松年、乌兰夫等38人加入中国社会主义青年团,3月30日经组织批准,建立了第一个由蒙古族青年组成的团支部。由于这批"新生力量,革命的财富"进步比较快,这年秋天,他们中的一些人先后加入中国共产党,党的历史上第一个由蒙古族党员组成的党支部在国立蒙藏学校诞生了。

党支部成立后，国立蒙藏学校的政治气氛不仅发生深刻变化，而且因为这个支部是面向内蒙古的，所以很快就成了当时内蒙古革命的指挥中心。这些刚入党的年轻人，做了不少对内蒙古革命，乃至对全国革命有很大影响的事。在北方党组织和李大钊的启发下，1925年年初，乌兰夫、多松年、奎璧3个刚入党不久的蒙古族青年，在条件极为困难的情况下，办起内蒙古的第一个革命刊物《蒙古农民》。

3个年轻人把《蒙古农民》办得有声有色，很有战斗力。他们的办刊目的十分明确，第一期开篇就一针见血地指出"为什么办这个报""蒙古农民的仇敌是——军阀、帝国主义、王公""内蒙古农民有3个坏命运：一是军阀压迫剥削，二是王公专制压迫，三是帝国主义侵略掠夺"等。这个刊物态度鲜明、语言通俗、形式活泼、体裁多样，有三言两语的政论，有催人泪下的诉苦，有让人深思的漫画。"张（作霖）才去，吴（佩孚）又来，街上死人无人埋！张又来，吴又去，前后唱的一台戏！盼星星，盼月儿，盼人不如盼自己"。这首幽默讽刺的《蒙古曲》向蒙汉族同胞指出了受压迫、受剥削、受苦难的根源，指出了自己解放自己的出路。

这个小刊物通俗易懂、贴近群众，在农牧民中反响热烈。在《蒙古农民》的鼓舞和引导下，归绥各族人民开展了声援五卅惨案的反帝运动，相继成立内蒙古人民革命党和内蒙古农工兵大同盟，还发动了震惊全国的规模空前的"孤魂滩事件"。

在党组织的精心抚育下，第一批党的内蒙古民族干部很快就成长起来。1925年至1926年间，他们被分送到广州农民运动讲习所、黄埔军校以及天津党训班学习。一部分还被送到莫斯科中山大学和蒙古人民共和国党务学校学习。这一批批从国立蒙藏学校派出去的革命青年，经过系统的学习锻炼后，许多人陆续回到内蒙古地区从事地下斗争。这为后来内蒙古的革命运动撒下生生不息的种子。

（鲁　杨）

4. 北京鲁迅旧居（阜成门内宫门口二条19号）

鲁迅1912年来到北京，先后居住在宣武门外南半截胡同绍兴会馆、新街口八道湾11号、西四砖塔胡同61号、阜成门内宫门口二条19号，其中宫门口二条19号是鲁迅在北京的最后一处居住地。1923年10月，他从朋友处借贷购下这座旧宅。这里原来只有6间破旧不堪的住房，经鲁迅亲自设计，雇人施工，于1924年5月建成。随后，鲁迅便同母亲及其眷属离开砖塔胡同迁入此处，直到1926年8月。

1950年，旧居由文化部文化局正式接管，在保存原样基础上进行修缮。1951年，郭沫若为旧居题字。1954年，文化部决定在旧居东侧修建北京鲁迅博物馆，旧居作为博物馆的重要组成部分。1956年博物馆建成，正式对外开放。1979年，旧居被公布为北京市文物保护单位。1992年，北京鲁迅博物馆被公布为北京市爱国主义教育基地。2006年，鲁迅旧居被公布为全国重点文物保护单位。

北京鲁迅博物馆（宋传信　摄）

主题故事 ▶

从"老虎尾巴"到"绿林书屋"

"在我的后园可以看见墙外有两株树,一株是枣树,还有一株也是枣树"。

这耳熟能详的句子出自于鲁迅先生的《秋夜》,写作地点就是被人们俗称为"老虎尾巴"的书房,后来先生又将自己的书房戏称为"绿林书屋"。这里面又有哪些故事呢?让我们到北京鲁迅旧居一探究竟。

1924年5月,鲁迅携母亲和原配夫人朱安搬迁至位于阜成门内西三条21号(今宫门口二条19号)的住所。这是先生在北京的最后一处住所,自己亲自设计并改建,直至1926年8月,他在这里度过了一段非常岁月。西三条的这座四合院,不仅是保存最完好的鲁迅故居,也最能体现鲁迅的性格和生活细节。

当我们仔细打量这所旧居,便能隔着时空,领略"绿林书屋"的丰富内涵。院中的南房主要用于会客、藏书。鲁迅藏书有自己独特的方法,喜用绍兴特制的一种木箱放书。这些箱子摞在一起就是书柜,里面放书,上面还贴有鲁迅写的编号,要搬家时,拎起来便可托运搬走,十分方便。北屋的3间房,东边为母亲鲁瑞所住,西边是朱安所住,正中堂屋是一家人吃饭活动的地方。

最能体现先生独特构思的是"老虎尾巴"。这是从正中堂屋向外凸出的一间小房间,像一条小尾巴接在后面,人们戏称"老虎尾巴"。这是他自己精心设计的工作室兼卧室,房间与堂屋隔开,可分可合。他充分利用借景法,在北墙开有大面玻璃窗,使后院景物一一纳于眼中,后院有水井一眼和几棵树,当年鲁迅种植黄刺梅一棵,枣树两棵。这正是先生在1924年9月所作的《秋夜》中提到的枣树。

"老虎尾巴"的陈设很简洁,有床铺、桌椅、桌子上有砚台、笔筒、马蹄表、带盖的茶碗、烟灰缸、闹钟等。鲁迅的性格随和,不喜欢繁文缛节，一切从简，东西实用方便就行。墙上，鲁迅亲自挂上导师藤野先生像和屈原《离骚》中的诗句对联以自勉。还有一幅《五个警察和一个〇》的炭笔速写让人印象深刻。这是著名油画家司徒乔1926年看到街头一个衣衫褴褛的孕妇为孩子多讨一碗粥，被5个警察追打而画下的写实场景，鲁迅将画买下，挂于墙上，每天提醒自己"直面惨淡的人生"。

一张长三屉桌摆在东墙下，不论上午下午，都能吸收充足的光线。他总是坐在桌前老藤椅上，喝着苦涩的浓茶，吸着烟，或看书，或奋笔疾书。有时走动一下，看看窗外的景色。在这间面积约9平方米的小屋里，先生写下了《华盖集》《华盖集续编》《野草》等文集以及《彷徨》《朝花夕拾》《坟》中的一些重要文章。

鲁迅先生将自己心爱的书房命名为"绿林书屋"，直接的原因来自于北京女子师范大学师生反对校长杨荫榆的斗争。在这场斗争中，鲁迅与章士钊、杨荫榆及"现代评论派"文人学士们打起笔战。他仗义执言，写了《寡妇主义》《并非闲话》《补白》《答KS君》等10多篇文章，尖锐批评杨荫榆和教育部，抨击北洋政府。鲁迅与多数进步教师组成校务维持会，一致抗争。

在此次学潮风波中，鲁迅显示出文人斗士的不屈性格，也因此被反动文人诬蔑为"学匪"。鲁迅听闻后毫不在乎，说道："说我是匪，我就是匪，那又怎么样呢？学匪就学匪吧！"诙谐的他，索性将自己的书房命名为"绿林书屋"。"绿林"者，强盗也。"绿林书屋"乃"学匪"之寓所也，鲁迅以此讽刺"正人君子"之流反动文人，恰好鲜明地表白了自己的思想文化立场。他甚至一度有"啸聚山林"，揭竿为"匪"的念头，但终因自己手中只有一支笔，不能成事，只能下决心继续当让"正人君子"们颇感不舒服的"学匪"。他在学潮期间出版的杂文集《热风》的题记注为："一九二五年十二月三十一日之夜，记于绿林书屋东壁下。"

在女师大风潮和三一八惨案中，鲁迅坚决支持进步学生，因此被北洋军阀段祺瑞政府通缉。1926年8月，鲁迅离开曾经奋战的小屋，前往厦门。

在这间狭小却充满昂扬斗志的小屋里，鲁迅笔耕不辍。他的文字、他的精神，像一道闪电，划过旧时代黑暗的夜空，为黎明前的中国带来觉醒和希望。

（阮珍珍）

5. 陶然亭慈悲庵、高石之墓（太平街19号陶然亭公园）

慈悲庵始建于元代，位于陶然亭公园内湖心岛西南端。1920年1月18日，毛泽东在慈悲庵与邓中夏以及辅仁学社在京成员周长宽、易克嶷等人聚会研究驱张斗争，探讨救国道路，会后在慈悲庵山门外古槐树下合影留念。同年8月，天津觉悟社成员来京，邀请少年

陶然亭慈悲庵（刘岳　摄）

中国学会、曙光社、人道社、工读互助团等进步社团20多名代表，在慈悲庵北配房内举行联席会议，李大钊、周恩来、邓颖超、刘清扬、郭隆真等出席，共同探讨团体联合起来、改造社会问题。

1921年夏，少年中国学会成员陈愚生的夫人病故，葬于陶然亭。陈愚生以守墓为名，在慈悲庵内租赁两间南屋，作为中共北京组织的秘密据点。1921年至1923年，李大钊、邓中夏、恽代英、高君宇等都曾在此进行革命活动。如今庵内正殿及南屋均已辟为博物馆。其中，两间南屋设为李大钊纪念室，原五团体会议室设为周恩来纪念室，按当年开会时原状布置。

高君宇、石评梅①之墓位于陶然亭公园，1953年7月，高石之

高君宇、石评梅之墓（刘岳　摄）

---

① 石评梅（1902—1928），山西平定人。1920年考入北京女子高等师范学校。1923年毕业后到北京师范大学附中任教。石评梅与高君宇相爱至深。高君宇去世后，她极度悲痛，于1928年9月病逝，终年26岁。根据她生前愿望，其灵柩葬于高君宇墓旁。

墓迁至八宝山革命公墓。1956年6月，周恩来在审批北京市城市规划总图时，强调要珍重保留高石之墓："革命与恋爱没有矛盾，留着它对青年人也有教育。"不久，在北京市市长彭真的主持下，高石之墓迁回陶然亭公园。"文化大革命"中，高石之墓遭到严重破坏。1973年，周恩来在病中委托邓颖超，将高石遗骨移放至八宝山革命公墓。1983年，中共北京市委、市人民政府在陶然亭重修高石之墓。1984年4月，共青团北京市委等十几个单位联合在高石之墓的一侧建造高君宇、石评梅的双人立姿石雕像，1986年落成。1987年9月，北京市人民政府再次修整墓地，并新建一座横式长方形墓碑，碑的正面刻有"高君宇烈士之墓"7个大字，背面刻有烈士生平。

　　高石之墓墓碑外观相同，并排而立，高近2米，呈方锥形。高君宇墓碑碑座右侧刻有诗句："我是宝剑，我是火花。我愿生如闪电之耀亮，我愿死如彗星之迅忽！"诗的下面刻有石评梅关于这几句诗的哀辞："这是君宇生前自题像片的几句话，死后我替他刊在碑上。君宇！我无力挽住你迅忽如彗星之生命，我只有把剩下的泪流到你坟头，直到我不能来看你的时候。"石评梅之墓在高君宇墓的右方，墓碑正面刻有"故北京师范大学附属中学校女教员石评梅先生之墓"22个字，碑腰镌刻"春风青冢"4个大字，碑座上刻有石评梅的生平简历。

　　1979年8月，陶然亭慈悲庵被公布为北京市文物保护单位。1994年，陶然亭慈悲庵和高君宇、石评梅墓被公布为宣武区爱国主义教育基地。2008年，陶然亭公园被公布为北京市爱国主义教育基地。

主题故事 ▶

生前未能相依共处　愿死后得并葬荒丘

　　在陶然亭公园，有座高大的青石雕像掩映在白杨绿柳间，那是一对青年男女拥肩而立的雕塑，其装束和发型都彰显着鲜明的五四风格。绕过石雕和后面的土丘，并排而立的汉白玉石碑赫然醒目，这便是有名的"高石之墓"——中国共产党早期领导人高君宇和著名女诗人石评梅的墓冢。

他们相识于一次山西同乡的聚会。高君宇对爱国事业的热忱、石评梅的清丽典雅以及对青年命运的关心，使他们感到志同道合，互萌爱慕之心。

一天夜里，石评梅收到一封薄薄的信。拆开来，里面是一张白纸和一片红叶。心形的红叶上题诗两句："满山秋色关不住，一片红叶寄相思。"这是高君宇采自西山碧云寺的一片红叶，此刻它满载着主人的一腔热情。

捧着红叶的石评梅就仿佛捧着高君宇那颗火热而赤诚的心。但初恋受挫后，她开始信奉独身主义，自认接受不起这片红叶的挚情。她犹豫再三，硬下心肠，在红叶背面写下："枯萎的花篮不敢承受这鲜红的叶儿。"高君宇看后十分痛苦，回信道："你的所愿，我愿赴汤蹈火以求之；你的所不愿，我愿赴汤蹈火以阻之。不能这样，我怎能说是爱你。"

拒绝感情后的石评梅也处在情感纠葛里，又获悉童年好友吟梅因爱情不幸，染病身亡。双重打击终于使病魔乘虚而入，这一病就躺了40多天。塞翁失马，却意外地给高君宇创造了照顾、接触她的机会。

1924年4月，一个狂风暴雨的夜里，为躲避军阀追捕，乔装后的高君宇赶到石评梅这里，和他眷恋的姑娘告别。那一夜，两人默默相坐。直到高君宇离去那一刻，才互道珍重。

8月，石评梅收到高君宇寄自上海的信。厚厚的一摞纸详细叙说了他解脱包办婚姻的经过，字里行间洋溢着他解除长期桎梏后的欢乐和投身革命事业的激情。

石评梅一面为高君宇高兴，一面更觉愧疚，只因自己终没勇气回应他的爱，这不只因她早已心灰意冷忌怕世俗人言，还因他从事的是抛头颅、洒热血的革命事业。思虑重重，石评梅这样决定了他们此后的命运："我可以做你唯一的知己，做以事业为伴共度此生的同志。让我们保持'冰雪友谊'吧，去建筑一个富丽辉煌的生命！"

收到石评梅的信后，高君宇的热情再一次被浇灭，但纵然心中万分哀怨，还是再次包容了她的逃避。他在随后的信中说道："我是有两个世界的，一个世界一切都属于你，我是连灵魂都永禁的俘虏；为了你死，亦可以为了你生。"

石评梅正式决定与高君宇保持"冰雪友谊"的关系后，高君宇遵守着约定，但内心无时不被一种无处释放的感情烧灼着。高君宇在开展革命工作的同时，却仍不忘记石评梅的生日，他特意在广州街头买了两枚洁白如玉的象牙戒指，大的自己戴上，小的寄给了石评梅。

离京半年多的高君宇回到北京，半年的奔波劳碌最终使他旧病发作住进东交民巷的德国医院。那天，石评梅第一次来医院探望高君宇。他第一眼看见的便是戴在她手上的象牙戒指，此时他心中升起的都是甜蜜……

高君宇病愈后，一天冬雪初霁，两人相约陶然亭。她织着毛衣，他给她拿着线团，边走边聊，心中升起久未有过的惬意。陶然亭畔葛母墓旁是一片背依树林、面临芦荡湖水的空旷雪地。高君宇说起在广州当孙中山秘书时和各军阀斗法的旧事，忽然一阵激动："评梅，你看北京这块地方，全被军阀权贵们糟蹋得乌烟瘴气、肮脏不堪，只有陶然亭这块荒僻地还算干净了！以后，如果我死，你就把我葬在这儿吧！我知道，我是生也孤零，死也孤零……"本来高兴的石评梅，一下子陷入了伤感，一时语塞，不知如何安慰他。

病稍愈后的高君宇顾不得医生"须静养半年"的劝告，为了革命又南下奔波。归来后因急性阑尾炎导致败血症，再次被送到医院，3天工夫就瘦得形销骨立。这次，石评梅有着不祥的预感。当她伏在高君宇床前时，泪如泉涌。

1925年3月6日，病床前孤寂无人，高君宇抱憾离世。山河拱手,为君一别,留下未竟的事业与未果的爱情。

依照生前嘱托,石评梅把高君宇的墓地选在他曾指给她看的地方,和高君宇一起葬入墓穴的,有石评梅的一张小照,以及那枚象征着他们"冰雪友谊"的象牙戒指。1928年9月,终年沉浸在悲哀里的一代才女石评梅,在高君宇死后的第三年,也随他去了另一个世界。

"生前未能相依共处,愿死后得并葬荒丘。"他们生未成婚,死而并葬,演绎了一曲现代版的化蝶故事……

(高俊良)

6. 京报馆旧址（魏染胡同30号、32号）

京报馆坐东朝西,为二层木结构建筑,临街立面用西洋式砖壁柱装饰,大门处加古典柱式门廊,楼门上方中央镌刻"京报馆"3字。《京报》是北洋政府时期在北京出版的进步报纸,由邵飘萍于1918年创办,1920年9月迁至现址。

《京报》讲求新闻的时效性,注重时政报道和评述,反帝反军阀旗帜鲜明。1919年,曾因载文反对曹汝霖亲日卖国行为被查封。1920年复刊后,支持孙中山领导的国民革命,支持冯玉祥建立国民军,支持中苏建交,出版过《列宁专刊》和《马克思纪念特刊》,

京报馆旧址（刘岳　摄）

介绍社会主义理论。1925年五卅运动期间，刊出"打倒外国强盗帝国主义"的口号，对制造三一八惨案的皖系军阀进行猛烈抨击。1926年4月26日，邵飘萍被奉系军阀杀害，《京报》被迫停刊。1928年，在邵飘萍夫人汤修慧主持下，报纸恢复出版。1937年7月，《京报》终刊。

1984年5月，京报馆旧址被公布为北京市文物保护单位。

主题故事 ▶

湮没60年的中共秘密党员邵飘萍

1986年7月10日，中共中央组织部下达文件："经研究，同意你们的意见，认定邵飘萍同志一九二五年春加入中国共产党。"时隔61年，邵飘萍的党员身份才被认定，其中究竟有着怎样的秘密？我们还要从他辉煌而短暂的一生说起。

邵飘萍自幼才华横溢，在大学时期就萌生办报救国的理想，主张利用报刊唤醒民众。1916年，邵飘萍被聘为《申报》驻北京特派记者，成为中国新闻史上第一个享有特派员称号的记者。从此，他以一个勇敢的爱国志士姿态，活跃在北京的报坛，战斗在反动军阀统治的中心。

来到北京，邵飘萍感受到北京报界的混乱和黑暗。为改变这种局面，还新闻以真实和正义，他在南城珠巢街办起国内第一家新闻编辑社。同时，他也深切地感到，创办一份拥有自己独立思想的报纸已成为斗争的迫切需要。于是，他毅然辞去《申报》特派记者之职，全力进行筹备工作。1918年10月5日，凝结着邵飘萍心血的《京报》问世了。由于《京报》的新闻报道，敢于针砭时弊，伸张正义，很快便成了当时北京最有声望和影响的报纸之一。

就在《京报》问世的当年，北京大学校长蔡元培采纳邵飘萍的建议，在北京大学成立新闻研究会，邵飘萍被聘为讲师。在北京大学，邵飘萍与陈独秀、李大钊、鲁迅等人共事，并结下深厚友谊。他的学生中有高君宇、罗章龙、毛泽东等许多进步青年。1936年，毛泽东曾对美国记者斯诺说："特别是邵飘萍，对我帮助很大，他是新闻学会的讲师，是一个自由主义者，一个具有热情理想和优良品质的人。"①

1919年五四运动爆发后，邵飘萍以《京报》为宣传阵地，大量载文，揭露曹汝霖、章宗祥、陆宗舆之流的卖国行径，并把矛头指向腐败无能的军阀政府。这一切引起反动军阀们的惊恐和仇恨，便以扰乱京师治安为名，下令缉捕邵飘萍并查封《京报》。迫于险恶局势，邵飘萍不得已东渡日本。

在日本，他开始重新放眼世界，潜心研究马克思主义学说和各国政治思潮，探索救国真理。他将研究心得写成《综合研究各国社会思潮》和《新俄国之研究》两部专著，向国内渴望了解世界新思潮及新生苏维埃的人们进行传播。邵飘萍成为最早在中国传播马克思主义的先驱者之一。他对社会主义制度的向往，为他从一个爱国的民主主义者转变为共产主义者奠定了基础。

1920年，邵飘萍回到北京。在他的努力下，《京报》复刊，社址迁至魏染胡同。他开始与李大钊、邓中夏、高君宇、罗章龙等早期的马克思主义者来往，并对北京早期马克思主义者的活动给予支持。北京的共产党早期组织成立后，一直关注着这位热诚传播马列主义和介绍俄国十月革命经验的报人，同他保持着密切联系。邵飘萍借助记者的特殊身份，从北洋政府、东交民巷外交团、路透社、电讯社等方面，为中共获取大量重要信息。《京报》也成为中国共产党的宣传舆论阵地。在北京共产党组织的关心培育下，1925年春，由李大钊和罗章龙介绍，邵飘萍加入中国共产党，成为一名特殊的秘密共产党员。根据党的指示，他以《京报》社长的公开身份做掩护，开展革命活动。他严守秘密，除与介绍人保持单线联系外，至死没有暴露共产党

---

① 邵艺：《一代报人邵飘萍》，载《中国档案》2016年第7期。

员身份。

1926年三一八惨案发生，当时邵飘萍正在报馆里。他闻讯拍案而起，立即派文字记者和摄影记者赶到现场和有关医院调查采访。他白天外出采访，夜间挥笔疾书，双眼布满血丝却毫无倦态，一连4天撰文4篇，向反动当局进行血的控诉。《京报》在12天内刊登各种消息、评论、通电等120余篇。这些怒不可遏的声讨，催人泪下的控诉，在社会上引起强烈反响。

然而，反动当局更加疯狂地迫害革命者，邵飘萍被列入通缉名单。京报馆和邵家的电话受到监听，馆舍被监视，邵飘萍处境险恶，不得已避居六国饭店。军阀抓不到邵飘萍，便收买了他的旧交《大陆报》社长张翰举。4月24日，邵飘萍拟回报馆料理报务，事先在电话里向张翰举询问外面形势。张翰举满口以"人格"担保不会出事。邵飘萍从京报馆出来，车行至魏染胡同南口时，被早已埋伏着的侦缉队围阻拘捕。同时，《京报》也被查封。虽然北京各界人士设法营救，但没有成功。

1926年4月26日凌晨1时许，警厅未按法律程序公开审理，便以"勾结赤俄，宣传赤化"罪名秘密判其死刑。4时30分左右，邵飘萍被押至天桥刑场。临刑前，他向监刑官拱手说："诸位免送！"然后面向天空，哈哈大笑，从容就义，年仅40岁。

（孙良菊）

7. 刘公馆（纪晓岚故居）（珠市口西大街241号）

此处房宅始建于清雍正朝，原为岳飞后裔、清宁远大将军岳钟琪的府邸，清乾隆年间成为纪晓岚的私宅，后纪氏子孙陆续分割出赁，曾有多人居住使用。1924年11月，北京国民会议筹备处在这里成立，后来成为刘少白的住宅，时称"刘公馆"。

1986年，此地被公布为宣武区文物保护单位。2003年12月，纪晓岚故居被公布为北京市文物保护单位。2013年6月，刘公馆被命名为北京市爱国主义教育纪念地。

刘公馆今貌（刘岳 摄）

主题故事 ▶

中共地下联络点

纪晓岚故居建于清雍正朝。最初的主人是岳飞第二十一代孙，清代威信公岳钟琪。后来，岳钟琪获罪被拘禁。正巧纪晓岚的父亲纪容舒带着11岁的纪晓岚来京补官，买下这所宅子。从此，纪晓岚在这所宅子内读书、考科举、做官。纪晓岚去世后，后人将此宅"割半赁"给别人。20世纪30年代，这里迎来一位新主人——刘少白。

说到刘少白，多数人可能不太熟悉。但是，读过《毛泽东选集》第四卷的，可能还记得在《关于民族资产阶级和开明绅士问题》的文章中有这样一段话："晋绥边区的刘少白、陕甘宁边区的李鼎铭等

61

人，在抗日战争和抗日战争以后的困难时期内，曾经给我们以相当的帮助。"

刘少白生于1883年，山西省兴县黑峪口村人，曾在山西大学堂攻读法律，接受新学。求学期间，他目睹列强侵略、清廷腐败，立志救国救民。1927年，四一二反革命政变后，刘少白毅然加入党的外围组织互济会，帮助党组织做了大量工作。

1928年，刘少白应老同学温寿泉之邀，担任河北省建设厅秘书主任。当年9月，他举家迁往北平虎坊桥60号，租赁下纪晓岚故居的第三进院。1931年年初，刘少白的大女儿刘亚雄担任中共河北省委（即顺直省委）秘书长，她的丈夫陈原道担任中共河北省委组织部部长。刘公馆此时就成为中共地下活动的秘密联络点。除了接待中共顺直省委和北平市委地下党负责人外，这个秘密联络点还负责中转中共中央给顺直省委的经费、信件。

1931年4月，顺直省委遭到破坏，陈原道、刘亚雄等人被捕，刘少白筹集2000块大洋到天津进行营救。由于叛徒的出卖，国民党特务突然搜查刘公馆，并布下便衣"蹲坑"，准备"扩大战果"。刘少白二女儿刘竞雄趁宪兵不备，从墙上撕下一张纸，偷偷写上"家中出事，千万勿回"几个字，塞给送晚饭的厨师赵芝贵，请他转交给刘少白的朋友、邻居王子才。王家得知消息，连夜派人将纸条送到天津国民饭店，交给刘少白。

刘少白见到纸条，久等不见陈赓、杨献珍前来接头，便赶紧离开天津，前往大连，后辗转到山西大同。就在刘少白离开国民饭店后，陈赓、杨献珍来到饭店接头，没有找到人。于是，杨献珍又到北平刘公馆寻找，不幸被捕，被关押在草岚子胡同国民党北平军人反省分院，直到1936年9月，经党组织营救出狱。

1937年7月经王若飞、安子文介绍，刘少白秘密加入中国共产党，9月他根据党的指示返回家乡，创办了兴县农民银行。1938年6月，为与党组织接上关系，刘少白第一次奔赴革命圣地延安，见到仰慕已久的毛泽东。毛泽东握着他的手说："我早听说你是秘密共产党人,我毛泽东久仰大名了。"此次赴陕,刘少白和延安书店建立了联系。他回到老家兴县后立即成立"新运书社",为八路军、地方青年组织以及阎锡山军队官兵提供《论持久战》《新民主主义论》《联共(布)党史简明教程》和哲学、政治经济学、社会发展史等方面的进步书刊。

1940年1月,兴县农民银行改为西北农民银行,刘少白出任行长,为发展抗日根据地经济、解决军需民用、巩固晋西北抗日根据地发挥了重要作用。

王若飞等不幸遇难后,刘少白深感国共和谈无望,决意返回晋绥投入新的斗争。动身前,毛泽东在王家坪第五次接见他。临别时,天降大雨。毛泽东冒雨送他上车,刘少白极为感动。1946年6月初,刘少白积极响应号召,将自家450亩土地、一处四合院和百余棵枣树献给政府。

中华人民共和国成立初期,刘少白当选为全国政协委员、山西省政协副主席。"文化大革命"期间,刘少白及子女都被打成黑帮,遭到关押批斗。虽然刘少白对"文化大革命"心存异议,但对毛泽东仍心怀信赖和敬重。1968年冬的一天,他强撑病体,拄着拐杖,徘徊街巷,口中喃喃:"我要见毛主席、周总理,我要反映情况……"没走多远,便晕倒在马路上。不久告别人世,终年86岁。

1987年,国家主席杨尚昆为刘少白题写碑名,中共中央党校原校长杨献珍为其撰写碑文:"刘少白以身许国,毕生求真,屡遭坎坷,不改初衷,急公好义,扶危济困,高风亮节,直道而行,浩然正气,亘古长存!"

(高俊良)

8. 国立北平师范大学旧址(南新华街13号、15号、17号)

该旧址原为清光绪二十七年(1901)建立的五城学堂所在地,次年创办时定名为京师大学堂师范馆，辛亥革命后改称北京高等师范学校，1923年改为北京师范大学。1931年与北平女子师范大学合并为国立北平师范大学。

北师大是一所具有革命传统的学校。光绪二十九年（1903）学校师生曾联名上书清政府，要求抗击俄军侵略。五四运动时，该校学生参加示威游行，匡互生火烧赵家楼曹宅。20世纪二三十年代，北师大一直建有中共基层组织，并不断开展革命斗争。李大钊、鲁迅等曾在这里任教，支持学生运动。解放战争时期，该校进步学生开展反抗国民党独裁统治、迎接北平和平解放的斗争，成为北平第二条战线的重要力量。

1954年，北京师范大学各系陆续迁入北太平庄新校址。国立北平师范大学旧址现存部分建筑，如丁字楼、图书馆、办公楼、宿舍楼等，现为北京第一实验小学。1986年，此处被公布为宣武区文物保护单位。2001年7月，被公布为北京市文物保护单位。

国立北平师范大学图书馆（西城区委党史办　提供）

主题故事▶

民族解放先锋队的诞生

1936年1月下旬的一天，南下宣传的平津大学生排成整齐的队伍，高呼抗日救亡口号，在保定大街上游行。当地的中学生和群众也不断涌进来，游行队伍越走越壮大。

忽然，中国大学学生甘一飞急匆匆赶来，传达中共北平市委"结束南下，到保定后立即返平"的指示，通报第三团成立"中国青年救亡先锋团"的情况[①]。他还告知南下宣传团党团书记、辅仁大学学生彭涛立即回平。临行前，彭涛决定由敖白枫（北师大学生）接任党团书记。

黄昏时分，游行学生被保定的文武官员"请"到同仁中学住宿。他们组织纠察队、查点人数、重新编组、安排饮食。人数查点完毕后，同学们便开起了大会。大会开了整整一个通宵，最后决定根据共青团中央所发宣言精神，把共青团变为抗日救国的青年团体。

这个新组织叫啥名好呢？大家提了"学生抗日救亡团""爱国青年先锋队""抗日救国青年团"等好几个名称。北师大的刘定一和敖白枫、杜书田、曹国智小声讨论后，建议叫"民族解放先锋队"。当大会主席把"成立民族解放先锋队"的提案付诸表决时，全场响起热烈的掌声。

第二天，保定"教育界名流"乘车来到同仁中学礼堂前。为首的瘦子声言："北平来了急电。"随即从袖口里掏出电报来读：责令有关当局，立即把"旅行"保定的全部学生妥善遣送到平津各校，"如

---

① 第三团由清华大学领导，包括燕京大学、朝阳大学、辅仁大学等学校，团长先后是董毓华、蒋南翔。1936年1月14日，第三团在河北高碑店遭到国民党军警、特务包围，被强行押解回北平。第三团宣传员对当局镇压抗日救国运动的行径非常愤慨，决定回平后成立永久性的战斗团体。16日，他们在燕京大学召开会议，成立"中国青年救亡先锋团"。

有故违，严惩不贷"。

根据中共北平市委的指示，全体同学在纠察队带领下，排着队向保定车站行进。午后，专车到达北平，同学们纷纷回校，等待通知。

1936年2月1日，南下扩大宣传团团员代表大会，在北平师范大学文学院召开，会议决定将中国青年救亡先锋队与民族解放先锋队合并，正式成立民族解放先锋队。

（宋传信）

9. 辅仁大学旧址（定阜街1号）

该旧址原为清代涛贝勒府的一部分。1925年该府出租给罗马教廷，1930年在府内花园南边空地和马厩处建成一幢中西合璧式教学楼，即为辅仁大学主楼。美籍教士奥图尔任辅仁大学第一任校长，后由著名教育家陈垣任校长，张继、胡适、翁文灏、沈兼士等任董事。规模最大时有4个学院、13个系、6个研究所，曾培养出刘乃和、邓昌黎、叶嘉莹、邓肇豪、王光美等知名校友。

辅仁大学自建校始，一直受到天主教会的严格控制，严禁学生参加学生运动。在中共北平地下党组织的领导下，辅仁大学学生开展了一系列爱国活动。1935年冬，辅仁大学地下党负责人彭涛，与谷景生、周小舟等组成中共北平临时工委，发动一二·九运动。1936年，辅仁大学学生参加平津学生南下扩大宣传团。全民族抗战时期，辅仁大学地下党虽未建立统一的支部，但他们积极开展群众工作，扩大抗日力量。解放战争时期，辅仁大学成立地下党支部。

1952年，辅仁大学并入北京师范大学，旧址改为化学系校舍。1984年5月，辅仁大学旧址被公布为北京市文物保护单位。2013年3月，被公布为全国重点文物保护单位。

辅仁大学旧址（刘岳 摄）

主题故事 ▶

不向日伪低头的老校长

　　七七事变后不久，日军占领北平城，大批师生南下。当时，辅仁大学没有南迁的打算，陈垣校长也没有南下，他认为沦陷区需要有一批人留下来主持正义。他说："余如南归，辅仁大学数千青年，有何人能代余教育之？沦陷区正气有何人能代余支持倡导，且余之图书，又不能全部带去，只身南逃，尤属不宜。"像陈垣这样有地位的人留在北平，日伪肯定会想尽办法拉拢。先是请他参加"东洋史地学会"并担任职务，这是一个披着学术外衣的汉奸组织，陈垣当然拒绝参加。

1938年徐州失陷，日伪当局强迫北平机关、学校挂伪国旗，游行"庆祝"。辅仁大学和附属中学拒绝挂旗、游行，附中被强令停课3天。日本人找到陈垣"质问"恫吓，陈垣说："国土沦陷，我们只是悲痛，要庆祝，办不到！"从此，学校返校节等集会，皆以校旗代国旗。1939年，学校放映世运会影片，影片中突然出现中国国旗，在场学生都情不自禁地起立鼓掌。日本宪兵队找陈垣责难，要他交出鼓掌的师生。他回答："带头鼓掌的是我，要逮捕就把我抓走！"慑于他的威望，这件事后来不了了之。

　　1941年12月太平洋战争爆发后，日本提出建立"大东亚共荣圈"战略目标，在北平策划筹建"东亚文化协议会"。鉴于陈垣在国内外教育界的声望，日伪又准备让他担任副会长，派人前去游说："日本人已许诺，陈先生出任副会长属众望所归，可发给月薪5000元。"陈垣断然拒绝："莫说几千元，即使万两黄金我也不干！"来人满脸愧色退去。

　　1942年4月，辅仁大学举行返校节，照例要开运动会。陈垣在运动会开始时讲述了一个孔子开运动会的故事。他说："据《礼记·射义》篇记载，孔子曾主持射箭比赛，让子路把门，宣布有3种人不能参加，'贲军之将、亡国之大夫与为人后者不入'，即败军之将、为敌人做事的、认敌作父的人。宣布完3条，不少人都溜走了。"他巧妙地在公开场合警告汉奸，打击敌人。1944年3月，30多名辅仁大学教授、附中教员因宣传抗日被捕，直至1945年7月才被释出狱。当时抗战还未结束，辅仁大学公开宴请出狱的人员，以此来表达对他们抗日的支持和对日伪当局的抗议。

　　北平沦陷8年间，陈垣闭门谢客，潜心研究，撰写7部专著、10余篇论文。他提倡经世致用和"有意义之史学"，以书斋做战场，以纸笔为武器，阐发中国历史上的爱国主义传统，借古喻今，痛斥日寇侵略和汉奸卖国。这一时期陈垣著就了他自己"学识的记里碑"的《通鉴胡注表微》，以此阐发胡三省在为《通鉴》作注时隐藏在注文中、当时不便明言的爱国思想。作为知识分子，陈垣"以史事讽喻今事"，援古证今，表达他的爱国思想。

1945年8月15日，日本宣布无条件投降。9月3日，辅仁大学举行8年来首次开学典礼。陈垣讲话说："民国二十六年以来，我们学校已有八年不行开学典礼，因我们处在沦陷区域，国旗拿不出来，国歌亦唱不响亮，甚至连说话都要受到限制，为了一切不必要的麻烦，以往的八年是由不动声色的黑暗世界中度过的，从昨天日本投降签字起，世界的永久和平已经产生，光明的新时代已经开始，所以八年来解放后第一次开学典礼，是特别值得庆贺的。"他痛斥那些为日伪服务的人"已经忘了我们国旗的本来面目"。

在抗战胜利后的一个元旦团拜会上，国民党一位高级官员说北平这地方没有一点民族意识。陈垣听了十分气愤，站起来反驳他："你过去来过这里没有？我们在日本人统治下进行斗争，你知道吗？可惜你来得太迟了！"说完愤然离席，并说今后再也不参加这种集会了。

（杨华锋）

10. 中国大学旧址（大木仓胡同35号）

此处原为郑亲王府，是清代开国元勋济尔哈朗的封邸。民国初年，典押给西什库天主教堂。1925年夏，租赁给中国大学做校址。中国大学由孙中山创办，初名国民大学，1913年4月正式开学，早期校址在前门内西城根愿学堂。1917年春，更名为中国大学。1925年9月，校址迁到大木仓胡同。

中国大学具有光荣的革命斗争历史。1919年，中国大学学生率先参加五四运动。1920年，北京共产党小组成立，该校学生宋介是成员之一。中国共产党成立后，该校建立党支部，地下党组织迅速发展。李大钊、李达、陈独秀、鲁迅等在这里担任教授，宣传马克思主义和进步思想。1926年，该校爱国师生参加三一八运动，学生

中国大学旧址

赵钟钰惨遭杀害。1935年一二·九运动时，为纪念孙中山，学校将郑亲王府后殿改名为"逸仙堂"。北平和平解放前夕，中国大学已有中共地下党员70多人。

中华人民共和国成立后，中国大学旧址由高等教育部使用，花园处改建为二龙路中学。1984年，此处被公布为北京市文物保护单位。

主题故事 ▶

中国大学的"饥寒团"

"流亡多年，生活无着，政府必须救济！"
"大员们！把剩饭残汤赏给穷学生们吧！"
"钱！钱！钱！哪里交得起学费！"
"生活、理想、出路都得吃饭！" [1]

1946年3月中旬，一支500余人的队伍，高举着中国大学的校旗，高呼着"反饥饿"的口号，浩浩荡荡，奔向中南海。这一幕，从何而来，又向何而去？

抗战胜利后，全国上下欢庆和平，先进青年决心大展宏图。然而，国民党接收大员乘着美国的运输机，飞抵北平后疯抢金子、票

---

[1] 中共北京市委党史研究室编：《中国大学革命历史资料》，中共党史出版社1994年版，第392页。

子、房子、车子、女子。真是"想中央、盼中央,中央来了更遭殃"。

接收大员贪污腐化、囤积居奇,加上国民党当局发动内战,致使物价飞涨。100元法币,在1937年能买一头牛,到1947年却连半盒火柴都买不了。广大劳苦民众陷于水深火热之中,学生们也处于饥寒交迫的境地。不得已,中国大学成立"饥寒团"。

中国大学师生思想十分活跃,反映各种政治倾向和思想观点的壁报贴满校园。二宫门墙上贴满五颜六色的标语、声明,其中一张黑色的中国地图格外显眼,这张地图仅在延安地区留下白地,旁边写着"全国唯此一点光明"。"饥寒团"的"罢课声明"和开会通知,也贴在那里。

1946年3月中旬的一天早上,紧急集合的钟声敲响了,中国大学学生和部分教职工数百人聚到"逸仙堂"。大会由崔万镒、弓羽、于廷栋3名同学主持,宣读了《告全国同胞书》《告全国同学书》,成立"中国大学饥寒团",选举崔万镒、弓羽为"饥寒团"正、副团长,并通过"声明",决定举行游行示威。

游行队伍出发了,沿西单、西长安街至中南海南门,向国民政府主席北平行辕主任李宗仁请愿。行辕派汽车把示威主席团的7名学生接到中南海丰泽园内会客室,队伍留在南门等候。李宗仁派秘书接待,学生将请愿书托秘书转交李宗仁。请愿书呼吁抗战胜利了,中华民族不可自相残杀;谴责贪官污吏投机倒把,造成物价飞涨,使得学生生活无保障,要求给予救济与补助等。经过持续近两个小时的交涉,秘书才表示将请愿书转给李宗仁,并答应让何其巩校长帮助解决一些具体问题。

5月4日,中国大学的教师们也不再沉默,为争取生存权利,他们成立中国大学教授会,进行罢教斗争。6日上午召开全体大会,何其巩校长声泪俱下地致辞,说明学校经费拮据的困境。教授会宣读停教宣言,"其妻啼饥,而儿号寒",让人听来甚是难过。这些从事高级劳动的大知识分子,竟然落到了无法养活家人的田地。

经过斗争,中国大学师生获得了粮食,可是国民党特务的迫害也随之而来。弓羽的住处连续出现写有"弓羽小心你的脑袋！""弓羽，你还要命不要命？"的小纸条，上面还插着刀子。弓羽自以为身强力壮，对反动派的凶狠毒辣认识不足，加之有许多社会工作需要做，也就没考虑太多。6月25日晨，弓羽组织东北同学到前门火车站乘车返乡。7时许，临近开车了，忽然来了军统便衣特务，以了解组织回东北情况为由，将弓羽骗出火车站，随即逮捕并送往北新桥炮局秘密监狱。

在监狱里，弓羽见到多位失踪的同学。特务屡用恫吓、威胁、逼供及利诱等手段逼问他：学校里的共产党分子还有哪些人？是谁指使成立的"饥寒团"？他回答道："我不是共产党，也不知共产党的事。向政府请愿要求救济是因为生活困难，无法读书；我当'饥寒团'副团长是同学们推选的。"

1947年在国共谈判期间，迫于形势，国民党当局不得不释放弓羽等同学。

（宋传信）

11. 中共北平地下党员会师大会会场（佟麟阁路62号）

该处原为国会议场旧址的一部分，坐北朝南，砖木结构，形式简单但庄严肃穆，建筑面积约2100平方米；室内一层座席呈扇面排列，二层三面围楼为旁听席，均设椭圆形大休息厅和两个小休息厅；外面为青砖清水墙，室内为抹灰壁柱装饰，钢木桁架屋顶。

此地原是清末资政院。清宣统三年（1911）辛亥革命后，增建国会议场，作为国会开会、办公之地，1923年"曹锟贿选"的闹剧即发生于此。北洋政府倒台后，改为北平大学法学院。1930年9月，中国左翼作家联盟北平分盟在这里召开成立大会。1937年7月北平沦陷后，日伪占据成立伪新民学院。抗战胜利后至1949年年初，为北京大学第四院使用。

中共北平地下党员会师大会会场外景（刘岳　摄）

1949年2月至5月，中共北平地下党员全师大会、北平市学生联合会第一次代表大会、中华全国青年第一次代表大会先后在此举行。9月，新华通讯社迁入。1984年5月，国会议场旧址被公布为北京市文物保护单位，2006年5月被公布为全国重点文物保护单位。2013年6月，中共北平地下党员会师大会会场被列为北京市爱国主义教育纪念地。

主题故事▶

中共北平地下党员大会师

"原来是你啊！""原来你也是！"大家欣喜若狂，有的握手，有的拥抱，有的喜极而泣……

这一幕发生在1949年2月4日下午，中共北平市委召开的地下党员会师大会上。会议在国会街礼堂召开，开会当天，地下党员还习惯性地戴着帽子和口罩,当得知可以把帽子和口罩摘掉、当知道共产党员的身份可以在党内公开、当发现最可亲的同志竟是在一个单位工作或学习的同事,甚至是自己的亲朋好友时,大家简直不敢相信自己的眼睛,于是便发生了这戏剧性的一幕。

北平解放前,党组织处于地下状态,党员之间单线联系。同一单位的地下党员,也可能分属不同的地下党组织;同一支部的党员,多数情况下也不发生横向联系,即使在解放区泊镇参加培训时,相互之间也是用帘子隔开,彼此只闻其声不见其人,真可谓是相识不相知、相知不相认。

北平和平解放后,全市地下党员终于可以在党内公开身份了,市委决定召开这次地下党员会师大会。由于国会街礼堂容纳人数有限,全市3376名党员中有2000名到会。他们主要是城工部所属学委(含文委)、工委和铁委系统的党员及平委总支委员以上干部。2月13日,市委又在南新华街北平师范大学礼堂召开没参加上次大会的平委系统党员大会。

开会前一天,地下党学委的干部接到一项任务,制作党旗。可是,由于地下斗争等原因,这些人没有见过真的党旗。他们按照苏联电影里看到的样式,把红布缝成旗子,然后用黄纸剪成镰刀斧头,贴在红旗上面。最终,一面2米长、1.5米宽的党旗挂在了会场主席台上。

平津前线总前委林彪、罗荣桓、聂荣臻,中共中央华北局第二书记薄一波,北平市委书记彭真,第一副书记兼军管会主任、市长叶剑英,第二副书记赵振声(即李大钊的长子李葆华),在主席台上就座。当林彪讲到"北平地下党从今天开始从地下转到地上了"时,全场沸腾了。薄一波在会上说,过去30年几次进北平都是不自由的,今天不同了,我们完全自由了,可以开这样的会!他还幽默地说:"在秘密工作时期,找一个可容纳10人的会场、开半天会都是很困难的,现在我们要开到天亮都可以……"

果然,大家不舍得散会,时间一拖再拖,天黑了会议还没结束,只能派几个人出去买包子，会议继续进行。领导在大会上回顾了不同阶段北平地下党的斗争历史，一致肯定北平地下党工作所取得的成绩，高度评价北平地下党为北平和平解放做出的重要贡献。会上，赵振声代表市委第一次提出党支部要全面公开的问题。

1949年6月18日，公开党支部和党员的条件基本成熟，市委做出决定，要求在纪念中国共产党诞生28周年之际，全市各工厂、学校、机关将党的组织和党员名单全部公开。

其实，公开党的组织与党员名单，一些同志还是有所顾虑的。有的党员认为自己理论水平低，怕公开身份后起不了骨干作用；有的学生党员过去忙于地下斗争而耽误了学业，怕公开身份后影响党的声誉；有的党员习惯独立处理问题、秘密进行工作，在作风上脱离群众，怕公开身份后得不到信任。当时，燕京大学党支部提出13个问题向党员进行调查，如：党公开的意义和作用是什么？好处和坏处有哪些？党公开后组织生活怎么个过法？公开后如何开展活动，等等。被调查者对每个问题都提出了自己的认识和意见建议。

为了解决这些思想认识问题，市委指导各级党的组织开展了细致的思想工作。市委书记彭真亲自指示《北平解放报》于1949年6月29日发表题为《党的支部必须全部公开》的社论。社论有针对性地批评一些党员"家丑不可外扬"的错误认识，指出："党的缺点和错误，应该克服，不应该隐瞒，我们的党和人民是一家，并不是两家，党的组织公开，把党放在群众监督下面，就好比放在太阳下面一样，正可以利用群众力量的帮助，纠正党与党员的错误。"

北平地下党公开，一些群众打消了过去对党的误解和怀疑，有些群众说："这一来，有事好商量了。"还有些群众打听入党条件，要求入党或向党推荐候补党员。有些潜伏特务也主动向所在工厂、学校的党支部坦白交代问题。辅仁大学的一位教授说："你们党敢公开，证明你们不做坏事。国民党做坏事，就不敢公开。"

（曹　楠）

朝 阳 区

朝阳区革命史概述

朝阳区位于北京市城区东北部，为北京城区之一。东与通州区相连，南与大兴区相邻，西与丰台区、东城区、海淀区接壤，北与昌平区、顺义区搭界，区域面积470.8平方千米。朝阳区所辖地域和名称历经多次变更。北平解放前，朝阳区辖域内为第十三区、第十四区。北平解放后，1949年6月，第十三区、第十四区合并为第十三区。1950年8月，第十三区更名为第十区。1952年9月，北郊十四区东部划归第十区，第十区更名为东郊区。1958年5月，东郊区更名为朝阳区。

朝阳区域内中共地下党组织的建立。全民族抗战时期，根据中共中央指示，1944年9月，中共中央晋察冀分局城市工作部成立，进一步加强对城市工作的领导。中共河北任丘、文安等县委城工部，陆续派遣党员到朝阳地区开展地下工作，建立地下组织，实行异地领导、单线联系，组织动员群众开展抗日斗争。

1944年5月、6月，在安定门外自来水厂以看库员身份开展抗日工作的中共地下党员王彬生，先后发展同厂工人常振芳和张桂林加入党组织，这是辖区内党组织最早发展的党员。张桂林曾乔装成乞丐，混进黄寺日军驻地，侦察日军活动情况。1945年下半年，原北平师范大学中共地下党领导小组成员潘基，在朝阳门外南河沿的一家化工厂，以会计身份为掩护，开展地下工作，组织发动工人向资本家提出"反对克扣工人粮食，提高工人待遇"的要求，斗争取得了胜利。

1945年下半年，朝阳地区建立第一个中共地下组织——中共朝阳门外煤厂支部。至1949年1月北平和平解放，朝阳地区相继建立7个地下党支部。中共朝阳门外煤厂支部，成立于1945年9月至12月期间，隶属中共晋察冀中央局北平市外一区委员会，党员14名；中共德丰粮栈支部，成立于1945年9月，隶属中共晋察冀中央局北平市油盐菜园行业委员会，党员4名；中共安定门外自来水厂支部，成立于

1946年1月，隶属中共冀中区北平工作委员会外一区委员会，党员2名；中共安定门外劈柴业支部，成立于1946年4月，隶属中共晋察冀中央局北平市内四区委员会，党员8名；中共朝阳门外大车行支部，成立于1946年6月，隶属中共晋察冀中央局北平市外一区委员会；中共安定门外十字口村瓦工支部，成立于1946年6月至12月，隶属中共晋察冀中央局北平市外一区委员会，党员8名；中共东郊啤酒厂支部，成立于1947年7月，隶属中共晋察冀中央局城工部北平外三区、外五区委员会，党员3名。

解放战争时期，组织广大群众开展斗争。1945年9月，中共晋察冀中央局批准成立中共北平市委员会。市委按行业划分，相继设立学生、工人、铁路、平民、文化和警察等工作委员会，基本构成中共北平地下党领导体系。中共冀中第9分区党委和中共北平学委、中共北平市委分别派遣党员深入朝阳地区发展党组织并组织发动区域内的工人、学生、教师、农民开展斗争。

1946年春，中共冀中区党委北平工作委员会派遣杨子健到啤酒厂，向群众宣传党的主张，发动工人进行"反饥饿、争生存"斗争，要求增发实物工资，资本家被迫将工资折合成玉米发放。1947年夏，国民党警察三队与啤酒厂工人发生冲突，工人借机开展要求增加工资的斗争并取得一定胜利。

1947年五二〇运动期间，中共北平学委发动北平市立第四女子中学（女四中）学生组成学生自治会，参加"反饥饿、反内战、反迫害"游行示威。1947年暑假，华北学联在北平发起助学运动，女四中进步同学与中法大学等校组成"助学分会"，排练文艺节目，上街义卖义演，控诉国民党发动内战给人民带来的苦难和给教育带来的危机。1948年10月，国统区经济全面崩溃，物价飞涨，小学教师生活苦不堪言。中共北平学委小学教员工作委员会适时发动全市公立小学教师，为争生存而进行罢教斗争。十三区中心小学教师唐树本等地下党员，积极发动各个学校，组织教师进行罢教，并提出增发实物薪金等要求。罢教请愿取得了胜利，当局表示即刻发放12个月薪金、杂粮60斤和煤炭2吨。

1948年年底，解放军围城期间，朝阳地区的共产党员和人民教育工作者联盟盟员做了大量宣传工作。他们连夜复写中国人民解放军平津前线司令部的"约法八章"、新年献词《将革命进行到底》及《告北平市各界同胞书》等，还制作迎接解放的传单，分交党员、盟员秘密投送。地下党组织根据上级部署，发动群众护厂、护校，保护国家财产。女四中根据地下党外围组织民主青年联盟的安排，组织部分学生护校。安外自来水厂党支部地下党员张桂林发动周围群众，以房屋破漏为由搬进自来水厂，防止水厂被破坏，并调查安定门外和德胜门外一带国民党军炮楼部署情况。东郊啤酒厂龚瑞成等6名地下党员组织28人护厂队，45天昼夜轮班守护工厂设备及财产。北平和平解放后，啤酒厂完整地回到人民手中。

成立区工委、和平接管北平东郊。随着平津战役的展开，北平郊区相继解放。1949年1月11日，北平市委第二副书记赵振声（即李葆华）在通县召开会议，宣布中共北平市第十三区工作委员会由赵焕平（书记）、侯树藩（区长）、宁雪山组成；中共北平市第十四区工作委员会由胡楠卿（书记）、马海水（区长）、任成玉组成。1月12日，中共第十三区、第十四区区工委和区人民政府，分别进驻东坝镇、高碑店村，开展宣传党的方针政策，筹粮筹款支援前线活动。

1949年1月31日，北平宣告和平解放。第十三区、第十四区区工委、区人民政府带领全区人民，迅速投入接管国民党旧政权、组建新政权的工作。2月2日，中共第十三区区工委、区人民政府由东坝镇移至东岳庙西院办公。中共冀东区党委第十四区区工委由高碑店村移至神路街海慧寺院内，第十四区人民政府由高碑店村移至芳草地办公。

1949年2月5日，第十三区、第十四区区工委和区人民政府，分别到观音堂旧第十三区、高碑店村旧第十四区召开国民党原区公所人员、保甲长和警察局全体人员会议，宣读北平市军管会命令和有关接管、收缴非法武器的布告，要求旧职人员遵守政府法令，服从工作组领导，责令所有人员恪守其职，办理交接手续。会后，第十三区区长侯树藩率组接管十三区区公所、自卫队，第十三区公安分局局长兼东北分会军代表单昭祥率组接管郊一分局，第十四区区长兼军代表马海水率组接管十四区区公所、自卫队、合作社，第十四区公安分局局长任成玉率组接管郊二分局。2月7日，第十四区工委召开会议研究治安问题，确定治安总任务是保护人民生命财产和公共建筑、物资安全。2月9日，接管学校工作完成，第十三区、第十四区两区共68所学校正式复课。第十三区、第十四区的和平接管工作于2月11日全部结束。由此，朝阳区历史掀开了崭新一页。

随着新政权的建立，区域内的党员队伍迅速壮大。1949年7月，第十三区区委贯彻中共北平市委《关于全部公开工厂、学校党组织的决定》精神，对辖域内中共组织进行整顿。全区有146名党员，设8个支部，即区委及群团支部、区政府支部、公安分局支部、学校支部、街道支部、农村支部、啤酒厂支部、人民造纸厂支部。区委按照慎重和公开建党的原则，结合建政、土改等中心工作发展党员。到1949年年底，全区有党支部21个，党员295名。

朝阳区共有4处红色遗存：马骏烈士墓、双桥革命烈士陵园、五里桥北平和平解放谈判地旧址、四九一电台旧址。根据国家民政部关于散落烈士墓统一管理的要求，2011年，双桥革命烈士陵园迁至北京市长青园骨灰林基地（位于朝阳区黑庄户地区）。

主要遗存及故事

1. 马骏烈士墓（日坛北路6号日坛公园西北角）

马骏①是中共北京市委早期领导人，1928年被奉系军阀张作霖杀害。他的夫人杨秀蓉和回族群众将马骏遗体安葬在朝阳门外回民墓地，并建立墓碑。1945年，中国共产党第七次全国代表大会追认马

日坛公园马骏烈士墓（刘岳　摄）

---

① 马骏（1895—1928），吉林宁安（今属黑龙江）人，中共早期党员之一。1922年，回东北组建中共在东北地区的第一个党组织——宁安县党小组。1925年，赴苏联莫斯科中山大学学习。1927年大革命失败后，临危受命回国。1927年12月，不幸被京师警察厅逮捕。1928年2月15日，英勇就义，年仅33岁。

骏为烈士。1951年9月，北京市人民政府重修马骏烈士墓，并举行隆重的公祭仪式。马骏烈士墓占地90平方米。墓基由花岗石砌成，周围以艾叶青石为护栏。墓主体覆盖汉白玉雕。墓碑正面镌刻着邓颖超题写的"回族烈士马骏之墓"8个大字。墓碑背面刻有郭沫若书写的碑文，概括了马骏的生平事迹。墓丘顶部刻有阿拉伯阴文大字，意为"中国人民的英雄，烈士马骏千古"。

1995年9月，朝阳区修缮烈士墓，并塑建马骏半身铜像。1997年，在烈士墓旁建成马骏烈士纪念室。2001年，被公布为北京市爱国主义教育基地。

主题故事 ▶

初心永恒

马骏的父亲是商人，因为生意需要，会说俄语，经常会带回来一些俄文书籍，所以马骏在很小的时候就阅读一些俄文书籍，潜移默化地接触了进步思想。上中学的时候，全国掀起抵制日货的运动，马骏就和同学们一起参加斗争。

马骏早年考入天津南开学校，成为周恩来、邓颖超等人的同学和亲密战友，参与发起成立革命团体觉悟社和出版《觉悟》杂志，发表文章鼓励革命青年，组织学生开展爱国运动，表现出很强的组织宣传才能。五四运动中，他指挥爱国学生示威游行，在天安门广场慷慨陈词，不惧牺牲，时人称其为"马天安"。

1925年秋，马骏受党的指派到莫斯科中山大学学习。与马骏同期的学员中还有邓希贤（邓小平）、杨尚昆、伍修权等人。在求学时期，马骏的党员履历调查表上写着这样几句话："我的思想是要做一个大政治家，把中国治得国富兵强，这完全是国家主义的思想，后来在天津时，正值五四运动，我的思想因受了种种刺激，就变为无政府主义，后来，因为阅读马克思的书，就变为共产主义的信徒了。"这是马骏对自己如何寻找共产主义信仰的真实总结。

1927年大革命失败后，马骏奉命从苏联回国，担任中共北京市委负责人，重建党组织。由于知名度太高，友人劝他，此时回国太危险。马骏说，"就因为我影响大，对北京了解，工作才更好展开"。就这样，他来到北京。反动军阀听说马骏要来北京，开始大肆搜捕。同年12月，马骏不幸被京师警察厅逮捕。

得到消息后，马骏夫人杨秀蓉和弟弟先后3次探监，还带上了马骏从未见过面的3岁女儿。第一次只能从监狱大门上面小小的窗口相互看一看，看到被弟弟高高举过头顶的女儿，马骏十分激动。第二次探监，杨秀蓉申请特殊接见。在一个被严密看守的大屋子里，马骏将女儿紧紧搂在怀里，亲昵地用他的胡子扎着她的脸，疼爱地亲吻女儿。第三次探监时，马骏得知夫人正在想办法赎他后，大发脾气："不许往外赎我，为了孩子们的未来，绝对不能这么做。"

马骏在狱中受尽酷刑，却威武不屈。敌人妄图利用同乡关系拉拢他，许以教育次长的职位收买他。他坚定地回答："只要我还有一口气，叫我不宣传马列主义、不宣传革命，这比太阳从西边出来还难。"敌人用死来威胁他，他则从容不迫地写下"故共产党员马骏之墓"的碑文，以示信念。

1928年2月15日清晨，北京寒风凛冽。当时跟随刑车赴刑场的群众回忆道：当天风很大，一辆黄包车上端坐着一位飘着一尺多长胡须的青年。他上衣被扒，五花大绑，四周都是扛枪的警察和手持大刀的宪兵，杀气腾腾，十分瘆人。那青年一路上不停地宣传共产党的主张，高呼："各族人民联合起来！打倒旧军阀！共产党万岁！"革命先驱马骏英勇就义。

（曹　楠）

2. 五里桥北平和平解放谈判地旧址（东高路与朝阳北路交叉口西北侧）

北平和平解放正式谈判，先后进行3次。第三次谈判是1949年1月14日至16日在河北省通县五里桥村（后来划归朝阳）张家大院进行的，张家大院占地面积2820平方米。北平和平解放后，张家大院一部分分给当地农民，一部分办起五里桥小学，一部分做了生产队办公室及库房。"文化大革命"中部分房屋被拆。1977年建起服装厂。2010年5月，大院原址被确定为地铁6号线车辆段后，所有建筑被拆除。2013年9月，在原址对面修建北平和平解放五里桥谈判纪念碑。

主题故事 ▶

五里桥和谈

1949年1月12日清晨，一队解放军来到五里桥村张家大院。他们对室内外陈设重新进行了布置，还从通州城"东兴居"饭庄请来了厨师。顿时，小村子热闹起来。人们议论纷纷，猜想着这里可能要来大人物！直到1月31日北平和平解放后人们才知道，当时来这里的是中国人民解放军平津前线司令部领导人与国民党华北"剿总"总司令傅作义的代表，双方在此进行和平解放北平谈判。和平解放北平的协议就是在这里达成的。

在五里桥谈判之前，北平和平解放谈判已先后进行两次。第一次谈判是在1948年12月中旬，傅作义委派他的亲信、平明日报社社长崔载之为代表，在中共地下党员、《平明日报》主任李炳泉陪同下，来到解放军平津前线司令部，与平津前线司令部参谋长刘亚楼进行会谈。由于双方条件差距较大，谈判未取得实质性进展，只是一次试探性接触。1949年1月8日至9日，华北"剿总"民事处处长周北峰，在燕京大学教授、中国民主同盟华北地区负责人张东荪陪同下，来到解放军平津前线司令部驻地附近,与平津前线司令部首长进行第二次谈判。这次谈判取得很大进展,双方草签了《谈判纪要》,为五里桥谈判最终达成协议奠定了基础。《谈判纪要》确定1月14日为傅方最后答复期限。

1月14日午后,作为傅作义的全权代表,华北"剿总"副总司令邓宝珊携民事处处长周北峰等一行4人,出城来到通县五里桥村张家大院。平津前线司令部领导人林彪、罗荣桓、聂荣臻等到门口迎接。见面伊始,聂荣臻司令员就单刀直入地说:"这次谈判就不包括天津了,只谈北平问题。上次谈判我们说得清楚,14日是答复的最后期限,我们已经下达了攻打天津的命令,天津即将解放。"邓宝珊立即让周北峰将这一情况发电报给傅作义。电报发出时间不长,就收到傅作义的复电:"我弟与邓先生相商,酌情办理。"

与此同时,1月14日,人民解放军向天津发起总攻。经过29个小时的激战,全歼国民党军13万人,活捉国民党军天津警备司令陈长捷。天津被攻克后,北平成了一座孤城,20多万守敌完全处在解放军严密包围中,傅作义已经没有什么讨价还价的筹码了。

1月15日上午,谈判正式开始。双方代表首先就毛泽东主席发表的《关于时局的声明》进行了座谈。邓宝珊说:"毛先生昨天提出的八项条件,真是好得很。它不仅戳穿了南京政府的假和平、真喘息的伪面具,并且为国共两党的和谈提出了谈判的基础。我们的谈判也必须以声明为基础,使声明中的基本原则和精神,体现到我们谈判中来。"罗荣桓说:"毛主席的声明非常适时,当前国民党南京政府刮起的所谓'和平风'甚嚣尘上,它的确迷惑了一部分人的眼睛,使一些人错误地认为,蒋介石也是要和平的,毛主席的声明一发表,蒋介石的'和平攻势'不攻自破!"[1]

这次谈判进展顺利,双方最终于16日就北平国民党军队开出城

---

[1] 张彦之、董世贵:《走出硝烟——平津战役三方式》,北京燕山出版社2006年版,第262页。

外指定地点进行改编方案、华北"剿总"和部队团以上军官的安排原则、北平国民党军政机构的接收办法等问题初步达成协议。同日,平津前线司令部向邓宝珊面交了林彪、罗荣桓为敦促和平解决北平问题致傅作义的公函。随后,东北野战军参谋处处长苏静随邓宝珊等一道进城。

1月19日,双方代表根据在五里桥签订的协议,逐条具体化,并将协议正文增补为18条,附件4条,共22条,报中共中央军委和毛泽东主席修改后,作为正式协议。21日,由东北野战军前线司令部代表苏静和傅作义的代表王克俊、崔载之分别在《关于北平和平解决问题的协议》上签字。22日,傅作义在《关于北平和平解决问题的协议》上签字,并发表广播讲话,正式对外公布了北平和平解放实施协议的条文。1月31日,解放军入城接管防务,北平宣告和平解放。

北平和平解放,不仅使北京这座历史悠久的名城免遭战祸,完好保存了历史文物古迹,也为新中国首都的建立和建设奠定了基础,在中国人民解放战争史上创造了一个光辉范例——"北平方式"。一个不足百户、名不见经传的小村庄——五里桥村也因此被载入史册。

(齐敬霞)

3. 四九一电台旧址(豆各庄乡双桥街9号院)

四九一电台因1949年第一季度开始转播陕北新华广播电台节目而得名。它的前身为中华民国大无线电台,始建于1918年,1923年竣工。电台当年由段祺瑞执政府与日本三井洋行联合兴建,建筑占地面积7883平方米,全部采用德式建筑风格,原有楼房8座,现存7座,主楼为德式二层小楼,周围是广发阁、望海楼、弄波楼、播送楼、越洋楼、长安楼等配套建筑和发射塔。

中华人民共和国成立后,曾多次对四九一电台进行改扩建。2001

年，被列为北京市文物保护单位。2013年，被公布为全国重点文物保护单位。现为国家广播电视总局四九一台。

主题故事 ▶

开国大典的电波从这里发出

从京通快速路双桥出口一路向南，大约2000米就能看到一片红顶黄墙的德式风格建筑群，这里便是四九一电台。由于其地处朝阳区双桥一带，民间又称之为"双桥电台"。

电台始建于1918年，1923年竣工，由段祺瑞执政府向日本三井洋行借款兴建。这座电台是我国有史以来第一座大功率通信台，进行过最早的长距离无线电通信，最远到达欧洲和大洋洲。由于当时北洋政府腐败无能，电台建成后，日方以其无力偿还借款为由将电台占为己有。

1945年抗战胜利后，南京国民政府派人接管电台并成立北平广播电台。但由于当时战事频仍，国民政府无力管理并存心毁坏设备，导致电台运作瘫痪破败。这时的双桥电台一度付不起电费，职工只能靠拆塔卖铁维持生计。

1948年12月，在解放战争的炮火中，双桥电台成为中国共产党接管的第一座大功率广播发射台。这座饱经战火洗礼的电台终于回到人民的怀抱，获得新生。在随后的国共谈判、人民解放军横渡长江、解放南京、新政协会议召开，尤其是在新中国开国大典新闻报道中，四九一电台都发挥了重要作用，确立了它在我国红色广播史上特殊而重要的地位。

1949年10月1日早晨，新华广播电台发出预告，决定实况转播当天下午3时举行的开国大典盛况。这是中国人民广播史上的第一次实况转播。下午3时，开国大典在北京天安门广场隆重举行。

"中华人民共和国中央人民政府今天成立了！"毛泽东主席这一

开国大典中接受检阅的中国人民解放军步兵部队通过天安门广场（新华社 提供）

震撼寰宇的庄严宣告，通过新华广播电台迅速传遍祖国大江南北、传向全世界。四九一电台不负众望，出色地完成了开国大典这一重要新闻的广播传输发射任务。

中华人民共和国成立后，四九一电台进行了多次改扩建，很多国家领导人曾来这里视察慰问。至今，四九一电台依旧是我国功率最大、覆盖最广、功能最全的大型广播发射中心之一。

（齐敬霞）

海 淀 区

海淀区革命史概述

海淀区位于北京市城区西北部，东邻朝阳区、西城区，南接丰台区，西与石景山区、门头沟区交界，北与昌平区接壤，全区面积430.77平方千米。历史上，海淀区现辖域从未设置过单独的行政建制，分别隶属不同的行政区域。1948年12月，海淀区现辖域解放。此时，分属北平市十六区、十七区、十八区、十九区和河北省宛平县、昌平县。1949年7月，成立新的十六区。1950年8月，十六区改名为十三区。1952年9月，十三区改称海淀区，其行政区域经多次变动，至1963年1月形成现辖域。

海淀区具有优越的山水环境，早在南北朝即开始兴建佛寺、道观。特别是到了清代，皇家园林的建设达到鼎盛期。自康熙帝起，清帝每年都有很长时间住在西郊御园处理政务。1860年，圆明园遭英法联军劫掠焚毁后变为废墟，成为中华民族的伤痛。在中国共产党的领导下，众多仁人志士在海淀接触马克思主义并进行革命斗争，在这片土地上前赴后继，浴血奋战，留下诸多红色遗存。

星星之火，点燃海淀。1919年五四运动爆发后，地处海淀的清华学堂也沸腾起来。学生们在街头进行讲演，开展抵制日货、提倡国货的宣传活动。1920年3月，北京大学马克思学说研究会成立后，邓中夏、罗章龙等多次到海淀讲演。国立北京农业专门学校（1923年改为国立北京农业大学）学生成立社会主义研究小组，成员为杨开智、乐天宇、蒋文孝等。他们学习研究马克思主义，深入周边群众传播革命理论。

中国共产党诞生后，诸多党支部在海淀建立起来。1922年，中法大学党支部成立；1924年，农业大学党支部成立；1925年，燕京大学党支部成立；1926年，清华大学党支部成立；1926年，香山慈幼院教师、学生党支部成立。中共北京地委根据情况成立中共西郊委员会，领导清华大学、燕京大学、香山慈幼院教师和学生等党支部开展革命活动。

在不断奋斗的过程中，海淀地下党组织也不断壮大。1925年孙中山在北平逝世，暂厝碧云寺。海淀地下党组织开展纪念活动，昭示继续革命。在陈毅的领导下，中法大学同学组织"中山先生迎丧会"和挽灵队。在声援五卅运动、三一八惨案中，都有海淀地下党组织与党员的身影。三一八惨案后，很多党员被捕，党组织遭到破坏，农民运动受到打击。

大革命失败后，中共西郊区委多次遭到破坏，革命处于低潮。这一时期，党组织力量在不断恢复，斗争并未中断。但由于指导方针的偏差，党的工作一度陷入低谷。

抗日救亡，洪流激荡。九一八事变爆发后，海淀地下党组织积极动员人民抗日救亡。香山慈幼院发表抗日通电，训练学生义勇军，组织前线救护队；清华大学、燕京大学等校学生到南京请愿示威，要求政府抗日。上海一·二八事变爆发后，海淀地区的抗日救亡斗争更加激烈，各高校捐款捐物支援淞沪抗战。

1935年，面对华北危机，爱国学生发出怒吼："华北之大，已经安放不得一张平静的书桌了！"在中共北平临时工委的领导下，12月9日，北平学生进行请愿。清华大学、燕京大学等校学生被军警阻拦在城外，遂在西直门向附近居民和守城军警进行抗日宣传；城内学生请愿没有结果，改为示威游行。12月16日，1万多学生举行抗日救亡大示威。城外的学校由清华大学率领，冲破紧闭的城门，到天桥参加市民大会。学生的爱国斗争得到各界支持，推动了抗日救亡运动的展开。

平津学生南下扩大宣传团成立后，清华大学、燕京大学等集中在第三团。宣传团每到一处，都召开群众大会进行演讲，张贴和散发传单，演唱抗日救亡歌曲，表演抗日救亡戏剧。对国民党当局派人堵截遣返宣传团人员的行径，第三团成员非常愤慨，返回北平后组织成立"中国青年救亡先锋团"（中华民族解放先锋队构成部分）。1936年2月1日，民族解放先锋队成立（后改为中华民族解放先锋队）。

民族解放先锋队成立之初，坚持全民族武装起来，抗击日本侵略者的宗旨。1936年7月，民族解放先锋队先后在樱桃沟、西山老虎洞、大觉寺举办3次夏令营。夏令营上午举行小组研讨会，午后进行军事训练，还请军事教官负责军训，请进步教授和知名人士演讲。夏令营举办卓有成效，第三次人数多达2000余人。

1937年7月北平沦陷后，城内中共地下组织大部分转移到郊区，并派党员和积极分子到海淀开展工作。9月8日，国民抗日军在黑山扈毙伤日军多人，首创用轻武器击落日军飞机的战绩。1938年2月起，八路军挺进平西地区，建立抗日政权。到1940年春，台头村、七王坟、寨口、大工村一带成为平西抗日根据地的边缘地区。

中共燕京大学地下组织坚持斗争，引导进步师生奔赴抗日根据地和大后方。燕京大学外籍教师林迈可、赖朴吾等，利用自己的特殊身份为根据地传送情报，购买药品和无线电器材等。太平洋战争爆发后，他们奔赴抗日根据地参加抗战。来自法国的医生贝熙叶，冒着生命危险，为根据地转运药品。

1939年6月，中共中央北方分局社会部派人到妙峰山地区开展敌后情报联络工作，开辟多条进出北平的秘密交通线，其中一条经北安河、温泉、西北旺、海淀镇进入北平城。沿途设多处联络点，传送情报、接送人员、运送物资、建立电台。1941年1月平西情报联络站建立后，在海淀发展几十名秘密交通员。

1945年8月，日本帝国主义宣布投降后，刘仁率中共北平市委进驻大觉寺一带，准备接管北平。由于形势突变，中共北平市委于1945年年底离开西郊。

迎接解放，海淀新生。解放战争时期，北平以学生运动为主体的爱国民主运动轰轰烈烈，与工人斗争和全国各界反对美蒋斗争会合，形成配合人民解放战争的第二条战线。清华大学、燕京大学中共地下组织发动校内进步师生，先后参加抗议美军暴行、"反饥饿、反内战、反迫害"的五二〇运动。1948年6月19日，张奚若、吴晗、朱自清等110名清华大学教职工联名发表声明，拒领美国"救济品"。

1948年12月，解放军东北野战军第5纵队从红山口、圆明园和香山、卧佛寺突破国民党军防线。14日上午，占领西郊机场、万寿山、青龙桥，攻克海淀镇、五塔寺等敌人据点。至此，海淀全境解放。

1949年1月，中共北平市委、北平市军事管制委员会和北平市人民政府进驻西郊青龙桥镇。北平和平解放后，中共北平市委、北平市军事管制委员会和北平市人民政府迁入城里。

1949年3月23日，毛泽东、朱德、刘少奇、周恩来、任弼时率中共中央和人民解放军总部离开西柏坡，前往北平。25日晨，专列到达清华园火车站。随后，毛泽东一行前往颐和园。下午5时，毛泽东等中央领导到达西苑机场，会见民主人士，检阅部队。当晚进驻香山。

中共中央和解放军总部驻香山期间，为实现七届二中全会提出的各项战略任务，进行了紧张的工作：举行国共和谈，指挥渡江战役，筹备新政协，确定经济政策和外交政策。自1949年6月15日新政协筹备会召开后，毛泽东开始在香山和中南海两地办公，9月21日迁居中南海。

海淀红色遗存星罗棋布，遍布全区，包括圆明园三一八烈士公墓、樱桃沟一二·九运动纪念地、黑山扈战斗纪念园、贝家花园、西郊机场纪念地等红色遗存35处、相关遗存6处、纪念展示教育设施1处。

主要遗存及故事

1. 圆明园三一八烈士公墓（圆明园九洲清晏殿遗址处）

圆明园三一八烈士公墓（刘岳 摄）

1926年三一八惨案中，有40余人遇难。1929年4月，在北平特别市市长何其巩的支持和主持下，隆重举行三一八烈士公葬仪式并建成墓园，当时实际入葬22人。墓园坐北朝南，公墓正中是圆形台基，台基中心立有一座六面体汉白玉纪念碑，碑正面镌刻着篆书"三一八烈士公墓"7个大字，碑座上刻烈士姓名，碑身下部镌刻碑文。

墓园西北角有一座三一八惨案烈士纪念碑，为北京工业大学为纪念该校陈燮、江禹烈、李葆彝3位烈士所立。最初，纪念碑位于端王府夹道北京工业大学校园内，1971年10月迁至此处。1984年1月，被公布为北京市文物保护单位。

主题故事 ▶

三一八烈士群像

1926年3月18日，史称"民国以来最黑暗的一天"。

这一天，天安门前举行国民大会，抗议日本军舰入侵天津大沽口以及八国发出的无理通牒。大会结束后，由5000余人组成的游行队伍向铁狮子胡同段祺瑞执政府进发请愿。执政府卫队却向游行群众开枪射击，致使47人死亡、199人受伤、60多人失踪。

刘和珍女士是死难烈士之一，她就是鲁迅笔下"始终微笑的和蔼的刘和珍君"。在北京女子高等师范学校（当时已更名为北京女子师范大学）读书时，她人特别好，有一次学校演话剧借了很多服装，演出结束后，天已经很晚了，别人都回去休息了，她却提着个大皮箱到各家还衣服。老师问她累不累，她却笑容满面地说起演出的盛况。人缘好，又有组织能力，她很快就被大家推选为北京女子高等师范学校学生自治会主席，成为当时北京学生运动的领袖之一。3月18日当天，刘和珍不顾自己感冒，先向老师请假停课一天，然后招呼大家集合参加大会。她举着校旗，走在最前面，也因此成为敌人射击的目标。7颗子弹射中了她，她倒下了，试图坐起来时，反动军警的棍棒又向她挥去……

杨德群女士，是与刘和珍一起遇难的北京女子高等师范学校学生。她平时虽沉默寡言，遇事却特别勇敢冷静。一年放假回家，正碰上军阀败兵抢劫她家财物。她挡在母亲前面，怒斥败兵，败兵端枪就要向她射击，她上去就把枪口推向窗外。枪响了，她没有害怕，仍然怒斥败兵。就是这样一位有胆有识的女性，在看到同学刘和珍倒在地上时便冲上去扶，忽然一颗子弹射入她的胸膛，杨德群也倒下了。

魏士毅[①]女士，燕京大学学生。她人如其名，性格刚毅。由于身体不太好，紧张的学习生活使她经常犯胃病，可她从不因此耽误上课，而是加强锻炼身体。后来，她"竟以排球健将闻名于校"。在反对奉系军阀的革命斗争中，为表决心，她毫不犹豫地剪去了心爱的

---

① 魏士毅（1904—1926），天津人，原名魏士娟。1919年考入颇为有名的天津严氏女学，毕业后考入燕京大学。

长发，寒假回天津还动员妹妹剪掉长辫子。由于品行才能出众，魏士毅被推选为燕京大学天津同乡会会长。3月18日，她高举校旗，勇敢地走在燕京大学游行队伍的最前头。枪响之后，她受伤了，同学去拉她，她却让别人快走，最后牺牲在反动军警的枪棒之下。

李家珍①，北京大学学生，从小活泼聪明，不仅成绩出众，还酷爱文体活动。排球打得好，曾经作为华中地区选手参加全国运动会，为学校争得荣誉。喜欢演奏乐器、讲滑稽故事，还能模仿同学的方言，学得惟妙惟肖。他爱说爱笑，与同学关系融洽，回到老家也不摆架子，还常常向乡亲请教农业知识。惨案发生那天，他大腿根部大动脉中弹，血流不止，昏倒在血泊中。被送到医院后，终因失血过多而牺牲。

韦杰三②，清华大学学生。1925年清华学校增设大学部，韦杰三以优异成绩被录取。他给人的印象是心地纯洁，待人谦和，乐于助人，学习刻苦，沉默寡言，但一谈国事就慷慨激昂，滔滔不绝，朱自清称赞他"是一个可爱的人"。当段祺瑞执政府卫队向爱国群众开枪时，他腹部连中4枪，于3月21日逝世于协和医院。在临终前还说："我心甚安，但中国快要强起来呀！"

林孔唐③，国立北京农业大学学生，中国共产主义青年团团员，是三一八惨案中最后一位牺牲者。他读书目的明确，认为应该学以致用，理论联系实际。他家境富裕，常常资助同学，但自己生活却很俭朴。惨案中林孔唐右大腿中弹骨折，傍晚被送入医院，后又转了两次医院。医生先是为他取出碎骨，又将他右腿锯掉，最终因病情恶化，于5月22日与世长辞。

---

① 李家珍（1905—1926），湖南醴陵人。1924年毕业于湖南省立第一中学，后考入北京大学预科班。

② 韦杰三（1903—1926），广西蒙山人，壮族。高小毕业后曾担任教员。家贫志坚，克服困难外出求学，同时积极参加社会活动，素有创办模范学校的志向。1925年上海五卅惨案后，参加学生反帝爱国运动。同年，考入清华学校大学部。

③ 林孔唐（1903—1926），四川大竹人。1923年春考入国立北京农业大学，1924年加入农业革新社。积极参加校内外的进步活动。1925年加入中国共产主义青年团。

范士融[1]，北京师范大学学生，共产党员。1919年夏天，从昆明县立师范学校毕业后，受"教育救国"思想影响，志愿到条件艰苦的小学任教。考到北京师范大学之后，眼界大开，把"为革命而求学"作为座右铭。1924年加入共产党。第一次国共合作期间，受党组织指派，担任国民党北京市第七区党部书记职务。惨案当天，枪声突然响起时，人们挤成一堆，他从人堆中挣扎出来，依然举着七区党部党旗。子弹击中了他的前额，猝然倒地牺牲。

姚宗贤[2]，北京学生总会负责人、中共国立北京艺术专门学校支部书记、艺专学生自治会主席。他逃脱包办婚姻，考入国立北京艺术专门学校西洋画系。1924年年初，加入中国共产主义青年团，随后转为共产党员。姚宗贤在云南旅外学生革命组织中是有影响的人物之一，经过他的引导和帮助，一些云南同学先后走上革命道路。3月18日的国民示威大会，姚宗贤是具体组织者之一。大会后，他作为领队率领艺专同学参加请愿。在反动军警的屠杀中，他胸部中弹，英勇牺牲。

（徐支燕）

2. 北京大学革命烈士纪念碑（颐和园路5号北京大学校园内）

1993年，北京大学建校95周年之际，为缅怀先烈伟大业绩，弘扬先烈革命精神，在静园建立北京大学革命烈士纪念碑。纪念碑坐北朝南，碑的正面镌刻着陈云题写的"北京大学革命烈士纪念碑"金字碑名。碑体用5块不同大小、不同高度，近似锥梯状的红色花

---

[1] 范士融（1900—1926），云南昆明人，原名范士荣。1916年考入昆明县立师范学校，其间努力探求社会真理和人生正确道路。

[2] 姚宗贤（1904—1926），四川会理人。幼年随父母迁居云南元谋。小学毕业后，因家庭经济困难，父母曾一度令他休学，但他坚持求学上进，考到北京读书。

岗石块组合而成，最高点距地4米，寓意五四精神代代相传。纪念碑石壁用粗纹机理效果处理，展示岁月流逝的痕迹，并镌刻着不同年代牺牲的95位烈士的生平事迹和牺牲时间，以供瞻仰。5块碑石之间，以鹅卵石铺成的地面相连，象征革命英烈抛头颅、洒热血的胜利之路。

北京大学革命烈士纪念碑（刘岳　摄）

主题故事 ▶

范鸿劼——李大钊的学生和战友

1927年4月28日，在北京西交民巷京师看守所刑场内，一场罪恶的屠杀正在进行。革命先驱李大钊走上绞刑架，"神色不变，从容就死"。范鸿劼[①]，一位跟随李大钊战斗多年的马克思主义者、共产

---

① 范鸿劼（1897—1927），湖北鄂城（今鄂州）人。1918年考入北京大学。五四运动中的积极分子，北京大学马克思学说研究会发起人之一，1920年年底参加北京的共产党早期组织。曾任北京大学党支部书记、中共北方区委组织部部长等职。

员，同样视死如归地走上绞刑架，年仅30岁。

范鸿劼1918年考入北京大学。之前他在另一所大学读书，因为嫌学校当局腐朽黑暗而退学。在北大，当时流行一种吃喝玩乐的风气，腐败颓废，范鸿劼直接加入学校里的进德学会，提倡俭朴生活，号召会员不做官、不纳妾、不狎妓，希望达到移风易俗的效果。范鸿劼注重修身养德，又很有组织能力，通过选举当上了班长，后来又做了英文系学生会负责人。

李大钊当时是北京大学图书馆主任，积极歌颂十月革命，宣传马克思主义。范鸿劼追随李大钊，成为李大钊的亲密战友。1920年11月，北京共产党小组更名为中国共产党北京支部，李大钊被选为书记。范鸿劼是这个支部中的积极分子，为推动北方革命斗争做了大量工作。

跟反动政府做斗争，三番五次入狱是常事。在牢狱中，范鸿劼遭到的是非人的虐待，每天只能吃一顿饭，而且吃得"异常粗劣，有如饲畜"。

1926年三一八惨案中，范鸿劼负伤，但他顾不上伤痛，连夜和李大钊等同志在北京大学召开党、团支部书记联席会议，传达区党委的决定，并分头发动群众，为在请愿斗争中牺牲的学生和群众举行声势浩大的追悼会及隆重的葬礼。

当时北京一片白色恐怖。北洋军阀政府命令京师警察厅"严速查拿"李大钊、范鸿劼等人，斗争转入地下。

范鸿劼在中共北方区委机关刊物《政治生活》上发表了大量文章，文字生动，通俗易懂，对北方革命运动起到很大的推动作用。在全国人民声援五卅运动中，他写下《起来，打倒万恶的日本帝国主义》一文，矛头直指日本帝国主义与奉系军阀张作霖，揭露他们互相勾结、狼狈为奸，号召广大民众团结起来斗争。

作为一个坚定的共产主义者，在与国民党的合作与斗争中，范鸿劼也展示出其犀利的一面。1926年1月，范鸿劼作为国民党北京特别市党部的代表，参加了中国国民党在广州召开的第二次全国代表大会。他和毛泽东等人始终坚持中国共产党在国民党中的独立性和革命性，反对公开中国共产党党组织和党员身份的破坏性提案。大会讨论中，他慷慨陈词："共产党员负有两种革命的担子"，"只有问他是否实行国民革命，其他不必问及，只要问在这种政策下，应该合作不应该，不必横生枝节"①，坚持中国共产党在国共合作中的独立性原则。

1927年年初，中共中央调范鸿劼到武汉工作。在看到北方的严峻形势和困难后，他认为北方更需要自己。经再三要求，中共中央批准他回北京，继续协助李大钊领导群众革命运动。

同年4月6日，奉系军阀不顾国际惯例悍然到使馆区搜捕革命党人。范鸿劼躲在使馆的花房内被发现，经过一番打斗后被捕。当他被带到警察厅时，浑身是血和泥，衣服破破烂烂，连自己的同志都没认出他来。在狱中，他坚贞不屈，表现了一个革命者的高尚品格。

李大钊、范鸿劼等同志就义后，中共中央机关报《向导》周刊发表悼念文章，称赞他们是"最勇敢的战士"，将为中国人民"牢记不忘"。

（徐支燕）

3. 清华英烈纪念碑（双清路30号清华大学校园内）

1989年9月，清华大学为纪念在抗日战争和解放战争期间牺牲的校友建立清华英烈纪念碑，旨在激励和教育清华后来学子以烈士为榜样，弘扬先烈的革命精神，励志图强、爱国报国。

纪念碑与韦杰三君死难纪念碑、闻亭相邻，坐南朝北，碑体是一块红色巨石，象征着清华英烈精神不死，刚烈顽强。碑体正面镌刻着"祖国儿女　清华英烈"8个金色大字。北侧基座上镶嵌着黑色大理

---

① 中共鄂州市委党史办公室：《鄂州革命史资料》第一辑，1987年版，第6页。

石，上面刻有"在民族独立和人民解放斗争中献身的清华英烈永垂不朽"，下面排列着43名烈士的姓名、出生时间、入学时间、牺牲时间和地点等。

清华大学第一位共产党员施滉①，不仅名字赫然列于英烈碑，而且有专题纪念壁碑。该纪念壁碑最初由清华大学在京老校友于1949年4月在图书馆门厅的墙壁上建立，嵌有烈士铜像，下刻"他是清华最光荣的儿子，他是清华最早的共产党员，他为解放事业献出生命，施滉的革命精神永垂不朽！"

1986年4月，清华大学建校75周年，在第三教学楼西墙北侧，

施滉烈士纪念壁碑（刘岳 摄）

---

① 施滉（1900—1934），云南洱源人，白族。1916年考入清华学校。读书时，发起成立暑假修业团，1920年该团改名为唯真学会，施滉任会长。1923年秋，被选为清华学生会会长。1924年赴美国斯坦福大学学习。1927年加入美国共产党，当选为美国共产党中国局首任书记。1930年回国，1933年担任中共河北省委书记，年底因叛徒出卖被捕，1934年年初在南京雨花台被国民党反动派杀害。

为施滉建了一尊半身铜制浮雕纪念像,像高1.3米,镶嵌在白色大理石上,石碑右下方镌刻着施滉生平事迹。

主题故事 ▶

清华最光荣的儿子

施滉聪明,爱学习,在云南省中等军医学校读书的时候,门门功课都是优秀,毕业时成绩为全班第一。按照学校规定,他可以被保送到天津高等学校,但被一个有钱人家的孩子顶替了。随后,施滉报考了清华学校。清华学校是清华大学前身,当时在云南省每年只录取一名学生。那些有钱有势的人还想塞一位公子进清华学校,但施滉复试成绩优异,被录取了,从此迈出他人生中重要的一步。

五四运动以前,因为办学特殊性,清华学生对国家大事不怎么关心。施滉跟他们不一样,他是从贫苦家庭走出来的,上过军校,升学碰见过不公平,这些经历都让他对国家的前途、大众的命运十分关心。他如饥似渴地阅读《新青年》等进步刊物,思考社会新问题,寻求救国救民的真理。他不仅在生活上严格要求自己,还呼吁学校"提倡刻苦精神"。

1919年五四运动爆发,施滉和许多清华学生参加了这场爱国运动。6月3日游行时,施滉被抓,3天后才获释。残酷的现实使他进一步认识到社会的黑暗、民族的危机。五四运动之后,施滉和冀朝鼎、徐永瑛等学生怀着救国救民、追求真理的满腔热情,组织成立唯真学会,宗旨是"本互助和奋斗的精神,研究学术,改良社会,以求人类底真幸福"。

1924年,国民党一大召开,施滉跟唯真学会两位同学去广州,分别拜见李大钊和孙中山,请教今后的道路该怎么走。李大钊亲切地接见了他们,跟他们谈俄国十月革命道路可以借鉴,但不可以完全照搬。几天后,他们见到孙中山。孙中山热情地跟他们谈了两三个小时,听说他们马上要到美国留学了，就对他们说："以前求学，美国最好，因为美国比较的谋的是多数人的幸福。现在则不然，比较上谋多数人的幸福的乃是俄国"，"简单来说，就是替最下级的人民谋幸福。"

这年秋天，施滉进入美国斯坦福大学学习东方史。写毕业论文时，施滉把理论跟中国复杂的社会现实结合起来，论述孙中山联俄、联共、扶助农工的三大政策，探索中国革命的出路。当时，留美学生的论文，大多数都是研究外国的问题。施滉这个选题方向，说明他的心一直都在中国。他的论文叙述了孙中山先生经历的失败、挫折和成功，分析和肯定了孙中山的三大政策，指出孙中山是一位伟大的革命家。他的美国导师很欣赏他的论文并打算出版，但因为施滉坚持认为美国是帝国主义国家，结果论文没能出版（直到20世纪90年代才被翻译出版）。

1927年3月，北伐战争虽然还在进行，但蒋介石已经跟帝国主义勾结，准备扼杀革命。关键时刻，施滉毅然加入美国共产党，成为清华留美学生中最早的共产党员之一。入党后，他担任美国共产党中国局第一任书记。

四一二反革命政变后，中国革命处在危急关头，一些意志不坚定的人纷纷退出革命，施滉却在美国连续发表10篇宣言声讨蒋介石，为此他受到南京当局的通缉，云南老家也被查抄。1928年，美国共产党派施滉到古巴去建立党组织。施滉在古巴受到暗杀威胁，但他镇定自若，顺利完成任务，离开古巴。由于施滉领导的美国共产党中国局的努力，加拿大、墨西哥、古巴的华侨中都建立了共产党支部，成立了华侨反帝大同盟。

出于革命需要，1929年施滉被派到莫斯科。1930年施滉从莫斯科回到阔别6年的祖国。这中间他换过不同的工作，每项工作他都认真对待，哪怕只是做翻译，他都会全身心地投入，完成得又快又好。1931年施滉被派往香港。当时，香港的党组织遭到严重破坏。施滉不顾个人安危，深入工人中积极开展工作，很快就与香港海员工人中的积极分子建立起联系，使党组织恢复生机。但不久，施滉因叛徒出卖被捕。在狱中他与敌人进行顽强斗争。他在给妻子的信中写道："你若被捕，打你，你不理他，他自然没有办法；请你吃好东西只管吃，吃完后还是不理他，他更没有办法。"字里行间充满对敌人的蔑视和嘲笑。

出狱之后，父亲劝他脱离革命，不要再做这么危险的事了。施滉毫不动摇，又去了上海，继续坚持革命斗争。1932年施滉到了北平，在国立北平艺术专科学校以教书为掩护开展工作。

此时的北平，白色恐怖更加严重，民族危机日益加深。1933年冬天，由于叛徒出卖，他与一起开会的13名同志一道被捕并押解至南京。面对刑罚，他视死如归，坚贞不屈。1934年年初，施滉在南京雨花台壮烈牺牲，年仅34岁。

（徐支燕）

4. 李大钊烈士陵园（香山南路万安里1号万安公墓内）

陵园坐西朝东，为庭园式仿古建筑，园门上方匾额刻有"李大钊烈士陵园"7个大字，陵园后部竖有李大钊汉白玉全身雕像，像后是李大钊烈士和夫人赵纫兰之墓，墓后建有纪念碑。

1927年4月28日，李大钊英勇就义，其灵柩最初寄存在宣武门外长椿寺中，后移至妙光阁浙寺。1933年4月23日，李大钊烈士公葬于万安公墓内。1982年，中共中央决定建立李大钊烈士陵园。1983年3月18日，李大钊夫妇灵柩移葬至陵园中。陵园西面正厅是李大钊烈士革命事迹陈列室，陈列图片、实物等介绍李大钊烈士一生的革命历程。

1984年1月，李大钊烈士陵园被公布为北京市文物保护单位，1986年10月被公布为全国重点烈士纪念建筑物保护单位，1992年被公布为北京市爱国主义教育基地，2001年6月被公布为全国爱国主义教育示范基地。

万安公墓李大钊烈士雕像(刘岳 摄)

主题故事 ▶

公葬李大钊

　　一位伟人的棺木安放在北京长椿寺、妙光阁里,竟长达6年。有一块青石碑,但没有立于墓前,而是因循六朝墓志的方法同棺椁一起埋入地下,直到50年后才得见天日。

　　李大钊英勇就义后,警方将他的遗体装殓在薄棺中,停放在宣武门外北头路西土地庙下斜街长椿寺内。同乡好友白眉初、李采言、李凌斗等人到长椿寺准备领出李大钊棺木,看到李大钊的棺木如此菲薄不堪,他们心里非常难过。大家在征求李大钊夫人赵纫兰的意见后,决定为李大钊换棺。

　　李凌斗找到德昌杠房的掌柜伊寿山,伊寿山推荐了一口标价260

元大洋的柏木棺材。因为价格太高，李凌斗说明情况，请求伊寿山降价。伊寿山说："生平不识李先生，并绝对反对共产主义，因连日看报，对于其个人人格确有相当钦佩，只索银140元，此亦北京城破天荒之举动也。"①

李凌斗走后，伊寿山请师傅用20多斤松香和桐油熬了十几斤黑生大漆，里里外外给棺木上了5道漆。李大钊的新棺重新安放在妙光阁浙寺，寺主因李大钊为政府绞刑不愿收留，经多方疏通，才允许暂时停放，租费为每月4元，先预付3个月费用12元。没承想，由于政府迫害，加上时局变幻，这一放就是6年。当局也不许人们去祭奠，就连帮忙入殓的伊寿山也被警察逮捕，后经保释才得出狱。

1933年3月，赵纫兰带着儿女从乐亭回到北平，准备安葬李大钊遗体，因贫困交加无力操办，便找到北京大学李大钊昔日的同事帮忙。中共北方党组织得知后，决定举行一次隆重的公葬，并通过这次殡葬仪式，搞一次群众性的悼念活动，以揭露反动派残杀共产党的暴行，伸张革命正义。为麻痹敌人，使公葬能够顺利进行，中共北方党组织决定按民间风俗办丧事，具体工作由河北省革命互济会负责。

北平广大知名人士得知要公葬李大钊，纷纷捐款资助，如蒋梦麟、胡适、沈尹默、周作人、傅斯年、刘半农、钱玄同、马裕藻、马衡等各捐款20元，沈兼士、李四光、郑奠等各捐款10元，梁漱溟捐款50元，与李大钊有着师友关系的陶玄捐款100元，外地好友鲁迅、胡小石捐款50元。筹备工作就绪后，由李大钊长女李星华出面，在《北平晨报》上登出讣告：4月22日在妙光阁毗卢殿举行公祭，23日举行公葬。

22日清晨，妙光阁响起悲壮的音乐。灵堂里，正中安放着李大钊烈士的灵柩和遗像，四周是李大钊生前好友送来的挽幛和花圈。赵纫兰带着子女们，泪流满面，悲痛欲绝。这一天，灵堂内外哀乐阵阵，哭声不止，正可谓"忠魂不泯，热血一腔化春雨；大义凛然，壮

---

① 《顺天时报》1927年5月2日。

志千秋泣鬼神"。

23日上午8时，蒋梦麟、马裕藻等北大同人及教育界人士、各大中学青年学生、工人、军人达700多人，陆续赶到李大钊灵前致祭，参加出殡仪式。

"起灵了！"随着痛彻肺腑的声音，十几名杠夫将一口深红色棺材从灵堂里抬了出来，送殡的人们啜泣着唱起《国际歌》。殡仪最前列为旗伞执事，次为影亭，中供李大钊遗像，后即棺罩。由李大钊族侄李振华在前执幡[①]，送葬者均在棺后，执挽联20余副。最前一副，上下联为：

在压迫下生活，在压迫下呻吟，生者何堪；
为革命而奋斗，为革命而牺牲，死固无恨。

横联为"李大钊先烈精神不死"，下款为"北平青年恭送李大钊安葬"。北平教育界名人及各文化团体纷纷送上挽联。其中，妇女联合抗日救国会的挽联写道：

南陈已囚，空教前贤笑后死；
北李如在，那用我辈哭先烈[②]？

送葬队伍由浙寺出发，经下斜街、菜市口，进宣武门。一路之上，人们高喊着口号，散发着传单，不断有人加入，队伍越来越壮大，前不见头，后不见尾，像一条怒不可遏的巨龙，浩浩荡荡，蜿蜒而行，震撼了北平城。

队伍行至西四牌楼时，国民党宪兵杀气腾腾地向送殡队伍扑来。他们踢翻祭桌，抢走灵柩上的中国共产党党旗，四处抓人打人。人

---

① 当时，李大钊长子李葆华正被敌人通缉，不便出面；次子李光华太小，只有10岁；长女李星华（按习俗）不能执幡。

② 北平《晨报》1933年4月24日。

们愤怒了，同宪兵展开搏斗，"打他们这些灭绝人性的东西！""连送殡都镇压，这样不讲理的政府自古少见"。宪兵驱赶送殡队伍，捕去40余人，剩下的送殡队伍继续前进。

　　黄昏时分，送殡队伍到达万安公墓，一辆骡车在此恭候，车上堆着几件破棉被套和一些花圈挽联。下面藏着的是一块高183厘米、宽46厘米、厚16厘米的青石碑，碑头刻有一颗红五角星，五角星的中央刻有黑色镰刀斧头。显然，这是党组织送来的纪念碑。但当时只能埋于地下，直到1983年为李大钊修建烈士陵园移灵时，此碑才重见天日。

　　纪念碑的正面是"中华革命领袖李大钊同志之墓"几个红色大字，背面是红色碑文：

　　　　李大钊是马克思列宁主义最忠实最坚决的信徒，曾于一九二一年发起组织中国共产党的运动，并且实际领导北方工农劳苦群众，为他们本身利益和整个阶级利益而斗争……

（曹　楠）

5. 樱桃沟一二·九运动纪念地（北京植物园樱桃沟北部）

　　纪念地由一二·九运动纪念亭、《保卫华北》和《收复失地》石刻、《不平静的书桌》《与历史对话》《青年服务国家》等雕塑组成。

　　1984年，北京市大中小学生和共青团员为纪念一二·九运动50周年，决定捐款修建纪念亭。纪念亭由3座白色立体三角形钢亭组成，建在黑白相间的花岗石台基上，代表夏令营时露营帐篷的缩影。3个三角形组成"众"字，代表民众的觉醒和全国各族人民众志成城抵抗侵略的决心。3个三角形建筑，共有12个角尖，其中9尖足着地，寓意"一二·九"。纪念亭北面靠近山坡立有纪念碑，碑上镌刻着彭真题写的"一二·九运动纪念亭"及书法家刘炳森书写的碑文。

2015年,在中国人民抗日战争暨世界反法西斯战争胜利70周年之际,为纪念一二·九运动80周年,增设"铭记抗战历史 传承爱国情怀"主题展。展览介绍了一二·九运动历史、运动中的杰出人物、纪念亭的由来等。1992年9月,《保卫华北》石刻被列为海淀区文物保护单位。2012年9月,纪念地被公布为北京市爱国主义教育基地。

主题故事▶

青苔掩不住的抗日石刻

"华北之大,已经安放不得一张平静的书桌了!"1935年,面对

樱桃沟《保卫华北》石刻(刘岳 摄)

华北危机，北平学生发出震惊中外的抗日救亡呐喊，在中国共产党的领导下，掀起轰轰烈烈的一二·九爱国运动，成立统一的青年抗日救亡组织——中华民族解放先锋队（简称"民先队"）。

1936年7月8日，民先队利用暑假，在香山的樱桃沟举办抗日救国军事夏令营。这一天，北京大学、清华大学、燕京大学、东北大学、中国大学、辅仁大学、北平师范大学附中、女一中等学校的200多名民族解放先锋队队员和沙滩民族解放先锋队分队的部分青年，一路唱着抗日救亡的歌曲，从北平城步行到樱桃沟。他们在山坡上扎下营帐，打起地铺；在元宝石下的水泉边支起柴锅；在破旧的东山小亭子里吊起昏暗的马灯，围起雨布。抗日救国军事夏令营的司令部开始指挥了。

山石前边有一小片开阔地，成为夏令营活动的中心营地。每天黎明时分，北京大学学生陆平[①]就翻过这块山石，攀上沟西边陡峭的石壁，吹响嘹亮的军号，唤醒营员。夏令营紧张、艰苦、活泼的一天开始了，营员们分成"敌"我两队，登上樱桃沟尽头的北山，展开激烈的攻防战、伏击战、遭遇战、游击战，漫山遍野杀声一片；以山石做讲台，营员们围在四周，聆听杨秀峰教授、黄松龄教授分析抗日斗争的政治形势，向白乙化学习军事战略战术；争相传看当时难得一见的《中央关于目前政治形势与党的任务决议》《为抗日救国告全体同胞书》等党的文件；热烈谈论红军北上抗日的消息和爱国志士的抗日救亡壮举；抨击蒋介石"攘外必先安内"的政策；自编自演抗日救亡活报剧《打回老家去》。

训练归来，营员们就着溪水洗漱，靠着松树吃饭。一日三餐，小米稀饭就咸菜、窝窝头配青菜。条件虽然艰苦，但是大家抗日热情

---

① 陆平（1914—2002），吉林长春人，原名刘志贤。1933年加入中国共产党，1934年至1937年在北京大学教育系学习，曾任中华民族解放先锋队全国总队部组织部部长、中共晋察冀平西地委宣传部部长、晋察军区政治部主任、华北野战军第3纵队政治部主任等职。中华人民共和国成立后，任北京大学党委书记兼校长、七机部副部长等职。

高涨。伴着阵阵松涛溪水声,樱桃沟里飘荡着《义勇军进行曲》的歌声。

一天午后,在大部分营员休息的时候,陆平看见清华大学学生赵德尊[1]正在樱桃沟水源头附近凿石头。这块青石是夏令营活动中心的标志,高1.5米、宽2米、厚约0.3米。随着锤子起落,凿声铿锵,一个"保"字已清晰可辨。于是,两人交替着把"保卫华北"这4个最能表达当时全国人民心声的大字镌刻在这块大青石上。

一周的夏令营结束了,营员们相约"打倒日本帝国主义以后,一定要再聚樱桃沟"。

历史翻过了抗战一页、翻过了解放战争一页、翻过了中华人民共和国初创一页,进入到1974年。多次听陆平讲述樱桃沟抗日救国军事夏令营故事的子女,几进樱桃沟,终于在厚厚的青苔下,找到了这块抗日石刻。他们除去青苔,从山沟中捧来溪水,冲刷掉历史沉沙,"保卫华北"4个苍劲有力的大字,又重现在年青一代的眼前。

而今,《保卫华北》石刻继续向人们展示着那段激情燃烧的岁月,激励着新时代青年不断开创祖国更加美好的未来。

(宋传信)

6. 黑山扈战斗纪念园(百望山森林公园内)

1937年9月8日,国民抗日军在黑山扈与日军作战,打落日机1架,缴获部分枪支弹药、马匹,打击了日本侵略军的嚣张气焰,鼓舞了广大抗日军民。

---

[1] 赵德尊(1913—2012),辽宁辽中人。1935年12月加入中国共产党。1933年夏至1937年6月在清华大学外文系学习,曾任清华大学党支部书记、全国民族解放先锋队总队部党团组织委员等职。全民族抗战时期,任冀西特委统战部部长、太行第2分区地委副书记等职。抗战胜利后,赴东北开展工作。中华人民共和国成立后,长期担任黑龙江省领导。

1991年，由参加过这次战斗的在京老将军、老战士倡议，建立了黑山扈战斗纪念碑，以纪念英勇牺牲的战友。纪念碑镶嵌在百望山顶的望京楼内，为青石质地，碑名由杨成武题写，碑文由周英鹏书写。

2015年，为纪念中国人民抗日战争暨世界反法西斯战争胜利70周年，又在天摩沟的一处采石场建起了黑山扈战斗纪念园。纪念园占地面积达600多平方米，由碑文、纪念浮雕墙及雕塑3部分组成。碑文在岩壁上镌刻而成，上有杨成武将军题写的"黑山扈战斗纪念"7个大字。黑山扈抗日战斗纪念浮雕墙及雕塑则再现了当年激烈的战争场面。同年清明节前夕，纪念园建成并对外开放。

黑山扈战斗纪念园（宋传信　摄）

主题故事 ▶

黑山扈击落日机

1937年，抗日军在昌平白羊城村起事后不久，巧劫德胜门外第二监狱，声威大震。爱国学生、贫苦农民、流散的国民党29军和起义的冀东保安队爱国士兵纷纷归附，队伍迅速扩充到1000多人，武器装备也得到加强，增添了很多枪支弹药。8月30日，抗日军开拔到海淀西山一带，一方面募集钱款、武器弹药和药品，另一方面继续扩充部队。

但是，随着抗日军队伍的不断扩大，成员越来越复杂，思想作风各异，亟须整顿。9月5日，抗日军3个总队在西山地区苏家坨三星庄村召开全体军人大会，宣布纪律：人、枪归全军所有，统一调配，不服从命令者给予处分；通过"全军约法"，选举军政委员会，唯一公开共产党员身份的汪之力担任军政委员会秘书长；宣布抗日军定名为"国民抗日军"，军旗为红旗，白色旗裤，上书"国民抗日军"5个大字；向战士发放红、蓝两色袖标，红色在上表示战斗，蓝色在下表示祖国河山，意思是"用战斗打败日本侵略者，收复大好河山"。从此，平郊老百姓就称国民抗日军为"红蓝箍"。

全体军人大会后，部队中相继建立起中共党组织，成立了党的队委，各总队也建立党的小组，共产党员大都担任了各级领导职务。

1937年9月8日拂晓，国民抗日军穿过挂满露珠的高粱地，爬上黑山扈地区百望山的天摩沟，把山梁上一处废弃的旧碉堡当作机枪掩体，监视着山下那条由北平城通向温泉、南口的大道。

日军得到国民抗日军到了黑山扈地区的消息，开始没当回事，以为又是小股散兵游勇，只派出一支小部队，分乘两辆军车前来"扫荡"，结果受到国民抗日军警戒部队的阻击。日军一看苗头不对，赶紧掉头跑了。

下午2时，七八十名日军从温泉方向赶来，向天摩沟再次发动进攻。国民抗日军集中火力猛烈还击，当即有20余名日军中弹倒地。一个被击毙的日军离国民抗日军阵地较近，救援的日军不敢过来拖走尸体，战士们就故意喊："小鬼子，过来。你拉呀！拉呀！"最后日军还是没敢过来。看着死亡日军身边的三八大盖，原29军的刘柏松十分眼馋。于是，他对战友说："我去拿这支枪，你们掩护。"就见他匍匐到日军尸体身边，把三八大盖拿了回来。这是国民抗日军第一次直接从日军手里缴获步枪。日军被迫退守另一座山头后，再不敢主动出击，只是和国民抗日军对峙。为了打破敌我僵持的局面，第二总队总队长宋鸣皋派大队长杜雄飞、指导员霍志德带领两个中队，从左侧包抄到日军侧后方，向日军发起猛攻。不幸的是，杜雄飞在掩护部队撤退时中弹牺牲。

战斗到下午4时，突然从北平方向飞来4架日本飞机，擦着山头盘旋，对国民抗日军阵地进行低空侦察。日军飞机觉得国民抗日军没有高射武器，飞得很低，连飞行员的身影都清晰可见。

望着天上的这几架日本飞机，战士们气坏了。班长苏家顺大声招呼战士："拿枪打他狗日的。"当飞机盘旋一圈刚刚转过来，战士们举枪朝日机迎头仰射。苏家顺也端起机枪，瞄准敌机"嗒嗒嗒"一阵扫射。一时间，天上子弹纷飞，一架日机终于被击中了。只见它趔趔趄趄，拖着长长的浓烟，摇晃着机翼，向东方俯冲下去。一声轰响，一团黑烟升起，日机在清河附近的农田里坠毁爆炸。

傍晚，日军从颐和园方向开来大批援军。他们先用火炮向天摩沟山头乱轰一阵，等攻到阵地时才发现，国民抗日军早已不见了踪影。

黑山扈战斗，是国民抗日军第一次与日军正面交锋，并击落飞机，沉重打击了侵略者的气焰，鼓舞了北平人民。黑山扈战斗的消息也迅速传到国外。吴玉章主办、在巴黎出版的《救国时报》，大篇幅报道了国民抗日军黑山扈大捷的消息，称赞国民抗日军"义声所播，民气大振"，是"北平近郊抗日的中心力量"。

黑山扈战斗后，国民抗日军迅速发展壮大。1937年12月25日，国民抗日军在阜平整编为八路军晋察冀军区第5支队,继续战斗在平西一带,为创建平西抗日根据地建立了不朽的功绩。

（曹　楠）

7. 贝家花园（苏家坨镇贝家花园路5号）

贝家花园是园主贝熙叶①于20世纪20年代建造的宅邸,为青石和花岗石垒砌而成的城堡式建筑。由东向西高台层层叠起,依山势建3组建筑群。园门外为一座3层西式石城堡,正门上镶嵌有石匾额一

贝家花园（刘岳　摄）

---

① 贝熙叶（1870—1960），法国人。1913年来到中国，先后担任法国驻北京公使馆医生、圣米歇尔医院大夫、燕京大学校医、北堂医院院长等职。上至袁世凯、黎元洪、曹锟等政要，下至普通市民百姓，都曾得到过贝熙叶的细心诊治。中国全民族抗战期间，贝熙叶为伤兵提供免费救治，为中国军队购买和运输药品；在贝家花园设置秘密交通联络站，支援中国抗战。1954年离开北京回法国。

方,上书"济世之医",为当地人感谢贝大夫为民治病而送;其北山腰平台山环中,建有两层五楹卷棚歇山顶楼阁一座,楼前有水池、藤架、喷泉等;南山坡上建有坐西朝东、歇山顶五楹厅堂一座,以及附属房屋数间。花园占地共约1000平方米。

全民族抗战期间,这里曾是平西情报联络站的一个重要站点。2011年,贝家花园被列为北京市文物保护单位。2013年,海淀区政府启动了中法文化交流史迹群的修复工作,这座日渐凋敝的花园得以恢复往日的面目。

主题故事 ▶

自行车上的"驼峰航线"

2014年3月27日,在中法建交50周年纪念大会上,习近平主席说:"我们不会忘记,无数法国友人为中国各项事业发展作出了重要贡献。他们中有冒着生命危险开辟一条自行车'驼峰航线',把宝贵的药品运往中国抗日根据地的法国医生贝熙叶。"

1937年,卢沟桥事变爆发。在中国生活20余年的贝熙叶,早已把这里当成第二故乡。北平城逃难的人流、百孔千疮的城墙、熊熊燃烧的建筑……深深刺痛了他,而他能做的,就是救治受伤的中国百姓。贝熙叶主动要求为红十字会出力,救治中国难民。

缺医少药在当时的北平城是非常普遍的,抗日根据地更是如此。因缺乏抗生素、消炎和止痛药,伤员痛不欲生,甚至失去生命。贝熙叶深知,仅靠个人的善举无法阻止侵略者的铁蹄,正因如此,当黄浩[①]地工组的负责人找他帮忙往"山那边"运药品时,贝熙叶毫不犹

[①] 黄浩(1895—1969),广东揭阳人,原名黄宠锡。北平崇慈小学校校长和新街口基督教堂"长老"。1938年春开始,筹集经费为冀中八路军购买药品,后任中共中央晋察冀分局社会部黄浩地工组负责人。中华人民共和国成立后,曾任北京市房管局副局长等职。

豫地答应了。

黄浩地工组主要任务之一就是筹集药品和医用物资。该地工组一边通过各种渠道为根据地秘密购买药品，一边努力寻找一条联系根据地的安全通道。当时，北平的抗日根据地已经发展到西山地区，但日军对抗日根据地实行严密封锁，想把药品安全送进去，谈何容易。于是黄浩想到了法国医生贝熙叶，他深知贝熙叶的脾气秉性，认定他一定会为中国的抗战尽自己的力量。除了这一原因，还因为贝熙叶经常往返城内和西山之间，又是外国人，还有医生的身份，可谓运送药品的理想人选。

这天，黄浩敲开了贝熙叶在城内大甜水井胡同的宅门，果然如他所料，贝熙叶答应了他的请求。车子从大甜水井胡同出发，经过西直门岗楼，穿过海淀镇，贝熙叶直奔温泉镇，一路上经过多个日军关卡。尤其是日军在温泉镇修筑的"青乃城"，扼守城内到西山的交通要道，无论昼夜，过往人、车都要经过层层盘查搜索。通常，日军并不会为难插着法国国旗、坐着法国医生的汽车，可一旦发现有帮助中共抗日的证据，无论是什么身份都难逃一劫。

贝熙叶当然知道其中的危险，但从未推托过。在长达几年的时间里，一批批药品在他的帮助下，经贝家花园转交给地下游击队，再翻过门头沟的妙峰山，最终送到平西抗日根据地和晋察冀边区的战地医院。

1939年年初，国际主义战士白求恩到冀中战地医院视察，得知许多来自德国拜耳的贵重药品是地下工作人员冒着极大风险从敌占区搞到的，不由得竖起大拇指，连连赞扬："真了不起！"

贝家花园位于西山妙峰山下，地理位置至关重要。因为京西妙峰山是平西抗日根据地的重要据点之一，当时，京西妙峰山游击队的指挥部就设在贝家花园上方不足100米的山上。贝熙叶在这一带为伤员们看过病、治过伤。日久天长，地下游击队的成员们都清楚地知道贝熙叶的态度，深信他是一位正直的国际朋友，暗暗派了一名地下党员去他的贝家花园当看门人。后来，贝家花园索性成了中共北平党组织的一个地下交通站。贝熙叶利用自己的身份做掩护，在秘密交通员的掩护下，将一批批地下党员、爱国青年以及药品、物资送到平西抗日根据地。

太平洋战争爆发后，日军加紧对华北物资的掠夺，石油成为紧俏的战略物资，贝熙叶时常无法使用汽车。为保住通往根据地的生命线，他开始骑自行车运送药品。此时的贝熙叶已经70多岁，行程达40多千米，这位老人骑着自行车，带着几十斤重的药品，一次又一次地走完这段一半是土路一半是山间小道的路程。

二战期间，中国和盟军曾在喜马拉雅山脉上空开辟一条空中航线，65万吨物资通过这条航线被运往中国支援抗战，因航线沿途山峰如驼峰一样起伏，异常惊险，故被称为"驼峰航线"。半个多世纪后的2014年，贝熙叶用自行车运送药品的这段路程，被访问法国的习近平主席称赞为自行车"驼峰航线"。

（曹　楠）

8. 大觉寺（阳台山东麓）

大觉寺又称西山大觉寺、大觉禅寺。始建于辽咸雍四年（1068），金代时为金章宗西山八大水院之一，后改名灵泉寺，明重建后改称大觉寺。明末，寺庙被毁。清康熙五十九年（1720）、乾隆十二年（1747）大修、重建，渐成现有格局。风景以大觉寺八绝为主：古寺兰香、千年银杏、老藤寄柏、鼠李寄柏、灵泉泉水、辽代古碑、松柏抱塔、碧韵清池。

抗战胜利后，中共北平市委短暂留驻大觉寺一带。1952年，北京林学院在这里筹建，并以此为临时校舍。1979年8月，大觉寺被列为北京市第二批文物保护单位。2006年5月，被列入第六批全国重点文物保护单位名单。

大觉寺内景（宋传信 摄）

主题故事 ▶

北平时局风云突变

1945年8月，日本宣布投降，全民族抗战终于取得胜利。在北平、天津以及附近地区，中国共产党领导下的晋察冀军区部队做好了接受日伪军投降的准备。然而，蒋介石却命令解放区人民军队在原地待命，不得向日伪军进攻或受降，接着派出接管北平、上海、南京等城市的官员。同时，先后于8月14日、20日、23日3次电邀毛泽东到重庆谈判。

其实，一得知日本要投降，中共中央晋察冀分局和晋察冀军区就任命刘仁为中共北平市委书记、宋劭文为北平市市长、郭天民为北平警备司令，打算迅速接管北平。8月下旬，刘仁率部到达平西，暂驻大觉寺一带。

大觉寺位于海淀区苏家坨镇。为什么选这里呢？因为大觉寺、莲花寺以及周边地区很早就受革命影响,群众基础好、交通便利,进北平、出河北都很方便,所以这座千年古刹暂时成了理想的机关驻地。

北平市委的干部陆陆续续都到了,电台很快建立起来,报社班子也配齐了。9月中旬,近千名干部在离大觉寺不远的温泉中学礼堂召开了一次干部会。

日本投降之前,中共中央曾经打算组织人民武装起义,里应外合解放北平。但形势发展起了变化,国民党军队向北平增兵,苏联军队没有过长城,这个时候发动城市武装起义没有胜利的把握。中共中央当机立断,两次急电命令停止敌占大城市武装起义计划,及时改变了战略方针。

形势很紧张。国民党蠢蠢欲动,随时准备发动内战。根据中共中央指示和实际情况,中共北平市委提出广泛宣传"和平、民主、团结"的建国方针,争取向各阶层更多的群众靠拢,揭露国民党制造内战的阴谋,孤立国民党;在组织建设上提出仍维持隐蔽的方针,防止为一时形势好转所迷惑而暴露自己。后来的形势发展证明,这个工作方针是正确的、及时的。

当时,宣布投降后的日军还没有放下武器。而国民党为阻止共产党接管北平,与日伪达成默契,依靠日伪暂时维持北平的秩序。中共北平市委得到上级批准,决定派代表与日军谈判。谈判地点设在莲花寺进门的平房里。谈判由刘仁主持①。

谈判当天,为防意外,八路军从莲花寺一直布防到温泉村以东。谈判对手虽是疆场败将,但十分狡猾。八路军提出,日军开出城外并缴械。日方用各种借口拒绝,还提出让八路军开进城里面去,日军在城内缴械。显然这是日、蒋勾结阻挡八路军接管北平的阴谋。最后谈判破裂②。

---

① 武光:《往事的回忆》,载中共北京市海淀区委党史研究室编:《海淀革命史资料选编》,中共党史出版社1995年版,第97页。

② 武光:《往事的回忆》,载中共北京市海淀区委党史研究室编:《海淀革命史资料选编》,中共党史出版社1995年版,第97页。

10月，美军到了北平，国民党军队和接收大员也被美国飞机大批运到。蒋介石抢在前面接管了北平。国民党不顾北平人民沦陷8年的困苦，以"接收"之名，行"劫收"之实。接收大员们抢夺金子、票子、房子、车子、女子，搞"五子登科"。日伪时期作恶多端的汉奸走狗摇身一变，成为国民党的军政要员。多灾多难的北平，又重新陷入水深火热之中。

短期内接管北平是不可能的了。按照中共中央指示，多数干部回原单位工作，在西郊只留下北平市委机关工作人员。国民党在北平慢慢站住了脚，逐渐向郊区扩展势力。于是，北平市委机关从大觉寺转移到阳坊镇以西的瓦窑一带，继续坚持领导城内工作。12月底，市委机关又转移到张家口，继续领导北平城内的工作。

（徐支燕）

9. 北京西山无名英雄纪念广场（西山国家森林公园内）

20世纪50年代，为了国家统一大业，曾有大批隐蔽战线的无名英雄在台湾牺牲。2013年在北京西山国家森林公园建成无名英雄纪念广场，以示纪念。广场占地面积约3000平方米。迎面是以黑白两色曲线隐喻海峡两岸的巨幅景观墙，中间有毛泽东诗词："惊涛拍孤岛，碧波映天晓。虎穴藏忠魂，曙光迎来早。"

沿着景观墙左右拾级而上，两边的花岗岩墙壁上，刻有846位当年牺牲于台湾的烈士英名。名字以阴文素镌，若隐若现，既暗合隐蔽战线的斗争特质，又彰显英烈们淡泊名利的高尚品格。其中还有许多留白和空格，以便随时将新发现的英烈名字增补上去。

广场正中昂然屹立一块长14米、高4米的纪念碑，正面是5组浮雕，再现隐蔽战线的5个突出战斗场景；浮雕前是以吴石（台湾"国防部"参谋次长，中将）、朱枫（受中共中央华东局派遣的情报人员）、聂曦（吴石的副官，上校）、陈宝仓（台湾"国防部"中将高

北京西山无名英雄纪念广场纪念碑（宋传信　摄）

参，中共地下党员）为原型的英雄塑像，大实大虚的艺术手法展现了隐蔽战线先烈的丰功伟绩。背面镌刻有主碑铭，以典雅的文言文写就，字字千钧。

广场各显著位置还分5个主题（分别是"忠魂""光影""家国""信义""追梦"），设置5段铭文，镌刻在精制铜版上，诗化语言铿锵有力，真挚感情浓烈炽热，读来让人心潮难平。

主题故事 ▶

血洒宝岛的刘光典

中华人民共和国成立在即，刘光典①突然离开北平的家。他的大女儿刘玉芳记得，1950年父亲从长沙寄来一封信，内容大致是：他要到很远的地方去做生意，时间会比较长，事情结束马上就回家。这是

---

① 刘光典（1922—1959），辽宁旅顺人，中共地下党员。1949年，他接受中共中央社会部派遣，两次秘密潜入台湾。1954年不幸被捕，1959年2月4日就义，年仅37岁。

刘光典与家人的最后一次联络，此后便音信皆无。刘光典去了哪里？

刘光典脑袋聪明，一表人才，会说日语、英语，在北平、山西、内蒙古、上海等地从事医药、毛皮生意。妻子贤惠，孩子可人，生意做得风生水起，家里也颇有积蓄。

1947年，刘光典结识了老资格的中共地下工作者、东北老乡洪国式。从此，刘光典的命运彻底改变了，他选择了党的隐蔽战线，毅然踏上这条充满艰辛和危险的人生路。

1949年，中共情报机构在台湾尚未建立电台，为取回情报，只能派交通员赴台，这个任务便落在了刘光典等人的肩上。为保证万无一失地取回情报，刘光典于5月离开北平，先赴武汉，然后从香港乘船，渡过台湾海峡前往台湾。他此去台湾有3个任务：一是取回情报；二是传达上级指示；三是对在台工作人员进行考察。

11月27日，刘光典顺利返回香港，带回第一批极为重要的情报。这些情报是国民党在台湾的军事绝密，包括其陆海空各军情况、气象密码、海潮涨退时间表、西海岸国民党驻军及港口守军情况、两大重要港口高雄及基隆的通信密码。

军情不断变化，情报对于中国共产党的判断至关重要。1950年1月，刘光典再次去台湾取最新情报。这时候的台湾，形势已十分严峻。蒋介石、蒋经国处心积虑地侦破中共在台地下组织。1月29日，中共台湾省工委书记蔡孝乾被捕，不久便叛变投敌，致使中共在台地下组织遭到毁灭性打击，千余人被捕入狱，其中包括中共中央华东局派往台湾的交通员朱枫、国民党"国防部"参谋次长吴石。国民党特务在台北车站诱捕洪国式，刘光典所在的情报组织一天之内不复存在。

万幸的是，刘光典恰巧在抓捕行动前有事离开，躲过一劫。当得知自己所在的地下组织已被彻底破坏，洪国式等同志全部被捕时，他通过邮局给组织发出"俊弟得急性脑炎亡故"的危险警报。

在战友王耀东掩护下，刘光典很快便躲到台南山中。当台湾国民党发现没有抓到刘光典后，立即在全岛发布通缉令。遍布台湾各码头、机场及各个派出所、交通要道的通缉令上写道:"重要在逃匪谍刘光典,化名刘先农,三十余岁,大连人,高等身材,平时喜穿棕色西装及蓝色中山装。一经发现立即逮捕。"

由于严密封锁,刘光典无法离开台湾。从1950年3月2日至1954年2月,在王耀东和台湾同胞的保护下,刘光典平时都住在深山密林中。为躲避风雨,他或在山中掘地为穴,或在林中搭窝棚安身。最为艰难之时,刘光典和王耀东二人躲在海拔1000米之上的一个小山洞中。山洞洞口宽仅0.5米,洞长1.1米,洞高1.7米。就这样,刘光典在台湾南部深山中坚持近4年。他被捕后,台湾当局的评语是:"匿居山间,掘地为穴,过着长年类似原始人的生活,仍执迷不悟,继续从事反动宣传,由此可见其思想受毒至深。"

1954年2月13日,在台南与高雄的交界处沟坪,刘光典与王耀东被捕。同时,一个恶毒的离间计在进行:2月下旬的一天,中共驻港人员得到刘光典已叛变的假消息,一名与他长得相像的特务在香港露面并发表反共言论。其实,刘光典一直被国民党关押在台湾军法处监狱。

2010年,上海《书城》杂志刊登了《白色恐怖下的幸存者——一个台湾老兵的遭遇》。作者张家林曾是刘光典的狱友,文中写道:"还在养病治疗的时候,我突然被调去八号病房,那里关的是刘光典","刘光典长得高大英武,头发胡子都留得很长,像个野人……我因为对他一见面就有了好感,虽然不知道他犯了什么案,却很同情他。渐渐我发现他很能干,不但会说闽南话,还会说日本话。""刘光典待人很讲义气……有天谈到他父亲。他说:'我爸爸是沈阳火车站的调车工人。'我随口问出:'那么你干吗来台湾?'他说:'我奉命。'听他这么说,我感到这个人有种。当然,我知道他是真正的共产党了。"

1959年2月4日,立春,一群国民党宪兵在执行官的带领下,来到关押刘光典的牢房,将他五花大绑。执行官当场向刘光典出示死刑执行书,宣读后问他还有什么话要说。刘光典目光坚定,从容不迫地回答:"没有。"然后在执行书上签下自己的名字。刘光典带着对党的无限忠诚,对家人的无限思念,走完了37年的人生道路。

2003年春,台湾为重修六张犁的灵骨塔,有关部门向社会发出公告,请亲属暂时将塔内骨灰领走,待灵骨塔修好后再行安放。在骨灰名单中,赫然写着刘光典的名字。如今,刘光典的骨灰分为两部分,一部分留在已改建为"人民忠魂纪念公园"的台北六张犁,另一部分安放在八宝山革命公墓。离家多年的英雄,终于魂归故里。

(曹 楠)

丰台区

丰台区革命史概述

丰台区位于北京市城区西南部，东邻朝阳区，北接东城区、西城区、海淀区和石景山区，西北、西南、东南分别与门头沟区、房山区、大兴区接壤，面积305.87平方千米。1949年1月，丰台镇、长辛店、南苑及附近地区划归北平市，相继建立区级人民政府，后合并为丰台区。1958年，石景山区的8个街道（乡）先后划归丰台区。1963年7月，北辛安等5个街道划归石景山办事处。1967年，石景山区建制恢复，石景山公社划出丰台。此后，丰台区版图基本稳定下来，延续至今。

丰台区富有革命传统。早在中国共产党成立前，李大钊、邓中夏等就开始在长辛店、丰台开展革命斗争，丰台是马克思主义同中国工人运动相结合的最早实践地。从建党到大革命时期，长辛店一直是中国北方工人运动的重要阵地，被誉为"北方的红星"。

"北方的红星"引领工人运动。长辛店留法勤工俭学预备班，是具有初步共产主义思想的先进知识分子在长辛店最早进行革命活动的地方。1918年11月和1919年3月，毛泽东曾两次到这里开展革命活动。五四运动期间，在北京大学救国十人团联合会影响下，长辛店成立救国十人团联合会，推选留法勤工俭学预备班学员盛成为会长。1919年5月7日，长辛店机车厂史文彬等组织工人及预备班学员在长辛店大街示威游行，支持爱国学生，成为加入五四运动的第一支工人队伍。

长辛店铁路工厂是中共北方党组织最早开辟工作的地方。1920年10月，北京共产党小组成立后，李大钊、邓中夏等人决定在长辛店深入开展工人运动。1921年5月，京汉路长辛店铁路工会宣布成立。这是中国北方的第一个工会组织，为党在北方开展工人运动打下良好基础，起到示范作用。

中国共产党成立后，长辛店工人运动骨干史文彬、康景星等人相继入党，成为党组织发展的第一批工人党员。长辛店党小组成为第一个以工人为骨干的党组织。1922年8月，以长辛店工人为主的中共长辛店机车厂支部建立，这是京汉铁路的第一个党的基层组织，从此，长辛店工人运动便在党的直接领导下轰轰烈烈地开展起来。

1923年2月1日，京汉铁路总工会在郑州举行成立大会，遭到军阀吴佩孚的破坏。总工会决定罢工，抗议军阀的罪行。2月4日，长辛店分工会在娘娘宫召开动员大会，宣布总工会的罢工宣言和罢工命令，发表罢工通电。2月6日深夜，北洋军阀政府出动军警逮捕长辛店分工会委员长史文彬等11名罢工领导者。2月7日，中国劳动组合书记部副主任罗章龙、长辛店分工会纠察队副队长葛树贵等，带领3000多名工人包围火神庙警察局，要求释放被捕工人。军警随即向工人开枪，制造了二七惨案。

与此同时，丰台地区农民运动也悄然兴起。国立北京农业专门学校党支部书记乐天宇，在李大钊的领导下，主持中共北京地委农民运动委员会的日常工作。长辛店、大瓦窑、小瓦窑、卢沟桥、大井、丰台、小井、黄土岗、羊坊店、公主坟、罗道庄等地，都开展了农民运动。开展农运的各村都挂上"外交后援会"的牌子，以示监督段祺瑞执政府的外交政策和反对帝国主义的坚强意志。1924年，乐天宇在大瓦窑村发展张永祥入党，张永祥成为京郊第一位农村党员，后来又建立起大瓦窑党支部等北京第一批农村党支部。1925年6月10日，大瓦窑党支部会同公主坟、罗道庄党支部组织农民300多人，到天安门参加"北京各界人民反对英、日帝国主义残杀同胞雪耻大会"。1926年3月18日，卢沟桥、罗道庄等一带的农民100多人，到天安门参加"反对八国通牒国民示威大会"，会后参加游行请愿。

打响全民族抗战第一枪。1931年九一八事变后，北平迅速掀起抗日救亡运动的高潮。1935年12月，平津学生南下扩大宣传团第3团过永定河到达长辛店，向铁路工人宣讲抗日救亡道理。1936年夏，清华大学学生、中共党员吴继周到长辛店铁路工厂发展民族解放先锋队队员，组织队员学习进步报刊，宣传抗日救亡。

1937年7月7日，日本侵略军悍然发动卢沟桥事变，中国驻军29军奋起抵抗，打响全民族抗战第一枪。长辛店工人和市民以及宛平城的居民在中国共产党的领导下，搜集大批铁轨、枕木等，为部队构筑工事，捐献粮草送往前线，还用各种形式慰问29军将士。

卢沟桥事变后，丰台成为抗日游击战区域。1940年夏，共产党员刘启才率领武工队队员，打掉西管头伪警察所。平南游击队还潜入丰台西仓库，运出大量弹药。1944年秋，八路军第10分区第43区队队长冰野，带领地方抗日武装，夜袭长辛店伪警察署。1945年8月，西庄店、羊圈头、大灰厂、大富庄一带都建立了村人民政权和民兵组织。日本帝国主义宣布投降后，长辛店附近残留的日伪军负隅顽抗。晋察冀第3分区独立12团会同游击队，攻进据点，俘虏日伪军。

坚持地下斗争迎接胜利曙光。抗战胜利后，丰台成为国民党军把守的重要军事地区。在中共地下党的领导下，丰台人民同国民党反动势力进行顽强斗争。其中，有1947年中共地下党员梁善德领导的丰台桥梁厂反解雇斗争、李焕文领导的丰台洋灰制品厂临时工斗争，1948年中共锻工场支部书记高起和学委系统地下党员赫成凯、顾启祥领导的"饿工"斗争。地下党员李学林、高京甫等人则机智地打入国民党第5快速纵队和南苑机场内部，捣毁装甲车、引爆飞机等。这一系列斗争有力地配合了人民解放战争。

1948年年底，中国人民解放军发起平津战役。丰台作为国民党军队南逃的必经之路，有101军两个师重兵防守。1948年12月，东北野战军第5纵队第124师，突破国民党军队的重重防线，于14日清晨6时左右进抵大瓦窑、五里店、岳各庄等村庄。经过激战，解放宛平城，抢占丰台镇，并先后击退国民党军3次反扑。12月14日至17日，长辛店、南苑等重镇也相继获得解放。至此，国民党在丰台的反动统治被彻底推翻。丰台战斗的胜利，堵住了国民党军南逃和西窜的道路，为北平和平解放做出贡献。1949年1月初，中共北平市丰台区委员会和北平市丰台区人民政府成立，丰台历史由此揭开新篇章。

光辉的革命斗争历史给丰台留下11处红色遗存、6处相关遗存，其中的中国人民抗日战争纪念馆、卢沟桥（宛平城）、中国人民抗日战争纪念雕塑园、长辛店二七纪念馆等是北京市爱国主义教育基地。卢沟桥（宛平城）被列入第一批全国重点文物保护单位名单；二七机车厂近代建筑遗存、长辛店劳动补习学校旧址、长辛店工人俱乐部旧址、工人夜班通俗学校旧址（娘娘宫）、警察局驻地旧址（火神庙）、长辛店留法勤工俭学预备班旧址、二七烈士墓等长辛店二七大罢工旧址，被列入第七批全国重点文物保护单位名单。中国人民抗日战争纪念馆，是全国唯一全面反映中国人民抗日战争历史的大型综合性专题纪念馆，是全国优秀爱国主义教育示范基地、全国百家红色旅游经典景区等。

主要遗存及故事

1. 长辛店劳动补习学校旧址（长辛店大街南段东祠堂口1号）

长辛店是京西工业重镇，近代产业工人集中地之一。1920年10月北京共产党小组成立后，邓中夏等决定在长辛店创办工人夜校，作为开展工人运动的立足点。1921年1月，劳动补习学校开学。工人们经过长辛店劳动补习学校的宣传教育，提高了阶级觉悟。

中华人民共和国成立后，为缅怀革命先烈，纪念二七大罢工，将此旧址加以保护。1976年重修后，将室内复原并陈列图片等对外展出。1979年8月，这里作为长辛店二七大罢工旧址被公布为北京市

长辛店劳动补习学校旧址（宋传信 摄）

文物保护单位。2013年3月，被列为全国重点文物保护单位。同年6月，被列为北京市爱国主义教育基地。

主题故事 ▶

邓中夏在长辛店

在北京大学接触到马克思主义理论后，邓中夏就决定投入工人解放的运动中去。他到街上动员洋车夫集合拦路以要求增加待遇，但仅有少数人响应。警察来后砸了车，洋车夫们扯住他索赔。邓中夏拿出所有的钱还抵不上损失费。校内有人见面就讽刺："工运搞得怎么样了？"父亲也因他参加"过激"活动中断了接济。邓中夏并不气馁，他总结教训后感到，拉洋车的属于比较散漫的个体劳动者，且受帮会影响，真正搞工人运动还应到有组织的产业工人中去。

恰在这时，李大钊号召学生们到工人中去。在李大钊的支持下，1920年4月，邓中夏组织北京大学平民教育讲演团到长辛店、赵辛店一带，向工人和农民宣传反帝反封建的革命主张。5月1日，他再次率团赶到长辛店，向铁路工人演讲"我们为什么要纪念五一劳动节""五一历史""劳动纪念日与中国劳动界"等，号召工友们联合起来，把一切土地、田园、工厂、机器、物料全都拿回到自己手里。

随着形势的发展，1920年冬，李大钊先后派张国焘、罗章龙、邓中夏到长辛店筹办劳动补习学校。穿着长衫的邓中夏和一批北京大学学生，站在娘娘宫门外的高台上，向工人们宣传劳工神圣，但一会儿聚集的工人就纷纷散去了。困惑的邓中夏向长辛店机车厂进步工人史文彬请教原因，史文彬告诉他："有人提出办个学校，实行'文化救国'。由几个工头出面，办了个夜班通俗学校，让我们几个认得一些字的工人教课。现在来上课的工人不多，越办越没劲，正打算把这个学校关掉。"邓中夏听后陷入沉思，他想只有工人认识字，有了文化才能更好地学习马克思主义，接受新思想。办学的那几个工头都是在长辛店有点势力的人物，可以利用他们把劳动补习学校办起来。

北京大学学生要在长辛店开办劳动补习学校的消息很快传开了，虽然刚开始工人们对这个消息不大感兴趣，但一些工头却很重视，在他们帮助下，劳动补习学校的筹备工作进展顺利。北京大学学生会租了长辛店大街祠堂口1号里的3间平房作为校址。因开办经费太少，买不起桌椅板凳，史文彬就去募捐。热心办学的人，手头宽裕的捐个桌子，不怎么宽裕的也拿来一些缺腿断脚的板凳，找木匠修修，凑合着用。再不够的由李大钊每月拿出约80元作为办学校和共产党小组（支部）的费用补助。

用什么课本教工人呢？有人说："用平民常用字课本就行了。"邓中夏摇摇头："我们应该根据工人生活、劳动的情况，自己编一个工人识字课本，把工人劳动常用的工具、器物编在课本上。让工人知道'老虎钳'3个字怎么写，'锉刀'是哪两个字……"

一切准备就绪。1920年12月19日，李大钊派邓中夏等人来到长辛店，召开劳动补习学校筹备会议。这时距邓中夏第一次来长辛店讲演不过半年多时间。学校章程规定，学校是专为"劳动者"及"劳动者的子弟"增进知识而设，"不论年龄大小和识字与否，都可入学"，还"概不收学费"。当时，这在全中国也是破天荒的新鲜事。1921年1月1日学校正式成立，分日夜两班：夜班听课的是工人，日班听课的是工人子弟。

劳动补习学校刚成立时，很多工人认为："要手艺的人，学这有什么用？""我也不想往上巴结，费那个事干什么。""要给窝窝头，我就去。"所以，来上课的工人寥寥无几。邓中夏等人耐心地给他们讲解，只有认字才能不受愚弄欺压，慢慢地，下班后主动来学习的工人越来越多。为办好劳动补习学校，邓中夏等人每周到长辛店住校一两天，晚上上完课后挤在一间小房子里，连煤油灯都是从工人那儿借的。他们每人一个月拿7元的生活费，只吃3元的伙食，省下的几元钱买茶叶、糖果招待来上课的工人。工人们时常找这些教员代写家信,有病时也向他们讨教药方,甚至还请他们帮助解决家庭纠纷。时间长了,工人们不再把这些教员当成一般穿长衫的先生,大家打成一片,成了嘘寒问暖的一家人。

邓中夏通过劳动补习学校教大家识字学文化,在工人中广泛宣传马克思主义,不仅启发、提高了工人的阶级觉悟,还使大家团结起来。后来在劳动补习学校的基础上,成立了全国闻名的工人俱乐部。

(王桂环)

2. 长辛店工人俱乐部旧址(长辛店大街174号)

长辛店工人俱乐部旧址(宋传信 摄)

1921年5月,京汉路长辛店铁路工会成立后,团结了一批工人,并成功地开展了几次小规模的经济斗争,声望日渐提高。10月,召开工人代表联席会,决定改组工会为工人俱乐部,并从祠堂口1号迁到刘铁铺。工人俱乐部成立后,会员人数得到很大发展,在北方工人群众中产生极大影响。1922年4月9日,京汉铁路总工会第一次筹备会在刘铁铺召开。1923年二七大罢工时,这里是领导长辛店工人参加罢工的指挥部。大罢工失败后,反动军警封闭了工人俱乐部。

中华人民共和国成立后,刘铁铺成为居民住宅。1979年8月,被公布为北京市文物保护单位。2013年3月,被列为全国重点文物保护单位。

主题故事 ▶

北方劳动界的一颗明星

1921年5月1日的早晨,长辛店娘娘宫热闹非凡。铁路工厂的工人,车务见习所、艺员养成所、劳动补习学校的学生,北京、天津等地的工人代表以及各报社记者,共计1500多人聚集在这里,举行纪念劳动节活动。

上午8时30分,摇铃响起。先由老工人陶善琮走上临时搭建的主席台推举大会主席,接着由长辛店劳动补习学校和工界国民学校的学生唱《五一纪念歌》。歌完,由工会主任报告工会组织情形,并对工人提出要求:"(一)固结团体;(二)求生活上之丰裕;(三)不受工头之压制;(四)铲除工人作工一切之障碍。"会上,京汉路长辛店铁路工人会宣布成立。

3个多小时后,会议结束,工人们高呼着"劳工万岁""八小时工作""八小时休息""一小时教育"等口号开始游行,队伍经长辛店前街、车站、后街回娘娘宫,一路上散发传单。当天晚上,娘娘宫里张灯结彩,工人们自编自演着话剧、相声等。

有了自己的工会,一系列斗争活动开始了。为提高工资、改善待遇,7月中旬,工会代表书面向厂方提出要求,按路局规定"凡期满二年的工人一律加薪",并要求厂方限期答复,否则罢工,厂方被迫答应。总管谈继先克扣工人工资、鲸吞奖金,曾承诺工人短牌工改长牌工、乘车免票、星期日放假不扣工资,但他后来全部否认。7月27日,工会带领修车厂400多工人罢工两小时,谈继先最终答应工人全部要求。工会的初步斗争取得胜利,工友的信心大增。

同年7月下旬,中共北京支部以工会名义创办《工人周刊》,报道国内外工人运动的消息,发动工人建立工会组织。《共产党》月刊称赞"办得很有条理,他们的努力,实可令人钦佩,不愧乎北方劳动界的一颗明星"①。10月20日，长辛店机器厂、修车厂、工务厂50名代表召开联席会议，将工会名称改为"京汉路长辛店工人俱乐部"。当时全国各地工人特别是北方工人，纷纷到长辛店参观学习，将他们作为榜样，仿照他们的做法创办劳动补习学校或组织工会。对此，邓中夏评价说："长辛店和小沙渡②两地都是中国共产党最初做职工运动的起点。"③

中共一大后，中国劳动组合书记部在北京设立北方分部，派邓中夏到长辛店进行建党工作。他从工人中选拔一批积极分子到长辛店东小山坡上的二仙洞秘密上党课。1921年下半年，史文彬、王俊、杨宝昆、康景星等先后入党，成为长辛店第一批工人党员。

长辛店工人俱乐部逐步与全国各地工人建立广泛联系，大家相互支援，共同促进。1922年2月，长辛店工人俱乐部发出《援助香港海员罢工宣言》："充分地对香港罢工海员表示同情，尽力地援助他们达到目的——在这些项目的要求未达到以前，我们愿随同他们向外国的资本家宣战。"2月11日下午，俱乐部派两名干部，带着几十面写着"援助海员罢工""香港海员罢工北方后援会"的白布三角小旗，坐上由北京到汉口的快车，把这些小旗拴在车厢外的栏杆上。列车开到武汉后，江岸工人俱乐部又把写着"响应长辛店工人援助海员罢工""江岸工人俱乐部"的白布大旗插在由汉口开往北京的快车车头上。沿途各站的工人俱乐部，都在大旗下面签字盖章，列车竟然带着这面旗帜一直开到北京，实现了军阀专制统治下破天荒的壮举。

---

① 《长辛店工会成立》，《共产党》第6号，1921年7月7日。转自中共北京市委党史研究室编：《北京早期工业史料选编》，北京出版社1994年版，第295页。

② 沪西小沙渡因地靠苏州河，位于租界和华界的交界处，交通便捷，劳工成本低廉，吸引了日本内外棉株式会社等大量棉纺织工厂进驻，迅速发展成为近代上海著名工业区之一。1920年，上海的共产党早期组织成员李启汉在槟榔路（今安远路）锦绣里一座日式二层楼房内开办劳工半日学校。1922年6月，李启汉被捕入狱，经营救出狱后赴广州工作。1927年4月，在广州被国民党秘密杀害。

③ 邓中夏：《中国职工运动简史（1919—1926）》，人民出版社1949年版，第17页。

1922年4月9日,长辛店工人俱乐部召开大会。会上决定发起组织京汉铁路总工会筹备会,确定了京汉铁路总工会的雏形。

（王桂环）

3. 赵登禹将军墓（卢沟桥西道口沙岗子附近）

赵登禹（1898—1937）,山东菏泽人,著名抗日将领,1914年加入冯玉祥部队,后任冯玉祥的随身护兵。1926年参加北伐。1933年任29军37师109旅旅长。1933年年初,日本侵略军攻占承德后,开始向长城各口大举进攻。赵登禹率部从两翼迂回日军侧后方进行包抄,激战数日,使日军锐气大挫,由此中国军队取得喜峰口战役的胜利。1936年1月,赵登禹被授予陆军中将衔。

赵登禹将军之墓（刘岳 摄）

七七事变中，日军在飞机和坦克的掩护下，分别向北平、天津以及邻近各战略要地大举进攻。担任132师师长的赵登禹，率部抗击日军，守卫北平城外的南苑。在日军炮火和飞机的狂轰滥炸下，赵登禹部损失惨重，但仍誓死坚守阵地。1937年7月28日，在奉命向北平撤退途中，赵登禹在大红门遭到日军伏击，壮烈殉国，年仅39岁。当时，赵登禹和29军阵亡官兵的遗体被就地掩埋。

抗战胜利后，国民政府发布褒奖令，追认赵登禹为陆军上将，并将其遗骨重新安葬在卢沟桥畔。中华人民共和国成立后，中央人民政府给赵登禹家属颁发烈士证书。1980年，赵登禹将军墓得以重修。1984年，被公布为丰台区文物保护单位。

主题故事 ▶

"大刀向鬼子们的头上砍去！"

站在赵登禹将军墓前，让人不禁想起《大刀进行曲》："大刀向鬼子们的头上砍去！全国武装的弟兄们，抗战的一天来到了……"歌曲的背后，是一段令人难忘的抗战故事。

1931年九一八事变后，日本侵略者占领中国东北，继而妄图侵占整个华北。1933年，中国军队以长城为阵地，抗击装备先进的凶恶敌人。3月9日，29军37师先头部队刚到喜峰口，发现此地已被日军占领。109旅旅长赵登禹、副旅长何基沣认为，在敌强我弱的情况下，应以夜袭的方式，出其不意地反击日军。于是，组织起500人的大刀敢死队。何基沣激励官兵道："国家多难，民族多难。吾辈受人民养育深恩之军人，当以死报国，笑卧沙场，何惧马革裹尸，战死者光荣，偷生者耻辱！"

29军原属冯玉祥创建的西北军，由于不是国民党嫡系部队，因而备受歧视，粮饷不足，武器装备尤为低劣。在长城抗战之前，军长宋哲元就命令部队自制大刀，成立大刀队，以弥补武器不足。副军长佟麟阁亲自出面，聘请有爱国思想的武术大家李尧臣担任大刀队教官，传授简单易学、实用性强的"无极刀法"。29军人手一把大片刀，连伙夫都有。刀长3尺，7斤重，耍起来风快。

3月11日夜，赵登禹带伤率一部敢死队，翻山越岭，突袭日军。随着大刀队勇士们手起刀落，呼呼大睡的日军瞬间成了刀下之鬼。短兵相接，限制了日军武器优势的发挥。大刀队杀得日军鬼哭狼嚎，魂飞魄散，纷纷做"铁围脖"，以免脑袋搬家。29军将士坚守阵地数日，打退日军多次强攻，取得喜峰口大捷。这是自九一八事变以来，中国军队取得的首次胜利，使日军受到"前所未有的耻辱"。一时间，大刀队名震天下，成为中华民族抵御外侮的英雄偶像。然而500人的大刀敢死队仅生还23人。何香凝赋诗："杀敌何须更渡海，数万倭奴引颈待。钢脚夜眼青龙刀，捷音传来齐喝彩。二十九军民族光，挞汝倭国军阀狂。国仇重重何日忘，誓到东京饮琼浆。"

1937年7月7日，日军悍然制造卢沟桥事变。29军奋起抵抗，打响了全民族抗战第一枪，大刀队再建奇功。29军以大刀杀敌的英雄事迹迅速传遍全国。当时在上海投入抗日救亡运动的麦新①，听闻大刀队的事迹，深受震撼，心潮澎湃，一气呵成地创作了《大刀进行曲》："大刀向鬼子们的头上砍去！二十九军的弟兄们，抗战的一天来到了，抗战的一天来到了。前面有东北的义勇军，后面有全国的老百姓，咱们二十九军不是孤军。看准那敌人，把他消灭！把他消灭！大刀向鬼子们的头上砍去，杀！"怀着崇敬之情，麦新又写下"献给二十九军大刀队"的副标题。

麦新在上海浦东大厦亲自指挥首次演唱，引起大家的强烈共鸣。8月8日，他还组织上海国民救亡歌咏会在文庙举办抗日义演合唱会。

---

① 麦新（1914—1947），原名孙培元，上海人。九一八事变后，参加上海进步歌咏团体——民众歌咏会业余合唱团。1936年参加歌曲研究会和中国歌曲作者协会。1937年9月加入中国共产党。1940年10月，奔赴延安，任鲁迅艺术学院音乐党支部书记、边区音乐界抗敌协会执委等职。抗战胜利后，先后赴华东、东北等地工作。1946年2月，先后任内蒙古开鲁县委宣传部部长、组织部部长等职，1947年6月牺牲。

现场群众高唱《大刀进行曲》,激昂的歌声吸引了越来越多的人,大家越唱越有劲。

根据形势发展和群众意见,麦新对歌词做了改动。原"二十九军的弟兄们"改为"全国武装的弟兄们","咱们二十九军不是孤军"改为"咱们中国军队勇敢前进",并且去掉"献给二十九军大刀队"的副标题。通过百代唱片公司,田汉将歌曲录制成唱片,很快就传遍上海,传到全国。它激发了中华儿女的爱国豪情,成千上万的青年唱着这支歌参军入伍,奔向抗日前线。

(宋传信)

石景山区

石景山区革命史概述

石景山区位于北京市城区西部，东与海淀区毗连，南与丰台区接壤，西与门头沟区相邻，北与海淀区为界，总面积84.38平方千米。1948年12月17日，石景山地区解放。当时，此处分属河北省宛平县第一区、北平市郊五区。北平解放4天后，设为北平市第二十七区，是石景山区有建制之始。1949年7月，改为北平市第十九区。1950年8月，改为北京市第十五区。1952年8月，改称石景山区，同时部分村庄划归京西矿区。1956年3月，京西矿区的五里坨乡、黑石头乡、高井乡和海淀区的八大处乡划归石景山区。1958年5月，撤销石景山区，西黄村乡、田村乡划归海淀区，五里坨乡划归门头沟区，其余划归丰台区。同年8月，经丰台区委决定，成立石景山人民公社。1961年9月，改为石景山农村人民公社。1963年7月，经北京市人民委员会批准，设立相当于区一级政权的石景山办事处。1967年8月，改为石景山区。

石景山地区扼守京西咽喉，境内有石景山钢铁厂、石景山发电厂。石景山发电厂为华北第一大发电厂，承担整个北平的供电任务，地位十分重要。作为京西重镇，这个地区的革命斗争从没停止过。

早期革命斗争。第一次国内革命战争时期，石景山地区内有中共党员的革命活动。1926年年初，中共北方区执委派黄庄村党员石德山到广州农民运动讲习所学习。返京后，他到三家店一带开展地下活动。

1928年夏，石景山发电厂成立工会组织。工会成立后所做的主要工作，一是与华商电灯公司资方交涉，要求改善工人的工作、生活条件，增加工资，提高待遇；二是成立工人文化补习学校。补习学校为石景山发电分厂培养了一大批热心工会工作的骨干分子，播下了革命的种子。

抗战时期革命斗争。九一八事变后，衙门口、麻峪等村单线联系的中共党员，承担交通员和联络工作。全民族抗战爆发后，多位党员被派到石景山发电厂、钢铁厂，开展地下革命活动。

1938年6月，石景山发电分厂建立第一个地下党支部，蒋繁柽任书记，这是石景山地区第一个中共基层组织。党支部建立后，积极组织抗日斗争活动。1938年，八路军晋察冀军区拟定在七七事变周年之日，派部队袭击发电分厂。蒋繁柽等人事先向部队详细提供发电分厂地形、日伪军人员武器配备、防务地点等情况。7月7日凌晨，八路军晋察冀军区第5支队第3营成功袭击发电分厂。北平连日停电，入夜后全城一片漆黑，给日伪当局造成极大恐慌。1941年春，发电厂职工在中共地下党的组织下，开展集体请假的抗税活动并取得了胜利。1942年，党支部遭日本宪兵队破坏，被迫停止活动，直到1945年4月才重新接上组织关系。

石景山钢铁厂（制铁所）没有建立中共地下党组织，但厂内地下党员以单线联系的方式，领导工人与日方开展斗争。1944年7月，制铁所当局根据日本政府的指令，将7月21日至月末作为"特别加强生产旬"，提出日生产铁要达到380吨。地下党员组织广大职工开展了抵制"生产旬"活动，采用怠工、制造事故、搞乱炉子上料程序等方式，使日伪当局的炼铁计划破产。

解放战争时期革命斗争。抗战胜利后，国民党当局接管石景山，加紧对这一地区的控制。石景山人民特别是两厂工人，在中共地下党的领导下，与国民党反动势力开展斗争。

1945年11月，中共北平市委工人工作委员会石景山地区工作委员会成立，李炎任书记。12月，中共石景山钢铁厂地下党支部（又称河西支部）成立，孙茂春为书记。1945年至1946年间，发展党员20余名。1946年6月，北平发电所成立第三个党支部，王志恒任书记。至此，石景山地区及两厂都建立了中共基层组织。1946年3月，中共石景山地区工委撤销，两厂党组织直接由中共北平市委工委领导。

石景山钢铁厂反南迁活动。1948年秋，人民解放军在东北、华北战场节节胜利，国民党当局急令将北平各工厂企业的机器设备迁往南方。石景山钢铁厂当局接到"设备南迁的密令"后，即着手组织迁移。地下党员王长林和白振东得知这一消息后，由白振东化装成乞丐，沿途乞讨赶赴设在河北省泊镇的中共中央华北局城工部，向部长刘仁汇报。刘仁指示他们带领广大职工保护工厂，迎接解放。在地下党员的组织下，工人日夜守护在机器旁，使钢铁厂当局陷入一片混乱。不久，国民党当局秘密从重庆派工人来到钢铁厂拆迁设备。王长林向他们讲道理，使这些工人也加入到怠工行列，从而使设备南迁计划落空。在解放石景山钢铁厂的战斗打响前，地下党员主动与部队取得联系，介绍钢铁厂的地形、守军的兵力部署和应保护的高炉设备等重点部位。

北平发电所的护厂斗争。1948年12月10日，进步青年沈根才和王志恒接到中共中央华北局城工部指示：两周之内要做好解放北平的准备。13日，华北局发布《对平津地下党在接管城市中应做工作的指示》，要求"组织纠察队或护厂护校委员会等，保卫各重要机关、工厂、学校、仓库等，禁止破坏"。沈根才、王志恒等人进行周密研究，开展护厂的组织工作。14日，成立护厂委员会并召开成立大会，爱国知识分子、发电所副主任于运海担任护厂委员会主任。护厂委员会下设生产、通信、消防、救护4个小组。成立大会上提出的"大烟囱不能倒，工人饭碗不能丢，谁也不准破坏机器"的口号，得到广大职工的支持，护厂斗争获得胜利。

1948年11月29日，解放军发起平津战役。鉴于石景山的重要战略地位，国民党军傅作义集团在这里构筑了坚固的外围防线，黑头山、赵山、模式口、石景山山头都修筑了碉堡工事。而对解放军来说，控制石景山这一北平西大门，保护发电所、钢铁厂免遭破坏，使其完好无损地回到人民手中，是一项迫在眉睫的重要任务。在解放军的猛烈进攻下，两厂解放，回到人民手中。

12月17日，中国人民解放军东北野战军第11纵队32师95团、96团在攻打麻峪村东碉堡时，5名战士英勇牺牲。战后，麻峪村民将这5位烈士的遗体埋在村东小山包脚下。石景山地区的解放，扼住了平西要道，使傅作义集团失去了重要的外围防线，为和平解放北平奠定了基础。

主要遗存及故事

八宝山革命公墓（石景山路9号）

前身是建于明永乐年间的褒忠护国寺。中华人民共和国成立后，遵照周恩来总理"建立革命烈士墓地、教育人民群众"的指示，北京市人民政府经过多次勘察，最终选定在八宝山建立革命公墓。1950年，北京市人民政府着手将褒忠护国寺改建成公墓。1951年4月，公墓定名为北京市革命公墓，作为革命先烈的安息地。1970年，北京市革命公墓改名为北京市八宝山革命公墓。1984年，八宝山革命公墓被公布为北京市文物保护单位；1996年，被公布为北京市爱国主义教育基地；2009年，被公布为全国爱国主义教育示范基地。

八宝山革命公墓主要用于安葬已故党和国家领导人、民主党派领

八宝山革命公墓骨灰堂（刘岳 摄）

导人、爱国民主人士，著名科学家、文学家、高级工程技术人员，革命烈士，国际友人，县团级以上领导干部。公墓共设有4个墓区和30个骨灰寄存室，共有墓葬600余座，存放骨灰约2.3万份。安葬在这里的有任弼时、朱德、彭德怀、李先念、陈云等中华人民共和国成立后逝世的党政军领导人及老一辈无产阶级革命家，有瞿秋白、王荷波、闻一多等在中华人民共和国成立前牺牲的烈士和爱国民主人士。另外，公墓还专门设有烈士堂，安放着近700名烈士的骨灰。

主题故事 ▶

"党和人民的骆驼"——任弼时

在石景山区八宝山东部，长安街延长线路北，坐落着中国规格建制最高的园林式公墓——八宝山革命公墓。任弼时是中华人民共和国成立后第一位故去的国家领导人，也是八宝山革命公墓建成后入葬的第一位国家领导人。因此，任弼时墓被称为"八宝山第一墓"。

任弼时，1904年出生于湖南汨罗。1920年加入社会主义青年团，1922年加入中国共产党，1927年任第四任共青团中央总书记，在中共五大上当选为中央委员。大革命失败后，他积极主张土地革命，拥护以毛泽东为代表的正确路线。全民族抗战爆发后，任中共中央军委华北分会委员、八路军政治部主任，和朱德、彭德怀等率八路军开赴山西前线抗战。1940年3月自苏联回国后参加中共中央书记处工作。1941年9月任中共中央秘书长，协助毛泽东领导整风运动和大生产运动，并受中央委托主持《关于若干历史问题的决议》的起草工作。1943年3月与毛泽东、刘少奇组成中共中央书记处。1945年在中共七届一中全会上当选为中央政治局委员、书记处书记。1946年后带病协助毛泽东指挥解放战争，制定中国共产党的土地政策和开展土地改革工作。1949年10月1日在病榻前收听开国大典实况广播，同年11月去苏联就医，回国后带病出席中共七届三中全会的部分会议。后经中央书记处同意恢复部分工作，主管组织部和青年工作委员会。1950年10月27日在北京逝世，年仅46岁。

任弼时的一生虽然短暂，却为革命事业倾注了大量心血，做出了重要贡献。他的高尚品格，体现了共产党人的伟大操守，值得后人永远学习。

他生活朴素、严于律己。革命年代常常灰衣草鞋，30多岁的时候就被老百姓误认为50多岁。党中央从西柏坡迁到北平时，有关部门曾建议给书记处的同志每人做一套新衣服，以便参加入城阅兵式。任弼时不同意，他说："我们是穿着这身衣服打天下的，也能穿着这身衣服进北平。"一件用旧围巾毛线翻织的背心，他一穿就是10多年；一条毯子从长征时期一直用到逝世。他经常提醒孩子们节约用电，并在每个房间电灯开关处写上"人走灯灭"的字样。他要求工作人员外出时要把需要办理的事情集中起来一次办完，因为这样可以减少用车次数，节省汽油。

任弼时从不允许生活上有半点特殊。他总是说："凡事不能超过组织规定的制度，一丝一毫不能特殊！"刚进北平城时，后勤部门花了很少的一点钱维修了住所的窗户。他知道后很不安，一晚上都睡不着觉。那时，他的身体很不好，住所又紧邻着大街。组织为他选了个比较安静的房子，建议他搬过去。他说："那个房子驻着一个机关，而我是一个人，怎么能以一个人牵动一个机关呢？"后来，组织上准备给他整修另一所房子，他知道后又拒绝了。一直到逝世，他始终住着原来的房子。

1949年11月，任弼时的身体已经很差了。在苏联医生的建议下，经过党中央批准，他准备前往莫斯科治病。虽然苏联对于他来说并不陌生，但是面对糟糕的身体状况和尚不知归期的治病行程，如果能把妻子陈琮英带在身边，照料起居，聊天做伴，将是对他最大的安慰。然而临行前，任弼时却主动提出两条原则：一是随行人员宜少，家属一个也不带，译员不必配备，卫士也不需要，只需带上一名医生即可。他说："我们的国家刚刚解放，带的人多了，就要给国家增加负担。"二是添置服装力求节省。那时国家还没有对出国制装规定标准,但他有自己的原则,那就是尽量少花国家的钱。

任弼时逝世后,叶剑英元帅非常中肯和准确地评价说:"他是我们党的骆驼,中国人民的骆驼,担负着沉重的担子,走着漫长的艰苦的道路,没有休息,没有享受,没有个人的任何计较。他是杰出的共产主义者,是我们党最好的党员,是我们的模范。"

(祁 霄)

门头沟区

门头沟区革命史概述

门头沟区位于北京市辖区西部,东与海淀区、石景山区接壤,南与丰台区、房山区相连,北与昌平区、河北省怀来县为邻,西与河北省涞水县、涿鹿县交界。区域总面积1448.9平方千米,其中山地面积98.5%。

门头沟区历史悠久,大约距今1万年前,境内就有东胡林人生息繁衍。自明嘉靖年间起,今门头沟区全境长期属于宛平县。至清代,宛平属京师顺天府。1914年,顺天府改称京兆地方,宛平划属京兆管辖。1928年6月,宛平划归河北省。1948年12月,门城地区解放后,划归北平管辖,先后称门头沟区、二十八区、二十区、十六区。1952年9月,北京市十六区与宛平县全部以及房山、良乡两县部分村合并成立京西矿区。1958年5月,京西矿区更名为门头沟区,沿用至今。

中国共产党诞生后,门头沟区人民在党的领导下,不断掀起革命浪潮。建立民主政权、抗日根据地,为争取民族独立和人民解放,开展了艰苦的革命斗争。

开展早期革命活动。20世纪20年代初,一批具有共产主义思想的知识分子深入门头沟矿区宣传进步思想。1920年,李大钊派北京大学马克思学说研究会会员王复生到门头沟矿区,向工人宣传马克思主义,启发工人觉悟。1923年,在北方早期工人运动的影响下,门头沟矿区工人为求生存举行集会,要求增加工资,改善工作条件。1924年夏,门头沟籍中共党员崔显芳自上海回到家乡田庄村,开始在门头沟西部农村开展党的创建活动。

建立党的基层组织。1927年年初,中共北京地委建立门头沟特别直属支部。大革命失败后,宛平县国民党反动派大肆搜捕共产党员和进步人士,中共党组织在极其困难的形势下坚持斗争。同年7月,中共顺直省委派专人在门头沟矿区工人中开展活动。1928年2月,中共西郊区委派人到三家店一带建立支部，组织穷人联合会，开展农民运动。1930年冬，中共北平市委派冷楚（杨洁斯）深入到门头沟矿区，加强该地区党组织的建设。1931年，在中英门头沟煤矿公司建立中共地下党支部，并在中英矿、中兴矿建立赤色工会。1932年2月至8月，李葆华（李大钊长子）到门头沟矿区负责党组织工作。1933年11月，成立中共门头沟特委。同年，矿区创办《窑黑报》和《小工报》，对工人进行宣传教育。

同时，门头沟区西部农村反压迫、反剥削的斗争此起彼伏。1932年9月，在中共北平市委特派员马建民等协助下，崔显芳等建立中共田庄高小党支部。同年秋，中共宛平临时县委成立，赵曼卿任书记。1933年春，中共宛平县委正式成立，县委所属党员40余名。在西部农村党组织的领导下，当地农民举行抗捐税斗争和"提灯会"示威游行。1934年夏，宛平县国民党当局调动警备团进行"围剿"，中共宛平县委遭破坏，崔显芳、赵曼卿、魏国元等先后被捕，党组织活动被迫停止。

创建抗日民主政权。1937年7月底北平城沦陷后，日军向平郊发起进攻。在中国共产党的带领下，门头沟人民和地方武装支援国民党守军抗战（髽鬏山之战）。10月，国民抗日军（俗称"红蓝箍"）到斋堂川青白口、斋堂一带宣传抗日。11月，八路军总部、中共北平市委、中共东北特委先后派人到达斋堂川，与中共宛平县组织一起成立中共宛平县中心县委，刘杰任书记。同时，成立以吴伟为队长的平西游击支队、以魏国元为主任的抗日自卫队筹委会，以斋堂为中心尝试建立抗日根据地。

1938年3月，八路军晋察冀军区派邓华支队进入斋堂地区，在东斋堂村成立平郊第一个共产党领导的抗日政府——宛平县抗日民主政府。10月，八路军第4纵队由冀东返回斋堂一带，收复东斋堂、西斋堂、马栏、军响、上清水、下清水、杜家庄、青白口等重要村镇，恢复建立中共宛平县委、县政府。12月，西撤到灵丘根据地的宛平县干部全部返回，工作局面好转，较大行政村都建立了党组织。

1939年1月中旬，萧克、马辉之率领一批干部和直属机关部队进入斋堂川。2月7日，在清水成立八路军冀热察挺进军，萧克任司令员兼政委。根据中央及晋察冀军区的指示，挺进军的中心任务是巩固平西根据地，坚持冀东和开辟平北的游击战争，创建冀热察抗日根据地。10月，挺进军指挥机关移驻斋堂川马栏村，以斋堂为中心的平西根据地进一步巩固和加强。

开展抗日武装斗争。1938年7月6日，为纪念全民族抗战爆发一周年和策应冀东大暴动，八路军晋察冀军区统一组织各部队向平汉、平绥铁路沿线进行破袭战。第5支队3个营从斋堂、青白口一线出发，成功袭击石景山发电厂。1939年4月24日至5月1日，日伪军以2000余人的兵力分3路合击斋堂川。挺进军在基干游击队及模范队配合下，使日伪军尚未到达合击地区就分头溃退。6月19日至7月初，日伪军以2500余人兵力分5路向平西根据地进攻。挺进军开展江水河之战、军响伏击战、沿河城歼灭战等大小战斗50余次。10月，门头沟、阳坊等地日伪军奔袭斋堂，白乙化率第10团在下马岭伏击敌军，攻打赵家台，袭击门头沟、王平村、雁翅等地日伪军。

1945年4月1日，八路军主力和地方民兵配合，向斋堂据点发起进攻。在抗日军民的强大攻势下，日伪军彻底崩溃，仓皇东逃。胡林、军响、青白口、付家台、太子墓等据点的日军随之撤退。8月12日，在游击队策应下，大台矿伪警队起义投诚。15日，大台日军撤往北平。

平西地区是晋察冀抗日根据地联结北平、天津、东北等沦陷区的一条重要通道。为此，1941年年初，中共中央晋察冀分局社会部在妙峰山地区设立情报联络站。妙峰山经北安河、温泉、颐和园、海淀，可以进入北平城内，是北平进入山区根据地最近的一条秘密交通线。该情报站直到1949年1月北平和平解放，才结束使命。

迎来解放斗争胜利。1945年8月底，中共宛平县委从斋堂地区迁至潭柘寺和戒台寺，开始在新解放区领导清算复仇、减租增资、建立政权等工作，解放区经济得到恢复。与此同时，北岳军分区独立营、昌（平）宛（平）县大队等解放军部队和地方武装，对国民党军、"还乡团"等反动武装展开斗争。1945年10月1日，国民党军与仍未放下武器的日军计500余人，进攻门头沟解放区。宛平6区干部群众与工人大队奋勇反击，终因力量悬殊退出门城。中共门头沟工委移驻冯村，国民党占领门头沟。

处在国民党统治下的门头沟矿区广大群众，掀起一次次争取经济和政治权利的罢工高潮，有力推动了门头沟区解放的进程。1947年11月初，为把货币工资改为实物工资，解决外工生活困难问题，门头沟煤矿中共地下组织领导1000余名工人罢工。最终矿方答应给外工实行实物工资，罢工斗争取得胜利。

1948年12月10日以后，人民解放军中路突击兵团开始向北平发动进攻，昌平、海淀、香山及丰台等地先后解放。驻守在门头沟一带的国民党青年军208师在人民解放军强大攻势下，向石景山撤退。12月14日，解放军和宛平县民兵解放门城地区，至此门头沟地区全境解放。

1949年1月15日，门头沟区委和区人民政府宣布成立，冯佩之、林彤分别担任区委书记和区长。1949年2月20日至3月底，建立门头沟镇、城子镇、外十三地区的新政权及8个街道、16个行政村、19个自然村的各级民主政权，成立工会、农会、青年团、妇联等群众组织。7月6日，全区党支部和党员公开。

艰苦卓绝的革命斗争在门头沟区留下红色遗存16处、相关遗存1处。其中，冀热察挺进军司令部旧址陈列馆、京西山区田庄党支部纪念馆、平西情报联络站纪念馆、爨底下村等为市级爱国主义教育基地，冀热察军政委员会塔河旧址、宛平县八年抗战为国牺牲烈士纪念碑等为区级爱国主义教育基地。

主要遗存及故事

1. 京西山区田庄党支部纪念馆（雁翅镇田庄村）

纪念馆于2011年6月建成开放，包含"京西星火"展览馆、崔显芳故居、田庄高小党支部旧址、崔显芳烈士墓地、雁翅镇革命烈士纪念碑、文化中心礼堂等部分。馆内设1个展厅，以党支部创建人崔显芳的革命事迹为主线，集中展示京西山区中共组织创建和成长的历程。该馆集资料展示、思想教育、红色旅游等多功能于一体，先后被公布为门头沟区党史教育基地、门头沟区爱国主义教育基地、门头沟区反腐倡廉教育基地。

崔显芳塑像（门头沟区档案史志馆 提供）

主题故事 ▶

京西山区的播火者

在京西门头沟区雁翅镇东北部的深山里，坐落着一个古老的村庄——田庄村，从这里走出了优秀共产党员崔显芳。崔显芳向往新知识、新思想，1922年就读于上海国语专修学校期间加入中国共产党，毕业后回到家乡传播革命思想，开办农民学校、组织农民运动、发展党员，在田庄村建立了京西山区第一批党组织——中共田庄高小党支部，并持续开展革命活动，将生命和热血全部献给京西大地。

崔显芳，1888年出生于田庄村，早年读过私塾。1922年夏天，他为追卖杏仁钱款，在南京与奸商打了场官司。官司虽赢，却让他陷入深思之中：穷人没文化，就会受人欺压，必须见世面、开眼界、有文化。他怀揣钱款到了上海，考取上海国语专修学校。山里人特有的纯朴和勤奋深得老师和同学的喜爱，读书期间他勤于学习新思想，并与上海党组织取得联系。毕业之前，他加入中国共产党。

1924年夏天，抱定一颗救国救民之心的崔显芳回到田庄村。如何让山区农民了解外面的世界、唤醒他们参加革命，经过反复思考，崔显芳把拉家常和新思想渗透巧妙结合起来。他利用乡亲们请他写对联的机会，宣传革命道理。于是，田庄村这个坐落在京西深山峡谷中的偏远小山村里处处能见到"各尽所能、按劳分配、天下为公"等字样。

在宣传革命思想过程中，崔显芳逐渐认识到启蒙教育的重要性，他决定在家乡办学校。1926年，他创办田庄高小，自任校长，亲自教学。他在课堂上深情地给学生讲《共产党宣言》，读《呐喊》《彷徨》，在学生心里埋下革命的火种。一些进步教师在崔显芳的感召下，也加入党组织。为扩大革命影响，进一步培养革命力量，1927年崔显芳又组织创办青白口完全小学。自此，革命火种在宛平县田庄、青白口一带播撒开来。

1929年至1930年，京西地区持续干旱，秋天颗粒不收，百姓只能以树皮草根充饥。反动政府无视灾荒，苛捐杂税照收不误。1930年秋收时节，崔显芳秘密发动田庄、淤白、苇子水、松树等地村民组成请愿团，捣毁坑害百姓的青白口税所、淤白税卡。面对愤怒的农民，税务所所长不得不低头，答应农民的要求。这场山区抗争的急风骤雨，让广大山区农民得到洗礼，反抗剥削与压迫的革命意识在他们心里扎下了根。

1932年夏，中共北平市委派马建民[①]等到田庄高小任教，以教

---

① 马建民（1911—1985），河北深泽人。1926年加入中国共产主义青年团。1930年转为中国共产党党员后，到河北省宛平县（今门头沟区）开展革命工作。1937年七七事变后，回老家深泽县从事抗日活动。中华人民共和国成立后，任北京师范大学党委副书记等职。

员身份为掩护，开展党组织建设。经过崔显芳、马建民的努力，在田庄村一个不起眼的农家小院，田庄高小党支部成立了。到秋季，根据斗争形势的发展，崔显芳发起成立中共宛平临时县委。在临时县委领导下，青白口村党支部、田庄村党支部、黄土贵村党小组相继成立。

1933年春，中共宛平县委正式成立，革命形势有了突飞猛进的发展。党组织通过各种方式筹集武器，于1933年6月组建了一支13人的武装游击队。崔显芳见发动农民向反动统治势力宣战的时机已成熟，便组织田庄高小学生骨干和部分村民组成了百十人的游行队伍，9月18日夜举行提灯游行。人们手举火把，打着横幅，高呼"反对内战，一致抗日"等革命口号，经过淤白、苇子水、下马岭、雁翅等村镇。在夜色朦胧的深山峡谷中，这条"火龙"一边疾步前行，一边高呼口号，煞是醒目壮观，史称"提灯会"。

这样的宣传形式触动了反动当局的神经，他们意识到这场行动的严重性，开始对田庄高小进行恶意破坏。在这种情况下，县委研究决定马建民等人撤离，其他党员分散到附近山村。为加强与上级党组织的联系，由崔显芳在青白口村开办"一元春"药铺，以行医为名开展革命活动。这一切，有如明灯照亮穷苦人的心，却也招致当地国民党反动分子的仇视。1934年7月的一天，敌人突袭"一元春"药铺，崔显芳等人不幸被捕。在狱中，他受尽折磨却坚贞不屈。1935年2月，保外就医后仅12天就不幸去世，时年47岁。

崔显芳牺牲后，宛平山区的革命斗争并未停止。1935年，宛平县委的魏国元等人，组织起一支游击队，在矾山堡、麻黄峪一带坚持斗争，并在全民族抗战爆发后投入抗日游击战争的滚滚洪流中。

（祁　霄）

2. 八路军邓华支队司令部旧址（斋堂镇西斋堂村聂家大院）

邓华

原为清代三进四合院建筑，坐北朝南，呈长方形，长约40米，宽约20米，所有建筑均为板瓦合瓦、小皮条脊、滴水檐。1938年2月中旬，晋察冀军区派邓华率所属第3大队挺进平西。到达后，迅速扩编为邓华支队，开始创建平西抗日根据地的工作。司令部设在聂家大院。5月，宋邓支队在平西杜家庄村会师后，合编为八路军第4纵队，宋时轮任司令，邓华任政委。第4纵队挺进冀东后，聂家大院被日本兵烧掉。后院落几经变迁，如今属于多户人家，已全部翻新，只有破旧木门还保留老样子。1981年，旧址被公布为门头沟区文物保护单位。

主题故事 ▶

宋邓支队挺进平西

1938年，一份资料被送到日军大佐的办公桌上。上面的自我介绍："姓——中华民族，名——坚决抗战"，"往来八达岭上，出入居庸关前"，"喜在平郊走走，也进城里转转，皇军如有兴趣，请来一块玩玩。"大佐看后气得拍桌大叫，又惊恐万分。

敢这么叫板日军的，在平北只有八路军第4纵队。

1938年2月，中共中央决定以雾灵山为中心，建立冀热辽根据地。2月下旬，以晋察冀军区第1军分区第3大队为主，组成邓华支队。3月初，邓华支队自涞源出发，从紫荆关沿长城东北行进，经板城、野三坡进入平西斋堂川,司令部设在西斋堂村中的聂家大院。

邓华支队在斋堂川安营扎寨后,很快协助地方在东斋堂建立平郊第一个抗日民主政府——宛平县政府。不久,又建立党的地方组织——平西地方工作委员会。邓华支队以斋堂川为基地向周围地区发展,平西抗日根据地初步形成。

4月初的一天,第3大队接到北平市委送来的一份情报:北平近郊敌人兵力薄弱,青年学生要求抗日,要求八路军到近郊活动,扩大政治影响,团结沦陷区人民。经过研究,第3大队决定响应学生要求,突袭门头沟。4月3日,部队开到陈家台,由3连挑选了八九个机灵的班排干部,穿上便衣,背上煤篓,先行进入门头沟进行侦察。侦察后得知,东矿驻有日本军一个小队,有20余人、10余条枪。听当地矿工说,日本兵白天三三两两常到老百姓家捉鸡抓鸭,晚上只有一个哨兵在碉堡里站岗、警戒。

了解这些情况后,第3大队制订了一个奇袭日军的方案:3连负责攻打据点,1连负责打援,2连为预备队。当晚,各连按预先安排,在夜色掩护下悄悄向敌方运动。3连1排每人带1支短枪和三四颗手榴弹,绕到敌人据点西北面,搭人梯剪断铁丝网,爬上房顶,一排手榴弹砸下后,日本兵怎么也没想到会突然出现八路军,还没来得及反击,就被打得死的死、伤的伤,战斗很快结束。3连缴获19支步枪、1个掷弹筒、1挺轻机枪。袭击门头沟成功后,附近据点日伪受到极大震动。趁日伪军恐慌动摇之际,第3大队又趁势接连向南口、高崖口进击,高崖口一个中队伪警察暗暗放行。

4月8日,邓华支队扩编为晋察冀军区第6支队,逐步在平西站稳脚跟。

5月,又一支身着深灰色军装的部队进入平西斋堂川。这支队伍跟以往部队不同,武器精良,弹药充足。这就是从吕梁山开来的宋时轮支队。

1937年秋,由于国民党军抵抗不力,日本侵略军很快占领晋西雁北的主要城镇,企图以此作为华北作战的补给基地。9月,120师开会决定由宋时轮率领第358旅716团2营为骨干,组成独立支队,北出长城,到雁门关以北敌占区打游击,迟滞日军向神池、宁武的进攻。会后第二天,宋时轮就率领一支900余人的队伍,从晋西北向雁北进发。

北上途中,遇到败退南撤的国民党骑兵第2军。望着宋时轮支队深入敌后,国民党军官疑惑地问:"你们人数不多,装备简陋,我们骑兵还跑不及,你们步兵开上去顶什么事,去了也是送死。"宋支队不管那一套。

部队来到雁北敌后便广泛开展游击战。1938年1月上旬,日军集中2400多人,分5路向宋时轮支队实施大规模"围剿"。宋时轮采取声东击西的战术,指挥主力在大同附近袭击车站、仓库,破坏道路交通,打得热火朝天,"围剿"的各路日军无功而返。

2月底,日军又集中3000多兵力,对宋时轮支队实行第二次围攻,结果又告失败。3月,第三次围攻开始后,宋时轮支队占据有利地形,同敌人激战一昼夜,日军被全部击退。

从1937年10月至1938年5月,宋时轮支队在同蒲线以西、京绥线以东,同日军进行大小战斗百余次,击毁日军汽车390余辆,歼灭日军2000余人,缴获各种武器1000余支(挺);支队自身得到扩建,由最初的5个连扩建为3个营、1个骑兵大队、8个挺进队,总兵力达2000余人。宋时轮支队成功地在短时间内创建了晋西北根据地,在多次粉碎敌人进攻的同时,不断发展壮大自己。

为配合即将爆发的冀东大暴动,占领咽喉要地冀东及平北,1938年4月1日,八路军总部抽调宋时轮支队东进平西。

1938年5月27日,宋时轮支队与先期到达的邓华支队在斋堂川完成整编,合编为八路军第4纵队。30日,第4纵队兵分两路从斋堂川出发,向冀东挺进。

(王桂环)

3. 冀热察挺进军司令部旧址陈列馆（斋堂镇马栏村）

1938年11月，中共中央军委决定以八路军第4纵队为基础，组建冀热察挺进军。1939年1月下旬，萧克、马辉之等率干部和直属机关到达宛平县上、下清水村，宣布成立冀热察挺进军，萧克任司令员兼政治委员，程世才任参谋长。1939年10月，挺进军进驻马栏村，司令部设在马栏村中的一座四合院内。

在此驻扎期间，挺进军先后粉碎日军多次围攻，并创造步枪击落日军飞机的战绩，为巩固平西抗日根据地做出重要贡献。1939年年底，日军飞机轮番轰炸挺进军司令部驻地。挺进军战士在萧克司令员的指挥下用轻武器坚决反击，迫使日机不敢低空飞行，粉碎日军妄图一举消灭挺进军司令部的阴谋。1940年2月，挺进军司令部迁至塔河村。

冀热察挺进军司令部旧址陈列馆（刘岳　摄）

1995年，冀热察挺进军司令部旧址被公布为北京市文物保护单位。1997年7月，马栏村党支部将此处建成冀热察挺进军司令部旧址陈列馆。同年，陈列馆被公布为北京市爱国主义教育基地。

主题故事 ▶

写小说的将军

1988年建军节前夕，一部被称为"奇书"的小说——《浴血罗霄》由解放军文艺出版社出版。书的创作，经历了半个世纪。书的作者，也从驰骋疆场的青年将军变成耄耋老人。他就是开国上将萧克。

1907年7月，萧克出生在湖南嘉禾县泮头乡小街田村一个书香世家。他从小就喜爱文学，读过大量中外书籍。参加革命后，只要有机会他就找书读，也动笔创作，哪怕是在出生入死的沙场，也一直保持着良好的读书写作习惯。

1936年西安事变后，萧克读了苏联小说《铁流》，心里很不平静。中国共产党领导下的土地革命战争，规模宏大、战况激烈，在中外战史上也不多见。一曲曲壮歌，一幕幕悲剧，可歌可泣！如果有一部中国的《铁流》，能把这些东西记录下来，对于鼓舞人们的斗志，激励后代创造美好的未来，是很有益的。为此，萧克决定以罗霄山脉一支红军游击队伍成长的历程为故事主线，展现中国革命力量的兴起和发展。

在黄土高原上一个叫镇原的小城外，萧克开始了《浴血罗霄》的创作。不久，全民族抗战爆发了。他身为八路军120师的副师长，出征开辟晋西北抗日根据地。战事繁忙，小说创作被中断了。

1938年8月，八路军收复晋西北7城之后，部队有段短暂的休整，他又重新执笔，利用夜晚时间写起小说来。每天晚饭后，他在小饭桌上点一支洋蜡，放一沓白纸，一写就到深夜。关向应政委打趣地说："老萧，你要不当兵，准会去搞文艺工作。"

1939年2月，萧克任新组建的八路军冀热察挺进军司令员，在冀热察开展游击战争。他提出"巩固平西抗日根据地，坚持冀东游击战争，开展平北新的游击根据地"，并报中共中央、八路军总部批准，从战略上统一了广大抗日军民的思想，对创建冀热察根据地、坚持敌后游击战争具有重要意义。在萧克的带领下，经过一年多艰苦卓绝的斗争，到1941年，平西、平北、冀东连成一片，形成人口达320万的抗日根据地。

在这样繁忙的工作期间，萧克依旧坚持创作。《浴血罗霄》的初稿是在平西的百花山里完成的。那时，每天工作都很紧张，但他见缝插针，利用躲敌机的时间，在膝头上奋笔疾书。当时没有像样的防空洞，躲敌机只能在老乡挖煤的洞里。曾经在平西采访过萧克的作家金肇野，生动地描述：

> 在平西，萧司令员工作是那样繁重，但你一点也看不出他手忙脚乱，不论在平时或战时，在前方和后方，都一样。比如前方战斗很紧张，他在司令部里沉着指挥几个团作战，可你去见他，他的桌子上还摆着小说的稿本，仿佛正在苦思冥想小说的情节或文辞，谈起话来从容自若。

从1937年5月动笔到1939年10月，萧克共完成长达40万字的小说初稿，书名暂定为《罗霄军》。随后的四五年，他先后做了3次大修改以及多次小修改。

解放战争爆发后，萧克的爱人蹇先佛带着书稿和孩子，同一批干部从延安转赴华北。途中，在河北滦平附近一个部队驻地休息。第二天起床后，蹇先佛发现装书稿的皮包不见了。当地驻军上下都发动起来帮助寻找，可找了一天都找不到。谁知到了晚上，这个皮包又悄然出现在驻地的一个汽油桶上。

中华人民共和国成立后，按说这部小说可以送到出版社了。萧克没有送出去，他还想修改一遍，只是苦于没有时间。到了1958年，这部还没有出版的书就横遭厄运。"反教条主义"运动中，这部尘封了21年的书稿成了批判他的材料。小说稿被打印出来，还附上"供批判用"的字样。批判会上，有人居然指着书中国民党士兵的一句口号说："你居然喊打倒共产党！"萧克哭笑不得。

1985年年底，萧克从一线退下来，热心的同志都劝他将书稿拿出来出版。在解放军文艺出版社的支持下，他下定决心，再一次修改书稿。为改好这部书，编辑部的同志随萧克回到他当年浴血苦战的罗霄山脉，到当年的战地考察，和老红军、老乡亲交谈。萧克改稿严肃认真，一丝不苟。对修改意见，他认为可以接受的都会接受，认为不可接受的，也要说出为什么不能那样改动的理由。他先后改了4遍，从40万字删到25万字，又增加了不少情节、完善了一些细节。直到二校时，他在逐字逐句推敲一遍后才在校样上写下自己的名字。

经过认真修改，书稿终于付印了。这部久经磨难的小说，终于在1988年八一建军节前夕如期出版，了却萧克50年的夙愿。1991年3月，《浴血罗霄》获得第三届茅盾文学奖荣誉奖，这不仅是对这部作品本身的肯定，也是对这部小说奇特经历的褒扬。

（祁　霄）

4. 宛平县八年抗战为国牺牲烈士纪念碑（斋堂镇九龙头）

抗战胜利后不久，中国共产党领导的宛平县政府决定，在平西抗日根据地斋堂地区建立宛平县八年抗战为国牺牲烈士纪念碑。几经选址，最后确定建在东斋堂村斋堂中学院内。1946年7月7日，纪念碑落成，宛平县党、政、军、民各界万余人参加揭幕仪式。

纪念碑坐北朝南，南面碑石的碑额横刻"豪气长存，英名千古"，其余3面刻着宛平县光荣牺牲的472名烈士的英名、职务及出生地。1981年，该纪念碑被公布为门头沟区文物保护单位。1995

年，被公布为北京市文物保护单位。1998年4月，门头沟区委将烈士纪念碑迁至斋堂镇九龙头，并在纪念碑后建立反映抗战题材的青铜浮雕。

宛平县八年抗战为国牺牲烈士纪念碑（门头沟区档案史志馆　提供）

主题故事 ▶

威震敌胆的"刘大鼻子"

一个伪村长，后面跟着个伙夫。走进岗楼，几个日军正在耍牌。伪村长还没来得及点头哈腰，却见日军个个呆若木鸡，接着惊叫着"大鼻子的来了，大鼻子的来了"，四处逃窜。有个胆小的日军躲在牌桌下面，竟然尿了裤子。伪村长解释，此人是来做饭的，只是鼻子有点大，但并非"刘大鼻子"。这不是影视剧里的桥段，而是真人真事。"刘大鼻子"究竟是何方神圣，竟能让杀人不眨眼的日军闻风丧胆？

"刘大鼻子"本名刘玉昆，宛平县（今门头沟区）柏峪村人。柏

171

峪村自古以来就有唱戏的习惯，村中大人小孩，均可唱上一句。刘玉昆特别擅长演家乡的梆子戏，他拉起的戏班子深受乡亲们欢迎。他为人耿直善良，和蔼可亲，因为鼻子稍大，大伙儿都亲切地叫他"刘大鼻子"。

七七事变后，宛平百姓遭了殃，鬼子闹、土匪跳。刘玉昆和几个穷哥们儿自行组织起来为村里的百姓看山护院，并在地下党组织的引导下走上革命道路。1938年春，八路军宋邓支队来斋堂川开辟抗日根据地，柏峪村成立了抗日救国会，组建了巡防所（负责保卫政权、护送运粮队）。刘玉昆担任救国会主任和巡防所所长。从小爱打猎、枪法好的刘玉昆，在战争环境中如鱼得水，很快成长起来，光荣地加入中国共产党，先后担任宛平县游击大队第3中队队长、县大队队长。

1939年2月，日军对平西抗日根据地进行"扫荡"，八路军主力部队暂时撤出斋堂川赴外线作战。为配合主力部队作战，刘玉昆率领县大队割电线、破交通、打岗楼、炸碉堡，一举摧毁爨底下、柏峪等10余个村的伪政权，威震平西。每到天黑，鬼子便缩在岗楼里，不敢再出来。有的岗楼怕刘玉昆夜袭，把岗楼的门堵死，每天从岗楼顶上放下软梯，爬进爬出。只要是有游击队出没的地方，敌人就不敢随意乱窜。"刘大鼻子"使敌人闻风丧胆。

1943年6月的一天，地下党员老索送来情报，说沿河城来了大批日军军官，准备第二天到斋堂据点。刘玉昆立即召开党员扩大会，决定在山高路险的林子台村打伏击。当天夜里，他带着队伍来到林子台村，在公路上埋下石雷，随后把队伍埋伏到公路两旁的山上。第二天拂晓，两辆卡车驶进伏击圈。这时，地雷拉响了，几股浓烟过后，卡车被炸翻在路边的水沟里。没被炸死的鬼子爬出汽车，躲在路边进行顽抗。刘玉昆随即带领队员冲下山。

两车鬼子军官共40来人，被地雷炸死20多个，炸伤七八个，又被冲下山的队员打死六七个。眼看战斗就要结束了，忽然从斋堂方向开过来两辆卡车，从车上下来五六十个鬼子。见情况不妙，刘玉昆马上带着队员撤到山上，居高临下，与鬼子展开激战。鬼子摸不清情况，不敢恋战，匆匆忙忙窜回斋堂据点去了。

3天后，斋堂据点的鬼子倾巢出动，到柏峪进行报复。刘玉昆早有准备，事先安排群众转移到山里，把粮食坚壁起来，然后带着游击队绕道奔向敌人老巢——斋堂据点。当鬼子刚到柏峪村口的时候，刘玉昆已在斋堂据点打响了。鬼子怕老巢被端，便急忙返回斋堂。等鬼子赶回据点，刘玉昆早带着游击队撤走了。

由于长期转战在深山老林，条件艰苦，缺吃少穿，刘玉昆积劳成疾。1943年秋，他又染上肺病，行军打仗常常气喘吁吁，有时因胸闷难支，瘫倒在行军路上。加之条件艰苦，缺医少药，他的病情一天比一天严重，队员们都劝他好好休息，他总是满不在乎地说："怕什么，没事。"这年腊月，刘玉昆率领游击队连续拔掉敌人在楼岭、石河的据点，在转回驻地的路上口吐鲜血，倒在柏峪村后深山里。

刘玉昆牺牲后，宛平人民将他的名字刻在宛平县八年抗战为国牺牲烈士纪念碑上，纪念这位抗战英雄。他的名字和事迹至今仍在京西山区人民之中广泛传颂着。

（宋传信）

5. 平西情报联络站纪念馆（妙峰山镇涧沟村）

平西情报联络站地处晋察冀根据地前哨，1941年年初由中共中央北方分局社会部建立，一直工作到1949年1月北平和平解放。其间，秘密电波在这里收发，情报在这里接送，物资在这里转运，中共中央领导阅读的报纸从这里发往延安，大批爱国青年、革命人士和国际友人从这里秘密前往延安。情报站前后共有近百名工作人员，其中10人光荣牺牲。

纪念馆集中展示了抗日战争、解放战争期间平西情报联络站的革命历史。现有主展室3间，数字放映厅1间。主展室以老照片、纪实文字、雕塑等形式展示情报站的建立、任务和作用。院里有数字电影院,播放地下工作的纪录片。纪念馆于2009年4月开馆,成为北京第一个公开展出的以情报战线为主题的展览馆。2017年4月,经过8个多月改造的纪念馆重新开放,并升级为"全国国家安全教育基地"。

平西情报联络站纪念馆内的雕塑(刘岳 摄)

主题故事 ▶

书生站长梁波

1947年9月20日夜,平西格外的悲凉肃杀。夜色中,一行人抬着一口漆黑的棺木,迈着沉重的脚步行进在妙峰山西坡的玫瑰谷中。山风吹得树木呼呼作响,似乎在呜呜哭泣。那个身材高高的、总爱穿着黑色棉袍,平和谦恭的身影萦绕在每个送行者的脑海中。

1942年,高度近视,戴着很厚眼镜的梁波[①]被派往妙峰山,接任

---

① 梁波(1910—1947),天津人。1930年考入北平师范大学,1937年冬加入中国共产党。1939年调入平西,曾任冀热察区党委秘书、宛平县委书记。1942年派往妙峰山接任情报站站长。1947年被捕,英勇牺牲。1953年11月,梁波遗骨移葬北京八宝山革命公墓。

平西情报站站长。平西情报站,对外叫民运组。实际上就是驻扎在涧沟村西边靠山坡的几间民房,里面总共十六七个人,家当就是一部电台,但是任务却异常艰巨:负责收集北平、天津乃至东北地下交通员送来的情报,然后发送到边区社会部。这是一个重要的枢纽站。

梁波外表文质彬彬,看似有些文弱,很难让人把他与这种最隐蔽最危险的工作联系起来。为了详尽、快捷、准确地掌握情报,他经常不顾危险,深入敌占区的北安河、鹫峰一带,和北平城中来的交通员当面交谈,这样交通员就不用进山,当天即可返回北平。

1947年9月,国民党调集大批人马准备进攻平西解放区。9月17日,北平城中的交通员要来汇报重要情报,梁波决定亲自出山到七王坟接头。

傍晚,他翻山由涧沟来到鹫峰北的秀峰寺,在杜致中(杜宏仁)等同志的警卫下,来到七王坟。可是他们等了许久,城里的交通员也没来。晚上回到秀峰寺,反复分析了情况后梁波决定第二天继续到七王坟去等。

第二天,城里的交通员来了。梁波和他交谈了一个多小时,详细地了解了各方面的情况。他们离开七王坟时,天已擦黑。回到秀峰寺时,国民党的大部队也已逼近北安河,情况十分紧急,大家都劝梁波连夜返回涧沟。梁波认真分析了各种情况后,决定当夜继续留在秀峰寺,第二天早上进山。但为了防备万一,他们还是制定好路线,做好随时撤进山里的准备。夜里,警卫人员不敢睡觉,时刻注意观察动静。

9月19日凌晨4点,清脆的枪声划破静谧的西山。紧接着地雷声、手榴弹声也响起来了。北安河村东的国民党军开始了进攻。在县大队、独立3营和民兵的阻击下,有一个多小时,敌人攻不进村子。

这时,天已亮了。梁波和杜致中等5人开始向山上转移。走到消债寺,听到枪声从山南的寨口方向传来了。从山上已能清楚地看到北安河村东手榴弹爆炸的浓烟。他们迅速向山头转移。在离山顶还有一里①多的时候，国民党军突然从山顶上压下来。机枪发疯似的扫射过来。原来敌人已从寨口、大工村方向绕到山后。山顶上满是国民党军。梁波他们借着山上树丛的掩护，迅速退回到山沟里，转向寨儿峪方向进山。

情况越来越严重。国民党军突然从山后包围过来。安全起见，梁波蹲在一个山洼洼里，把背包里的文件拿了出来，统统烧掉。这里面有一个小本子，上面记录着北平地下交通员的代号等详细情况。"如果走不了，我们就隐蔽起来。记住，我们联络员决不能叫敌人抓活的！"考验的时候到了。

寨儿峪也被国民党军封锁了。梁波他们借着隐蔽的地形继续向北走。走到北面一个山梁附近，又被国民党军发现了，机枪炒豆似的扫射过来。走在前面的杜致中、刘英发猛跑几步，冲过山梁，顺着山梁后的陡坡一下子滚到沟底。后面的梁波、刘启才和高永安冲不过去，只好退了回来，隐蔽在附近的一片半人高的茅草里。突然，梁波的眼镜被剐落在地上。他眼前一片昏花，什么也看不清了。他府下身子用手在地上摸。可是，除了石头、树叶和玫瑰丛，什么也摸不着。

敌人从山上压下来，搜索前进，梁波被暴虐的敌人团团围住，强拉下山。梁波坐在地上，甩开敌人的手，破口大骂。敌人被激怒了，凶狠地将刺刀刺进他的胸膛，37岁的梁波倒在妙峰山的山梁上。

（王桂环）

---

① 1里相当于500米。

房山区

房山区革命史概述

房山区位于北京市辖区西南部，是首都北京的西南大门，东与丰台区、大兴区接壤，南与河北省涿州市毗邻，西与河北省涞水县连通，北与门头沟区相望，总面积2019平方千米。

房山置县始于战国燕时。秦时，良乡置县。长期以来，良乡县、房山县一直分设。1958年，原隶属于河北省的房山、良乡两县，合并建北京市周口店区。1960年，周口店区更名房山县。1981年，房山县境内建北京市燕山区。1986年，撤燕山区、房山县，建房山区。

传播革命火种。土地革命战争时期，房山地区开始有中国共产党组织的活动。1928年12月，房山县曹章村人杨福青在涿县尚庄村入党。1929年春，他与马才在曹章村发展李景春入党，在小次洛村建立房山地区第一个党小组。1932年春，中共宛平中心县委派共产党员崔显芳到房山长沟峪煤矿，以做工为掩护，在工人中秘密传播革命火种。

开展抗日斗争。1937年卢沟桥事变后，日军入侵房山、良乡，制造骇人听闻的二站村、太和庄等惨案。中共北平地下党组织和中共中央北方局派刘杰、胡景翼、苏梅等人，八路军晋察冀军区派遣邓华支队深入平西，创建抗日根据地，使房山地区党组织活动得以较快发展。

1938年3月，中共房（山）涞（水）涿（县）联合县工作委员会、抗日民主县政府、抗日救国会成立。联合县工委派游击支队队长包森，在房山五区南窖一带开辟抗日根据地。4月，建立房涞涿抗日游击支队。5月8日，成立房（山）良（乡）联合县政府。11月，成立中共房良联合县委。县委、县政府深入各村，建立救国会、青救会、妇救会、儿童团，在上石堡村先后发展6人加入共产党，并建立房山地区第一个党支部。党支部成立后，带领群众开展夺权、减租减息的斗争，成立粮食借贷所救济穷人，向上级党组织报告敌情。

1939年至1940年，房山抗日斗争进入最艰苦阶段。日军对平西根据地先后进行3次大规模"扫荡"。根据形势需要，1941年6月，中共平西地委将原房良联合县与涞（水）涿（县）联合县合并，组建房涞涿联合县。联合县委一方面加强自身建设，一方面领导抗日军民与日军进行艰苦卓绝的斗争，粉碎4次日军"强化治安"运动。1943年4月，日军袭击县政府及部队指挥机关所在地十渡，八路军派一个排在老帽山阻击，完成任务开始撤退时，发现日军从背后包抄上来。这时，只剩下6名战士，子弹也没了。就在日军扑上来时，六壮士纵身跳崖，壮烈牺牲。

1943年9月，晋察冀边区抗日联合会派群众剧社40余人，分成小分队到平西抗日根据地开展工作，鼓舞军民坚持抗日。曹火星随队来到霞云岭乡堂上村，创作了歌曲《没有共产党就没有中国》。中华人民共和国成立后，歌名改为《没有共产党就没有新中国》。

1944年春，房山地区的抗日斗争转入一个新的阶段，斗争方针由原来的"坚持山地"转为"指向平原"。10月，房涞涿联合县、昌宛房联合县撤销，房山单独建县。

1945年3月，房山县委依据上级"扩大解放区，缩小沦陷区"的指示精神，与涿良宛联合县的各种武装力量配合主力部队协同作战，向日伪军发起进攻。同年7月中旬，第11分区第7团连克长操（村）、南窖（村）等日伪据点，逼退北窖、河南的日伪，攻入日军据守的房山城，击毙伪军宪兵大队队长。

1945年8月，日本帝国主义宣布投降。全民族抗战期间，房山有1860人参军，480多名优秀儿女献出宝贵生命。日本侵略者杀害无辜同胞2540人，烧毁房屋14650多间。

迎接革命胜利。解放战争时期，国民党抢夺抗战胜利果实，房山、良乡两县的形势日趋紧张。在全面内战爆发前夕，县委决定扩大解放区，在新解放的村庄发展党员，建立党组织。1946年年初，冀中第10分区在平汉铁路东设立良乡县，路西良乡县便改为"良乡县佐公署"，县委改为良乡工委。这期间，房山地区的解放区工作扩展到平原一带。

1946年6月，内战全面爆发。随着全国解放战争的进程，房山地区的斗争转入武装保卫解放区，迎接全国解放的新阶段。7月，国民党集结兵力，对房山县西南部解放区进行大规模"进剿"，频繁进袭，房山、良乡解放区有所缩小。

1946年冬，房山县委、良乡工委贯彻中共中央"五四指示"，进行土改运动。1947年，开展土地复查运动、土地平分运动、纠偏运动等一系列工作，巩固了根据地，有力地支援了全国解放战争。

1947年7月，人民解放军开始战略反攻。房良地区以独立4旅为主，在县、区武装和民兵的配合下，开始向两县国民党军主要据点发起攻击。8月，一举攻克周口店据点。随即，又解放长沟、坨里等重镇。

到1948年春，解放区不仅得到巩固，地方武装力量也在斗争中发展壮大。为适应形势发展，两县加强开展外线工作，不断开辟新区，建立新政权。同时，加强政治思想攻势，瓦解敌军工作取得很大成绩。截至8月，良乡县国民党军462人投诚。

1948年秋，解放军冀中第7纵队20旅执行"扫清北平外围后，对北平至天津之间诸点实行隔而不围，围而不打"的方针，为促成国民党军傅作义部起义，准备攻打房山县城。12月12日，开始攻打小山坡、齐家坡、山顶庙据点。13日夜，上述据点全部被解放军攻占。当天，良乡县城国民党守军得知房山城解放后，弃城而逃。房山、良乡两县全境宣告解放。

12月14日，两县县委、县政府分别入城接管，清查敌特及其残余势力，打击毒品、赌博及卖淫嫖娼等。1949年2月，两县开始新区土改工作和建党工作。到9月底，两县有党员7000多人，其中新区发展党员1500多人。

房山是革命老区，在这块土地上，留有萧克等老一辈无产阶级革命家的战斗足迹，也留下老帽山六壮士等众多英烈的遗骨，有红色遗存23处。党和人民没有忘记他们，相继建立平西抗日战争纪念馆、平西抗日烈士陵园、老帽山六壮士纪念碑亭等，以此弘扬红色精神，昭示人民不忘历史、继往开来。

主要遗存及故事

1. 平西抗日战争纪念馆（十渡镇十渡村）

1985年9月，在纪念抗战胜利40周年之际，为缅怀抗战中在平西地区牺牲的烈士们，房山县决定建立平西抗日烈士陵园。同年10月，陵园建成。1992年3月，在陵园内建成平西抗日战争纪念馆。1995年，该馆被公布为北京市爱国主义教育基地。1996年4月，平西抗日战争纪念馆和平西抗日烈士陵园被公布为全国重点烈士纪念建筑物保护单位。

2005年8月，扩建后的平西抗日战争纪念馆正式开馆。纪念馆由"党领导的平西抗日战争""平西抗日根据地创建和发展""日寇的残暴罪行""艰苦岁月，平西人民坚持斗争""转入反攻，争取抗战胜利""平西部分烈士英名录""缅怀先烈，继承遗志"等组成，展出实物、诗稿、照片等珍贵史料3000多件，真实地反映了平西根据地

平西抗日战争纪念馆（高俊良 摄）

军民浴血奋战的历史。另外，纪念馆外还建有平西抗日烈士纪念碑、百名抗日烈士碑林等。纪念碑高1.6米，宽3米，碑身正面刻有萧克题写的"抗日战争在平西牺牲的烈士永垂不朽"。

主题故事 ▶

诗歌为伴去战斗

"祖国呵，你以爱情的乳浆，养育了我；而我，也将以我的血肉，守卫你啊！也许明天，我会倒下……祖国呵，在敌人的屠刀下，我不会滴一滴眼泪，我高笑，因为呵，我——你的大手大脚的儿子，你的守卫者，他的生命，给你留下了一首崇高的'赞美词'……"

2006年1月1日，中央电视台新年新诗会上，几位主持人朗诵《为祖国而歌》。透过电视屏幕，让众多观众知道这首诗创作于抗战时期，作者叫陈辉[①]。然而，很少有人知道，陈辉是怎样用生命书写了悲壮的平西抗日斗争史。

1938年，陈辉奔赴革命圣地延安学习，开始了用诗歌战斗的革命生涯。毕业后，被分配到晋察冀通讯社当记者，写了大量揭露日本侵略者罪行的通讯和诗歌。面对日军杀戮中国百姓的惨状，陈辉心如刀割，决心到前线去。领导考虑他是"笔杆子"，又不习惯北方战争环境，开始没有同意。经过再三请战，陈辉终于奔赴平西地区涞涿县。

---

① 陈辉（1920—1945），湖南常德人，抗战时期著名青年诗人。1937年加入中国共产党，1938年奔赴延安学习。1939年9月到晋察冀通讯社工作。1940年5月到平西抗日根据地，先后任涞涿县青救会主任、区委书记、县武工队政委等职。1958年，作家出版社从保存下来的诗稿中选取40多首共17万余字的诗，集印成册《十月的歌》，广为流传。

刚开始，陈辉在县青年救国会办青年干部培训班，组织青年游击队。1942年陈辉随着武装工作队，来到拒马河畔。他将街头诗、传单写在敌后乡村的墙上，或者刻成蜡纸油印出来，撒在战斗前线上或者是敌人的据点里。8月，在八渡，陈辉完成《为祖国而歌》。

1943年，陈辉被任命为4区区委书记兼区武工队政委。在日寇"一家窝匪杀全家烧全村"的政策下，4区斗争异常残酷。陈辉和区长研究制订"依靠广大群众，消灭日寇汉奸"的计划，决定召开"绅士会"，做好抗日救国统一战线工作。

开会日期快要到了，有两位影响较大的人物因在县城没能通知到。陈辉坚定地说："我到县城内走一趟！"区长摇摇头，劝道："这太危险。"考虑到斗争需要，陈辉带上通讯员，穿上武工队缴获的日军服装，骑上战马，向涿县县城奔去。

上午9时，县城南门缓缓打开，陈辉随着进城卖菜卖粮的农民步入城门。"站住！"几个伪军手端刺刀领着狼狗，蹿了过来。陈辉趾高气扬，扬起右手，伸出两个指头晃了晃，巧妙地骗过了伪军。进入县城，陈辉面见两位乡绅。见到陈辉，乡绅甚是吃惊，非常感动，表示一定赴会，"决不能耽误！"望着城内的辽代双塔，陈辉激情澎湃，写下《双塔诗》：

> 双塔昂首迎我来，浮云漫漫映日开。
> 千年古色凝如铁，一身诗意铸琼台。
> 涿郡胜状留人叹，张侯豪志潜胸怀。
> 今朝仰拜晴斓面，明日红旗荡尘埃。

绅士会如期召开。为此，晋察冀通讯社通报表扬："陈辉是一个十分勇敢的战士，善于拿笔，也善于拿枪、用手榴弹。"

1945年2月8日，因为生病，陈辉住在韩村休养，没能和战友们一起转移。由于叛徒出卖，日伪军百余人悄悄包围了陈辉住的小院。天刚亮，房东大娘为他做了碗面条。陈辉刚端起热气腾腾的饭碗，两个特务就闯了进来，枪口对着他："陈辉，你跑不了啦！"趁着放饭碗的一刹那，陈辉抓起身边的手枪，叭的一枪，打中一个特务的手腕。两个特务慌忙退出屋子。接着，陈辉和通讯员小王连续向特务射击，迫使他们连滚带爬逃出院子。

这时日伪军已将小院重重包围，战斗持续一个小时之久。突然，一颗手榴弹从窗口扔进来，陈辉左腿负伤。他对小王说："在屋子里挨打不是办法，只要冲出去，翻过墙头，外面就是树林、河套……"接着，他俩扔出两颗手榴弹，乘烟雾冲出西屋。由于日伪军火力密集，无法翻越墙头，两人只好进入北屋，一个进了东耳房，一个进了西耳房。院子里的伪军叫道："拿手枪的是陈辉！他在东耳房。"接着，伪军挖开东耳房的屋顶，点着玉米秸往里扔。

室内烈火腾腾，陈辉的衣服、头发被烧着。他拖着流血的伤腿，坦然走出东耳房，冲着房顶上的敌人喝道："你们来吧！"原先跑出院子，早已守在门口两侧的那两个特务，蹿过来抱住陈辉的后腰。陈辉使出全身力气，踢打两个特务，拉响最后一颗手榴弹……

（宋传信）

2. 老帽山六壮士纪念碑亭（十渡镇十渡村）

1943年春，八路军六壮士在老帽山阻击战中，与日寇英勇搏斗，弹尽后宁死不屈，跳崖就义。为表达对6位无名烈士的缅怀之情，1984年2月26日，共青团房山县委和十渡乡党委、政府在十渡村北的老帽山上建立老帽山六壮士纪念碑亭。碑阳是中共房山县委原书记李永芳的题词："为中华民族解放事业英勇献身的六壮士永垂不朽"。碑阴记载着八路军6名战士在老帽山阻击日寇战斗中英勇就义的事迹。1986年，老帽山六壮士纪念碑亭被公布为房山区文物保护单位。

老帽山六壮士纪念碑亭（房山区史志办 提供）

主题故事 ▶

老帽山六壮士

  狼牙山五壮士的故事，发生在1941年9月的河北易县，被选入小学《语文》课本，广为人知。我们在查阅华北抗战史料的过程中，发现了一个又一个跟狼牙山五壮士一样的"慷慨悲歌"：1940年夏，在天津蓟县盘山险峻峭拔的莲花峰上，7位八路军战士集体跳崖，仅1人幸存；1942年5月，在河北赤城的40里长嵯，38位八路军战士从高达五六百米的悬崖上纵身跳下，除1人被树枝托住生还外，其他全部壮烈牺牲；1942年12月，在河北省涞水县曹霸岗村鸡蛋坨，4位八路军战士从高崖跳下牺牲……下面要说的故事，发生在今北京市房山区的老帽山。

1943年4月中旬的一天，房山南窖据点的300多名日伪军，携带轻、重机枪和迫击炮，经过霞云岭等地向十渡地区进犯。当时，中共房涞涿联合县委、县政府及八路军冀中第10分区指挥机关驻在十渡地区，第10分区27团团部在西庄村，冀中印刷所、银行在西河村，兵工厂在后石门村。

　　这天早晨，当日伪军的马队接近马安村时，房涞涿联合县县长郝绍尧立即组织县政府人员撤到西边的山沟里，27团派一个排的战士在老帽山下一座可以俯视十渡河滩的小山头阻击日伪军。

　　老帽山是房山十渡村与马安村之间的一座陡峭的山峰。战士们刚隐蔽好，日伪军高挑着旗子，出现在河谷的通道上。当日伪军进入射程之内后，战士们一齐开火。突然的枪声出乎日伪军的意料，他们丢下几具尸体慌忙后撤。很快，日伪军发现阻击的八路军人数并不多，于是分成几股，再次向山口扑来。

　　八路军阻击阵地在16余米高的悬崖上，战士们凭借有利地形，顽强地阻击来犯之敌。日伪军冲不上去，只能用机枪向山崖疯狂扫射。时间一分一秒地过去，山崖下倒下一片日伪军，八路军的伤亡也在不断增加。

　　阻击的预定时间到了，战士们开始撤离阻击阵地。突然，背后响起了枪声，几位战士应声倒下。原来，日伪军在汉奸的带领下从背后包抄上来。腹背受敌的情况下，战士们发起突围，但没有成功。14名战士牺牲了，最后只剩下6名八路军战士。他们且战且退，一步步退到老帽山山顶。没子弹了，战士们就用石头砸。面前是一步步逼近山顶的日伪军，后面是悬崖。6名战士互相看了看，脸上露出慷慨赴死的刚毅表情：誓死不当俘虏。一个，两个，三个，四个……六名战士一步步退到山崖边。就在日伪军号叫着扑上来时，他们抱枪纵身跳下山崖。

　　日伪军闯进十渡村，发现扑了个空，气急败坏地放火烧了村里的400多间房子后，向五合方向撤走。民兵在山下找到6位烈士血肉模糊的遗体后，将其就近安葬在老帽山下。

至今没有人知道老帽山六壮士姓甚名谁,但知道他们有一个共同的名字——八路军。

(宋传信)

3. 赵然烈士墓（十渡镇西庄村）

平西抗日战争纪念馆前的赵然烈士塑像（刘岳 摄）

赵然（1918—1944），1938年3月,参加革命,同年5月加入中国共产党。历任房良联合县抗日救国会组织部部长,中共房良联合县委宣传部部长、县委书记,中共房涞涿联合县委组织部部长、县委书记,房良联合县、房涞涿联合县县议会议长等职。全民族抗战时期,赵然日夜奔忙,积劳成疾,于1944年5月病逝,年仅26岁。为了纪念他,人们将其遗体安葬于西庄村,并在其墓前修建纪念碑。赵然烈士墓现为房山区文物保护单位。

主题故事 ▶

不愧燕赵风　功绩谓卓然

抗日战争期间,房山有这样一位同志,公开了自己共产党员的身份。"赵然,赵然,共产党员"的顺口溜在群众中广为传诵,惹得日本兵恼怒不已,竟悬赏捉拿他。但赵然毫不畏惧,依旧奔走在抗日的前线。模范地贯彻执行党的统一战线政策，团结广大上层人士和知识分子，结成广泛的抗日民族统一战线，促成全房良各阶层人民的共同抗战。

赵然，1918年出生在房山一户贫苦农家。家里祖祖辈辈受穷被欺负，他8岁那年，父母东借西凑供他在本村上了小学。父母希望孩子能够读书认字改变命运。赵然很争气，1933年考入房山县简易师范学校，毕业后到房山河北乡的黄土坡、晒台村当教师。他边教学边研读进步书籍，并向学生讲述抗日救国的道理，传播爱国思想。

1937年七七卢沟桥事变爆发后，赵然投笔从戎，离开家乡参加抗日救亡活动。1938年，长操村召开房良县抗日救国会成立大会，他任组织部部长。此后，赵然更加坚定信念，为革命事业奋斗。

1938年6月12日，赵然赴五台山党校学习。通过学习，进一步提高了阶级觉悟和马列主义水平，增强了观察问题、处理问题的能力。

为了开辟平原工作，1939年6月，房良联合县委根据平西地委指示，在张坊附近的大峪沟举办有180多人参加的党员训练班。赵然担任教务主任，在训练班上深入浅出地讲明抗日救国、建党建政建军的道理。他还带着党员到离村20里外的半壁店等地，进行抗日宣传和发动群众的工作。为提高人民的文化水平，培养抗日骨干，房良县在十渡成立抗日高小。赵然到学校讲"抗日救国十大纲领"，讲抗战的持久性和中国必胜日本必败的道理，为革命队伍培养一批骨干。

当时，对敌斗争复杂艰险，汉奸破坏、叛徒告密时常发生，随时都有生命危险。赵然却把生死置之度外，和特务、汉奸、叛徒进行坚决斗争。1940年7月间，六渡村党支部书记蔡玉存因清匪锄奸，被本村的汉奸在夜间用石头砸死。事后，赵然积极侦查，抓到并枪决了那几个民族败类，为死难者报了仇。还有一次，赵然率领18名游击队队员打游击回来在七渡村吃饭时，由于六渡村汉奸告密，突然被敌人包围。突围后，赵然日查夜访，终于在穆家口将这个汉奸抓获并处死。

1942年3月，房涞涿县区干部扩大会议在平峪村召开，赵然在会上做报告,反复讲解内线与外线、包围与反包围的关系,从而统一了与会人员的思想,增强了抗战信心,鼓舞了斗志。

会后,赵然带头深入敌后开展工作。当时他腿脚不好,县委不让他到危险的地方去,但他不顾虑个人安危,依旧深入到游击区、敌占区带领同志进行征粮和破坏敌人交通线的活动,奋不顾身地战斗在抗战第一线。同时,他为整顿政权组织,建立新的"三三制"村级政权,做了大量的工作。

1943年是历史上罕见的灾荒年,赵然领导全县人民开展大生产和节约粮食运动。他每次下乡都同群众一样嚼树叶、吃野菜,共渡难关。在他的影响下,县区干部都积极行动,自觉节粮,把节约下来的粮食捐献给贫困群众,进一步密切干部和群众关系。

在抗日战争的艰苦岁月里,赵然日夜奔忙,积劳成疾。早在1941年他就染上肺病,但他仍带病工作。1942年春季夜袭张坊据点时,他带病参加战斗,一直坚持到黎明,累到吐血,仍作了一首诗言志:

两列健儿行虎步,一腔热血涌心头。

平原此去诛敌寇,誓与同胞雪宿仇。

1944年3月28日,由于吐血过多,身体孱弱,赵然终于病倒了。可是在医生面前,他再三要求把好药留给重伤员用,自己坚决不用。5月19日,赵然不幸逝世。遗体安葬在他生前战斗过的地方——西庄村南幽静的山脚下。

(曹 楠)

4. 窑上英烈园(琉璃河镇窑上村)

1948年,涿良宛联合县区委书记张晋龄、县长李景森等人,因叛徒告密,在窑上村地道中被国民党反动派逮捕后惨遭杀害。1972

窑上英烈园内的忠魂亭（房山区史志办　提供）

年，中共房山县窑上人民公社委员会在今窑上中学西侧建烈士公墓，即窑上英烈园。该园面积552平方米，坐北朝南，四周砌有围墙。园内有一座窑上革命烈士纪念碑亭，建于1992年8月1日，由两个相连的琉璃瓦顶仿古亭和一座纪念碑组成。英烈园碑亭后面有6座青石雕磨的石棺墓，墓主人依次为韩国亮烈士、崔振春烈士、常庭文烈士、无名烈士、张晋龄烈士、李景森烈士。

主题故事 ▶

窑上英烈崔振春

崔振春[①]是个穷苦人家的孩子，8岁才上学，成绩优异。不幸的是，小学还没毕业，父亲因病去世。孤儿寡母，家里生活更加困难，

[①] 崔振春（1928—1948），北京大兴庞各庄乡人。1946年2月，加入中国共产党。1948年2月，在贾河村被捕，宁死不屈。同年3月，被国民党杀害。

他不得不辍学。

老师见他忠厚老实、手脚勤快，便找校长说情，让他留校做了勤杂工。他每天早来晚走，完成本职工作后，就抽空在教室外旁听，有不懂的地方在课间请教老师和学友。通过旁听，他学会了看报写字。

1937年7月7日，日本帝国主义发动卢沟桥事变，很快占领北平。日军在庞各庄常驻一个小队，他们横行霸道，无恶不作，经常到学校来捣乱，还进行奴化教育，强迫学校教日语，让学生唱日本歌曲。

崔振春恨透了日军。一个冬天的早上，他正打扫院子，一名日军喝得醉醺醺的，趔趔趄趄，正在追赶一个女学生，嘴里还喊着："花妞妞！花妞妞！"

崔振春见此情景，火冒三丈，尾随着追了上去，引导着女学生绕过厨房，躲了起来。日军进了伙房，问50多岁的郑师傅："花妞妞的，哪里？哪里？"郑师傅摇了摇头说："没看见。"那个日军劈头盖脸就打了郑师傅几个大嘴巴，气得崔振春两眼冒火星。

当时正是寒冬腊月，伙房前因泼水结了冰。崔振春守在门外边，等那个日军一出来，疾步上前，右脚猛一使绊，把他摔得鼻青脸肿，哇哇叫唤。

女学生得救了，但崔振春却闯了大祸。日军小队长找到学校，逼着学校交出崔振春。日本兵把他带到小队住处，一通毒打，打得崔振春遍体鳞伤，差点丢了性命。后来，经家里出保，人才被放出来了，学校却不敢再留，他被解雇了。

1945年日本投降后，八路军第75团进驻庞各庄，帮助镇里建立了民主政府。崔振春当了交通员，积极参加各项工作，成了镇长的得力助手。不久，由于工作出色，崔振春被提升为副镇长。18岁那年，他光荣地加入了中国共产党。

1946年5月，国民党反动派以一个师的兵力，在坦克、大炮的掩护下，进犯庞各庄。第75团和当地老百姓奋起迎击，终因寡不敌众，只得暂时撤退。崔振春等镇干部随军过了永定河，在沙西、长安城、南蔡、北蔡、窑上一带坚持活动。当时因斗争环境残酷，只能在夜间开展工作。

1948年2月9日，农历腊月三十晚上，崔振春等3人住在贾河村的"堡垒户"贾振清家里。第二天天还不亮，贾振清的儿媳妇起得早，刚到门口，发现村里来了很多敌人，赶紧通知崔振春，3人钻了他们家的秘密地洞。国民党兵折腾一天，到处搜查、破坏，但一直没发现地洞的洞口。这时天黑了，敌人集合队伍要走了，与崔振春一起钻洞的韩同志掀开洞口，往外探望。不巧，这一切被保长看见了，他立即报告了敌人。敌人赶来，挖开洞口，又是喊话，又用烟熏。他们点着柴火，撒上辣椒，再把浓呛的黑烟吹进洞里。地洞没有别的出口，3个人实在坚持不了，这才钻出来，准备与敌人拼死一搏，但出来一着风，都晕倒了。他们就这样被捕了。等他们清醒过来以后，敌人问："你们谁是共产党？"崔振春挺身而出："就老子一个，他俩不是！"

"愿投降的站过来！"敌人妄想分化他们。"要杀，要砍，随便；投降，共产党没那个章程！"崔振春斩钉截铁地回答。

同一天，由于叛徒告密，民主政府县县长李景森和区委书记张晋龄也在窑上村被捕了。国民党把李景森、张晋龄和崔振春3名"要犯"押到良乡，又用铁丝穿透3人锁骨，押送到北平城内的国民党第一监狱。

敌人用尽酷刑，妄想从他们口中获得北平地下党员名单。3人誓死不屈，敌人一看硬的不行，又指使国民党涿良宛县参议长崔木斋出面，借同族和师生关系，对崔振春劝降："你还年轻，家里只剩一个老妈了。你死了，她怎么过呀？"崔振春义正词严地回答："我和你既不是同族关系，也不是师生关系，而是革命和反革命的关系。如果你们还有点人性的话，那就放了我；如果想从我身上得到你们在战场上得不到的东西，那是打错了算盘。"敌人恼羞成怒，但又无计可施，便下了毒手。

1948年3月27日，敌人戒备森严，在鹅房村西永定河大堤上，将崔振春、李景森和张晋龄3人杀害。就义前,崔振春昂然挺立,他怒斥敌人:"你们的日子长不了了!"然后高呼:"中国共产党万岁!"那时他还不满20岁。

(曹　楠)

通州区

通州区革命史概述

通州区位于北京市辖区东南部，京杭大运河北端，是京东的交通要道、军事重地，首都北京的东大门。西邻朝阳区、大兴区，北与顺义区接壤，东隔潮白河与河北省三河市、大厂回族自治县、香河县相望，南和天津市武清区、河北省廊坊市安次区交界，面积906.28平方千米。

通州历史悠久，西汉初期设置，称路县，东汉改为潞县。金天德三年（1151）命名通州。1914年，更名为通县。1928年，通县归属河北省。1935年11月，汉奸殷汝耕在通县建立傀儡政权——"冀东防共自治委员会"，12月称"冀东防共自治政府"。1940年，中国共产党领导的抗日武装开辟解放区，通县地区分属不同的抗日联合县。1948年12月，通县全境解放。通县县城及关厢农村另置通州市（县级），归冀东十四专区管辖。中华人民共和国成立前夕，撤销解放区建制，设立河北省通县行政督察专员公署（简称"通县专区"），辖通县、通州市等14县（市）。1958年4月，撤销河北省通县专区，通县、通州市合并，划归北京市称通州区。1960年2月，撤销通州区，恢复县建制，称通县。1997年4月，撤销通县建制，设立北京市通州区。

潞河中学孕育红色火种。 五四运动后，马克思主义传播到通县。1920年4月，邓中夏领导的北京平民教育讲演团通县讲演组，在团总干事、通县讲演组书记杨钟健带领下，一行八人来到通县县城，宣传俄国十月革命。1923年年初，中共北京地下党组织在通县京兆师范学校附属小学，发展教师魏颂尧（魏恩铸）为中共党员。1926年8月，党组织派潞河中学进步学生宏庆隆（冯文堂、张子华）、申哲（朝鲜人）、李福祥等赴武汉工人运动讲习所学习。其间，宏庆隆被发展为党员。1927年2月，宏庆隆等学习期满，返回潞河中学，在进步学生中发展团员，筹建组织。不久，党组织发展潞河中学周文彬[①]、康景新（康健生）、张树棣、张珍（张学渊）为党员。1927年春，经中共北京地委批准，中共潞河中学支部成立，周文彬任书记。这个时期党的工作，主要是在学校中宣传马克思主义和俄国十月革命，贴标语、散传单、搞集会，抗议反动当局政策。

1928年2月，中共潞河中学支部改建为通县中心支部，有党员22人，领导着潞河中学、潞河医院、富育女中、美华学校、复兴庄等处的革命斗争。1929年年初，中共通县县委成立，辖南地、黄瓜园、新城、潞河中学4个支部，某电话工人、马国英（女）、姚艮（姚廷枢）、花仙洲（花步瀛）先后担任区委书记。同年，中共中央委员、驻顺直省委特派员刘少奇来通县巡视工作，了解党的组织和革命斗争情况。

此后，通县党组织的工作由学校深入到工厂、农村，并在工人、农民中发展党员。1934年春，中共北平党组织在白色恐怖下，连续遭到重大破坏，致使通县县委与上级党组织失去联系。但是，这段时间党的活动扩大了党在人民群众中的影响，为后来党组织的重建和发展，奠定了基础。

革命斗争重心向农村转移。在抗日战争时期，日本侵略者对通县进行了残酷的统治，致使中国共产党的活动更加困难。因此，只能由上级党组织派人或依托友邻县，在通县边缘村庄开展革命活动，建立抗日根据地。

1933年长城抗战失败后，根据《塘沽协定》，通县建立了日本帝国主义控制下的"蓟密专署"。1935年11月，汉奸殷汝耕在通县成立"冀东防共自治委员会"，并以通县为大本营，控制冀东20余个县的大片地区。这种情况下，斗争形势更加严峻，党的活动被迫停止。

---

① 周文彬（1908—1944），原名金成镐。1926年，加入中国共产党。1927年秋，任中共潞河中学支部书记。1936年，调任唐山市委书记。1943年，任冀热边区特委组织部部长。1944年10月16日，在河北丰润县杨家铺主持召开冀热边特委扩大会议，不幸被日伪军包围，为掩护同志们突围壮烈牺牲，年仅36岁。

1938年7月，在中国共产党的领导下，冀东抗日大暴动爆发。暴动失败后，到美国教会创办的潞河农村技术服务部避难的铁华等同志，于1939年春建立中共地下党支部。

1940年，中共冀东区党组织按照上级"农村包围城市，武装夺取政权"的指示，积极发动群众，组织武装力量，开展革命斗争。冀东部分抗日武装力量扩展到通县东部和东北部的一些村庄，并在部分村庄建立民主政权。1940年下半年，蓟（县）平（谷）密（云）联合县所属三河特区区长、武工队队长刘向道，率队到通县东北部的边缘地带、潮白河以东部分村庄开展斗争。

1940年至1941年，通县潮白河以东与通（县）唐（山）公路以北地区，先后隶属蓟（县）宝（坻）三（河）、平（谷）密（云）兴（隆）抗日联合县。1941年年底，通县潮白河以东与通唐公路以南地区隶属蓟宝三联合县四区。1943年夏，通县上述地区又隶属平（谷）三（河）蓟（县）抗日联合县。1944年7月，通县的东南部属三（河）通（县）香（河）联合县，东北部属三（河）通（县）顺（义）联合县，西北部属怀（柔）顺（义）联合县。其间，通县地区抗日根据地开展了减租减息和增资斗争，建立党的组织和区、村政权。

积极开展解放斗争。抗战胜利后，为适应形势需要，1945年10月开始，三通香联合县陆续撤销，各县单独建县。中共冀东区党委第14地委决定通县单独建制，组建中共通县委员会，成立通县民主政府，辖通唐公路以南地区。1946年1月，在通县西集召开成立大会，县委机关驻西集，下设基层党委和党支部。1946年9月，国民党军进犯，县委、县政府机关撤至平谷县山区，翌年1月返回通县。

根据中共中央指示，中共通县县委、县人民政府执行国共双方签订的《停战协定》，力争和平，并同不少国民党军据点订立互不侵犯协议。但是，国民党军根本不履行诺言，先后向通县的解放区发动27次进攻，并在通县南部地区截击开往东北的八路军，在马驹桥、双树、张家湾、牛堡屯、后榆林庄安上据点。1946年7月29日，驻天津美军海军陆战队140余人侵犯冀东解放区，制造闻名中外的"安平事件"。此后，国民党军向解放区发动全面进攻，反动武装乘机反扑，使通县大部分地区又被国民党控制。

1947年2月9日，中共通县县委、县政府及武装力量，配合冀东第14军分区部队，经过一夜激战，于10日晨攻克通县县城。同年10月，《中国土地法大纲》颁布后，中共通县县委在解放区领导进行平分土地运动，在游击区实行"武装土改"。后来，由于环境残酷，平分土地运动被迫停止。

1948年年底，东北解放大军入关。12月14日，通县全境解放。随即，中共通县县委组织人力、物力，支援平津战役和解放全中国的斗争。

在艰苦的革命战争年代，通州共产党人前仆后继，带领广大人民群众进行了艰苦卓绝的斗争，600多名共产党员和革命志士献出生命。红色遗存主要有中共潞河中学支部旧址、平津战役前线指挥部旧址、大沙务革命烈士纪念碑、马驹桥革命烈士陵园4处。

主要遗存及故事

1. 中共潞河中学支部旧址（北苑街道新华南路 135 号）

此处原为八境神学院，清同治七年（1868）由美国基督教公理会创办，光绪十九年（1893）改称潞河书院。光绪二十七年（1901）校园经过扩建后改为协和书院，1912年改称华北协和大学。1917年，学校大学部迁至北京城内与汇文大学合并为燕京大学，中学部仍留在通县原址，更名为私立潞河中学。1941年，日伪强行接管潞河中学。1943年，潞河中学在西安建校。1946年，迁回通县。

潞河中学是通州革命的摇篮，也是中共党组织在通州的发祥地。1927年春，经中共北京地委批准，中共潞河中学支部建立。这是通州第一个中共支部。此后，潞河中学支部积极开展学运、工运，参与领导冀热边区抗日斗争。解放战争时期，学校成立民主青年同盟、三民主义同志联合会等革命组织，培养出一批革命者。

1950年，河北省人民政府接管潞河中学，改名为河北省通县中学。1958年，通县划归北京市，学校也随之更名为北京通州一中。1987年，改称北京市通县潞河中学。1990年，潞河中学原教学楼被公布为北京市文物保护单位。

潞河中学谢氏楼（刘岳 摄）

主题故事 ▶

通州第一党支部

1928年7月初,潞河中学毕业式结束后,几个进步学生相约到周文彬家举行分别前的茶话会。突然,通县驻军冲进来,逮捕了周文彬和康景新等几名学生。被抓的几人在军营里,谁也没有承认自己的身份,并据理力争,一再质问那些士兵:"说我们是共产党,有什么凭据?你们占领通县不到一个月,怎么知道校内的情况?到底是谁诬告我们?"因抓不到把柄,抵不住周文彬等人的再三质问,又畏于潞河中学校长、教师和同学们的抗议,通县驻军不得不释放被捕学生。周文彬被释放时仍向驻军抗议:"无故捕人是侵犯人权,捏造罪名告密,应追查诬告罪。"

周文彬原名金成镐,1908年出生于朝鲜平安北道义州郡红南洞。1910年,日本侵占朝鲜后,他父亲金基昌因参加朝鲜独立运动而被捕,1914年逃亡中国,辗转落户通县复兴庄。不久全家迁来定居,并加入中国籍。周文彬从小受父亲影响,倾向革命。

1926年,周文彬的二哥金永镐来到潞河中学,先后介绍周文彬、张树棣加入中国共产党。在周文彬、宏庆隆、张树棣的影响下,很多同学成为党的积极分子。周文彬与北京大学地下党取得联系,并经北京地委批准,成立中共潞河中学支部,周文彬任书记。之后,张学渊、金祥镐(朝鲜人)、康景新先后入党,壮大了支部力量。

党支部在进步同学中组织马克思主义学习小组,引导他们学习社会主义基本理论,研讨"俄国革命与中国目前革命的关系""什么是社会主义""什么是共产主义"。由于内容新鲜丰富,深受同学们的欢迎,学习小组成员最多时达30多人。经过学习,他们逐步认识到,只有走俄国十月革命的道路,才能打倒帝国主义和封建主义。

周文彬的家是党支部活动的主要场所。党员经常在这里开会学习,商讨革命活动计划,布置支部任务,刻印传单,不久就遭到反动军警的抄家和长期监视。党支部冲破重重阻力，继续同国民党反动派进行斗争。1927年，五一劳动节前一天夜里，潞河中学校园里突然贴出许多标语和传单，"打倒反动军阀""劳工万岁""打倒帝国主义列强"……这一行动鼓舞了同学士气，震动了通县反动当局。

为牢牢掌握学生自治会领导权，党支部同预谋争夺领导权的国民党反动分子展开针锋相对的斗争。不久，周文彬、康景新等20多名学生被反动当局抓捕。因为抓不到他们是共产党员的真凭实据，3天后被全部释放，学生自治会的领导权仍被党支部所掌握。事后，周文彬在做总结时对几位同志说："反动派依靠枪杆子能随便抓人，我们也要有军队，才能保护自己，才能夺取政权，才能实现我们的理想。"他怀着无限向往的心情，压低了声音激动地说："现在南方各省都在闹红军，是毛泽东同志领导的，这就有了大希望啊！"

潞河中学党支部的活动范围越来越大，影响越来越深，后来发展到能与通县"男师""女师"共同进行革命活动。为适应革命需要，1928年2月中共通县中心支部成立。从此，共产党在通县的战斗力进一步提高，为以后发展壮大奠定了坚实基础。

（王　妍）

2. 大沙务革命烈士纪念碑（西集镇大沙务村）

大沙务村地处北京市通州区西集镇东南，北枕潮白河，东接河北省香河县，南邻京哈高速。在村北的树林中，耸立着庄严的烈士纪念碑，这是1971年11月大沙务人为纪念解放战争中牺牲在潮白河畔的6位烈士而修建的。

纪念碑由碑座和碑身组成，占地25平方米，碑高1.8米，为白色大理石材质。碑的正面是"革命烈士永垂不朽"8个红漆大字；背面镌刻的是烈士的生平与事迹。近年来，纪念碑的后面专门增设展板，详细介绍宣传烈士事迹。

大沙务革命烈士纪念碑（通州区史志办　提供）

主题故事 ▶

潮白河畔六烈士

　　1947年，中国的黑暗即将过去，曙光就要来临。按照上级指示，为把通县解放区的土改复查工作进行到底，中共通县县委派18名精明强干的武装工作队（简称武工队）队员秘密进驻大沙务村，保障这一带十几个村庄的复查工作顺利进行。

　　9月11日，武工队队员秘密进驻大沙务村。然而，敌人早就安排了耳目。国民党香河县保安第19总队立即集合一个营兵力，连夜进发，12日分两路摸进大沙务村，迅速包围了武工队驻地。报警枪响后，武工队队长于学义率领17名武工队队员突围。

　　保安队仗着人多势众，如一群恶狼凶猛地扑来，情况对武工队非常不利。于学义率领队员跃过一个半人高的土坎，又绕过一个碾棚向西突围。队员白永泉、贾德正、王大宝、刘森、周孟术、小杨为掩护其他同志转移，占据那个碾棚，用步枪和手榴弹阻击敌人。

保安队误以为武工队要与他们决战，便纷纷卧倒射击，准备围歼武工队。就在这间隙，武工队其他成员顺利转移，而碾棚前却依然鏖战。保安队中队长用枪逼迫部下冲锋，高声叫骂着："他奶奶的，给我往前冲，谁后退我就崩了他！"

情况非常危急，武工队6名同志料定很难突围了。趴在土坎下阻击敌人的刘森焦急地对身边挎有文件包的周孟术说："小周，你必须突围出去，因为你身上有这个。"说着用手使劲拽了拽周孟术身后的挎包，然后边向敌人射击，边环视四周寻找突围的机会。刘森是名老队员，机智沉着、勇敢善战，尽管形势危急，仍然镇静地射击着。

战斗激烈地进行。突然，一颗子弹打在石碾上，接着崩到白永泉肩头。白永泉一愣，知道自己负伤了。敌人越来越近了，武工队队员们听到敌中队长的叫喊："冲上去！抓活的！"白永泉强忍伤口的剧痛，端起大枪准确地击毙了这名中队长，敌群一阵骚乱。

趁着弹雨稀拉的刹那，刘森、王大宝、周孟术滚下土坡，向河套冲去。碾棚前的枪声、手榴弹声响成一片。不料白永泉、贾德正的子弹此时打光了。只听身负重伤的小杨喊了声："快撤！"说着率先抱枪滚出碾棚，跌到土坡下，身后留下了斑斑血迹。贾德正抱起仅有的一颗地雷要与敌人同归于尽。白永泉伸手将他抓住，接过地雷放在地上。他手紧抓住贾德正不放，眼紧盯着棚外的敌军。贾德正知道白永泉想等敌人进来再引爆地雷。敌兵冲进碾棚，两位武工队队员立刻按动地雷机关，但没料到是颗哑雷。

跑到潮白河边的刘森、王大宝，帮助周孟术用泥土装满挎包，再把它沉入河底。接着，3人向河对岸泅去。就在这时，追敌赶到了。一片枪声在河岸响起，河中溅起无数水花，一缕缕鲜血染红了潮白河水，3位战士壮烈牺牲了。敌人跳入水中，凶残地割下3位烈士的头，装入事先准备好的布袋里。

正当保安队返回时，突然一颗子弹从一片草丛中射出，一个敌人应声倒下，其他敌人吓得慌忙跳下堤坡。接着，第二声、第三声枪响了……敌人分两路匍匐向草丛摸去，然后向目标放枪。为了不被敌人俘虏，20多岁的小杨把最后的子弹射向了自己。

负伤的白永泉、贾德正被保安队押至香河县城北，宁死不屈。夜晚11点多钟，保安队把白永泉、贾德正两人活活烧死。

6位武工队队员英勇就义的消息，很快传遍附近村庄。29日夜里，协各庄的几十个青壮年不顾敌人的威胁，在村长带领下摸进大沙务村，找到了烈士遗体。后来又处决了两个告密的奸细，为烈士报了仇。

（王　妍）

3. 平津战役前线指挥部旧址（宋庄镇宋庄村中街）

旧址原为宋庄村王姓地主的宅院，是一座清末民初的百年建筑。此处建筑面南并列呈三合院院落，正房、厢房约30间，现存面积360多平方米。1949年1月12日，平津战役前线指挥部由天津蓟县迁驻此处。遵照中共中央指示，林彪、罗荣桓、聂荣臻等在此一面指挥天津战事，一面进行和平解放北平的谈判。

中华人民共和国成立后，此院为公社、乡、镇等机关所用，门窗与地面多次进行改建。1964年有关部门准备在此地修建平津战役纪念馆时，因被当地公社机关占用，于是就仿照此院的形制、规模、体量、装修等，在村东重新仿建一座三合院作为纪念馆。2001年，此处被公布为通州区文物保护单位。2014年开始整体修缮，2018年8月修缮完毕。

平津战役前线指挥部旧址（通州区史志办　提供）

主题故事 ▶

一切为了前线

平津战役是中国人民解放战争具有决定意义的三大战役的最后一役。它的胜利，使华北地区基本获得解放。尤其是和平解放北平，有力打击了国民党军士气，对加速整个解放战争进程具有重要意义。而指挥这场战役的前线司令部，一度设在通县宋庄。

1949年1月10日，中共中央决定成立由林彪、罗荣桓、聂荣臻组成的平津前线总前委。平津之敌被解放军分割包围，解放军云集通县，平津前线指挥部也于1949年1月12日由蓟县移驻通县宋庄。随军运来的粮草和军用物资，源源不断。修路、架桥、建粮仓、设草场等支前任务非常繁重。中共第14地委指示："要拿出倾家荡产的精神，全力支援平津战役。"根据地委指示，通县、通州市分别建立以中共通县县委书记李英明、通州市市委书记江卓为代表的战勤委员会，筹集粮草，动员战勤民工支前。还在宋庄、漷县、张家湾、通州市等地设立仓库和粮草供应站。通州地区支前的车辆民工人来车往，川流不息。农民、工人、商人宁肯自己不吃不用，也要出钱出粮支援解放军打下北平城。

通州市捐出粮食8万公斤，通县筹集粮食450万公斤，马草数十万公斤，动员战勤民工42万余人次，其中包括担架队、修路队、救护队、慰问团、拆洗组等。通县二区有60多名妇女自动组织起来参加支前队伍，林屯的潘广富老汉带领老伴、儿媳妇去给过路大军架桥修路，一区、三区组织担架营、抢护连，集体吃住，随时待命。

其间，市、县干部昼夜轮流值班，村村运送粮草，户户碾米磨面，都表示："宁肯自己麻烦千遍，不让解放军一事为难。"解放军路过，家家户户门前准备开水、鸡蛋、干粮，男女老幼一齐出动敲锣打鼓夹道欢迎。军队驻扎后，市、县领导机关和广大群众纷纷到部队慰问、联欢。春节期间，中共通州市委、中共通县县委组织了慰问团慰问解放军。全地区共出动40多个文艺宣传队，演出《慰问解放军》《军民鱼水情》《揭露国民党的和平阴谋》等丰富多彩的节目。解放军也组织拥政爱民活动。

1949年1月，在强大的军事压力和共产党政策感召下，傅作义终于下定决心与解放军谈判。1月31日，北平宣告和平解放，这座文化古都免遭战火得以完整地保存下来。

（王　妍）

顺义区

顺义区革命史概述

顺义区位于北京市辖区东北部，北邻怀柔区、密云区，东接平谷区，南与通州区、河北省三河市接壤，西南、西与朝阳区、昌平区隔温榆河相望，总面积1021平方千米。顺义人民在中国共产党的领导下，经历了与北洋军阀、日本侵略者和国民党反动派长期艰苦的斗争，终于迎来了新顺义的诞生，书写了顺义现代革命史辉煌的一页。

八百扁担，拉开顺义革命序幕。大革命时期，顺义就出现了中国共产党领导的革命运动。1925年，顺义县爆发800条扁担砸蛋捐局的农民运动。这是顺义第一次在党的领导下进行运动，掀开顺义革命斗争崭新的一页。反鸡蛋捐斗争胜利后，中共北方区委又在顺义成立农民协会，会员很快发展到上千人。县公署当局匆忙进行镇压，逮捕共产党在顺义的领导人和农协骨干，农协被迫解散。此后，斗争觉悟得到激发的顺义人民，又相继组织石匠工会和农民反对增租、反对青苗税等斗争。

土地革命战争时期，民族危机和阶级矛盾日益尖锐，顺义人民不断掀起反对民族压迫和阶级统治的斗争。1928年至1930年年初，顺义牛栏山中学（时为河北省立第十九中学）学生刘玉林，在党的领导下组织学生，把牛山街上坑害百姓的十几家盐店砸毁。

抗日反蒋，顺义人民屡挫屡反。1933年长城抗战开始后，"顺义各界慰劳抗日将士募捐委员会"成立，社会各界加入募捐的行列。各乡镇开展了抵制日货运动，县城举行学生游行。在抗战激烈阶段，县里还组织医疗队、担架队奔赴前线，冒着炮火抢救伤员。参加长城抗战的29军撤离前线在顺义休整时，顺义人民给予大力支持和热情欢迎。

1933年6月，顺义县东部驻马庄、柏树庄、沙岭、七连庄一带，在民国大学学生张瑞祥等人的组织下成立穷人会。至8月，穷人会组织遍及60余个村镇，会员发展到近千人，开展了一系列反蒋抗日、抗租抗捐活动，轰动京东地区。穷人会运动最后虽遭镇压失败，却锻炼了一批革命骨干。

1935年12月9日，日军侵占顺义县城。1936年，日军侵占顺义重镇杨各庄。此后，顺义全境便处于日本侵略者的践踏之下。但顺义人民不甘心当亡国奴，奋起抵抗。

奋勇抗战，顺义构筑人民堡垒。全民族抗战爆发后，日本侵略者制造一系列令人发指的惨案，顺义人民群起反抗。1938年夏，先后有2200多人参加冀东大暴动。出现以李作东为司令的"青年抗日救国军"，以郑子厚为司令的"抗日游击队"，以傅德山为队长的"晋察冀游击大队"和以李品三为队长的"抗日联军"等暴动队伍。以驻马庄为中心，先后拔除十几处敌据点，并成立驻马庄一区和张镇七区两个人民政府。暴动引起日伪当局极大恐慌，出动大批军队围攻，七区区长杨植宣及郑子厚、李作东等千余人牺牲。冀东大暴动受挫后，留下第3支队坚守在平谷、密云和顺义东部地区继续游击抗日。

从1939年夏至1941年春，第3支队在群众的帮助下，先后消灭和收编袁兆东、吕庆昌、郑九如等大大小小十几股土匪和地方武装势力，成立顺义县第1游击大队、第2游击大队。尽管其间有反复，但肃清了土匪武装，为开辟抗日根据地扫清了障碍。

1941年3月，顺义河东地区成立平密兴联合县第四区。在第四区的基础上，经过粉碎敌人的5次"治安强化"运动，粉碎日伪军"扫荡"，抗日根据地不断巩固扩大。

1943年，冀东西部中心根据地开始恢复基本区工作，反对日伪军"蚕食"。顺义人民和民兵配合八路军，取得薛庄战斗、沙子营战斗、别庄战斗等多次胜利。

进入1945年，顺义人民在党的领导下，反击日本侵略者和伪军，抗战捷报频传。8月21日，在大反攻中，县支队协助八路军第16团拔掉南彩日伪据点，在三通顺支队的配合下，第16团又向顺义县城发起进攻，迫使日军仓皇撤离县城，结束了日伪对顺义长达12年的残酷统治。

反蒋自卫，顺义迎来革命胜利。抗战胜利后，1945年9月，顺义国民党政府成立，并建立多个据点，对解放区形成四面包围，不断"蚕食"解放区。12月22日，冀东第14分区警备团对盘踞在俸伯的国民党军发起猛攻，歼敌191人，缴获大批武器弹药，有力地打击了国民党反动派的嚣张气焰。

1946年全面内战爆发后，国民党当局侵占东部顺义县的172个村庄和西部顺义县的近200个村庄，并于9月纠集13万兵力"扫荡"冀东解放区。

经过一年的反蒋自卫战争，战局发生巨大变化，后方日益巩固。顺义人民在胜利形势的鼓舞下，斗争情绪更加高昂，掀起参军热潮。各种适应战略反攻的支前、参战组织相继成立，配合正规与地方部队对盘踞在全县境内的敌据点进行猛烈进攻。到1948年下半年，除县城和牛栏山等少数据点，顺义大部分地区已经成为解放区。

1948年2月，焦庄户民兵依托地道奋勇抗敌，歼敌50多人，创造了敌我伤亡14∶1的光辉战例，使"人民第一堡垒"的红旗更加鲜艳。9月，顺义县解放区军民配合主力部队，迅速解放牛栏山一带村庄。7日晚，顺义县城守敌连夜逃往北平。8日，东部顺义县县长岳林和城厢区区长王乃三等组成军管会，进行清匪反霸，建立革命新秩序等工作。20日，东部顺义县领导机关迁入县城办公。至此，顺义县全境解放。

1949年4月，顺义县西部昌顺联合县撤销，其中第五、六、八和九区11个村庄以及怀柔县的18个村庄，划归顺义县，基本上形成现在的区划范围。此后，顺义县人民在党的领导下，参军参战，支前南下，为解放全国做出了新的贡献。

顺义区目前保存有3处重要红色遗存，分别是焦庄户地道战遗址纪念馆（全国爱国主义教育基地）、顺义区潮白烈士陵园（北京市爱国主义教育基地）和庞山惨案纪念碑。这些红色遗存见证了顺义人民在党的领导下艰苦奋斗、不屈不挠、勇往直前的革命精神，是宝贵的红色文化遗产。

主要遗存及故事

1. 顺义区潮白烈士陵园（潮白河大桥东侧）

陵园始建于1963年，时称顺义县革命烈士墓地。该墓地安葬着从全县各地迁来的30多位烈士遗骨。1986年，更名为顺义县潮白烈士陵园，并得以重新规划。1988年年初，修建革命烈士纪念碑，于清明节前建成。

革命烈士纪念碑耸立于墓群中间，高6.16米，宽1.64米；大理石碑心，墨色边框，上为云花园顶，雕有五星；碑阳是李运昌题写的"革命烈士永垂不朽"8个大字；碑阴题写"在历次革命战争中为争取民族独立和人民解放而牺牲的烈士英名常在，与日同辉"。

陵园共安葬烈士79位。其中，土地革命战争时期烈士1名（与李大钊一起就义的李昆），抗日战争时期烈士8名，解放战争时期烈士48名，中华人民共和国成立后烈士22名（含抗美援朝）。2008年，顺义区潮白烈士陵园被公布为北京市爱国主义教育基地。

革命烈士纪念碑（宋传信　摄）

主题故事▶

顺义第一位共产党员——李昆

2016年9月30日,顺义区潮白烈士陵园内正在举行一场庄严肃穆的烈士公祭活动。几位白发苍苍的老人站在公祭队伍最前方,在工作人员的搀扶下,他们依次为烈士们献上鲜花。这些人中,一位叫李德安的老人向顺义党史展馆、革命史展馆和双拥史展馆捐出了收藏已久的珍贵照片和手札笔记,也因此牵出一段尘封90多年的往事。

李德安是李昆的外孙。李昆是何许人也?他是顺义第一位中国共产党员,1927年4月28日与李大钊一起就义,成为顺义为党的事业牺牲最早的烈士。

李昆生于清光绪十二年(1886),顺义北门外北兴村人,后随父亲迁至向阳村,其父以剃头为生,生活困苦。李昆十三四岁时到怀柔一家杂货铺学徒,不到两年又到北京城里灯市口升昌铁工厂做工。升昌铁工厂是一家外国人开的工厂,修理汽车,安装水暖设备。工人常年有一二百人。这在当时的北京城算是一家较大的工厂了。北京共产党小组建立后,曾派人到升昌铁工厂的工人中开展工作。

1925年前后,北京工人运动复兴,尤其是五卅运动中北京工人成为反帝爱国运动的一支重要力量。在当时北京人民举行的历次波澜壮阔的反帝爱国示威游行中,升昌铁工厂的工人都是一支基干队伍。该厂不少工人担任游行的纠察队队员,一些先进工人加入中国共产党。而李昆就是其中之一。

入党后,李昆更积极投身到工人运动中。他一边在升昌铁工厂做工,一边参加党领导的北京总工会工作。经常是白天在工厂干活,晚上到朝阳门内南水关33号开展工人运动。南水关33号表面上是一处民房,实际上是北京总工会的一个半秘密活动据点。院里的几间房内备有进步书报和文娱用品,工人可以在这里看书、下棋、听讲演、学习革命知识、讨论工人运动。少数失业工人也可以暂时在这里吃住。

1925年夏，宾舒地毯厂的老板为了榨取工人更多的血汗，不仅强迫工人加班加点，还把工人的伙食由白面馒头改为玉米面窝头。李昆抓住这一事件，发动工人和厂方斗争，最终迫使厂方答应了工人的条件，将窝头改回了馒头。通过斗争，李昆在仁立地毯厂、宾舒地毯厂发展了一批工运骨干分子。有的后来还跟随他一起，为避居在东交民巷苏联大使馆内的中共北方区委机关服务。

同年春天，李大钊派陈为人、李怀才等组织和发动了威震京东的"大闹鸡蛋捐"农民运动。李昆赶回家乡，配合陈为人等宣传革命，发动和组织群众。同时，联络昌平、怀柔、密云、平谷、通县、三河等地的蛋贩，团结起来，共同斗争。11月6日是顺义县城的大集，蛋贩500余人扛着扁担到县城游行示威，沿途群众闻讯参加，使队伍增加到800人。他们砸了蛋捐局，痛打局长曹福田，强迫县知事秦辅三贴出免税布告。之后，又在党的领导下，组织起农民协会，参加的有3000多人。到12月18日夜，县府得到密报，悄悄地派军警镇压。北京来的共产党员多数被捕，李昆被押进大牢。后经过党组织营救，被无罪释放。这是党领导的顺义最早的一次农民运动。

1926年三一八惨案发生后，白色恐怖笼罩北京，以李大钊为首的中共北方区委已避入东交民巷苏联大使馆西院。李昆等十几名工人党员、团员奉调到中共北方区委机关内做服务人员。李昆担任了工人支部的书记。在此期间，他还与仁立地毯厂的工人保持联系，了解情况，及时向党组织反映。

1927年4月6日，奉系军阀张作霖在帝国主义的支持下，武力破坏了中共北方区委机关，从东交民巷苏联大使馆西院内将李大钊等60余人逮捕，李昆也在其内。4月28日，李昆和李大钊等20名同志一起，英勇就义。李昆为革命不顾家，长年为革命工作奔波。他唯一的女儿李国英只记得7岁那年在奶奶的葬礼上见过他一面。李昆为无产阶级和中国人民的革命事业，献出了自己的一切。

（宋传信）

2. 北京焦庄户地道战遗址纪念馆（龙湾屯镇焦庄户村）

1939年秋，在中国共产党领导下，焦庄户村组建了青救会、妇救会、民兵自卫队等群众组织。村民在实战中不断改造、扩展、完善地道。到1946年，全村地道已达10余千米，和邻村地道相连，形成能打能防的地道网。在抗日战争和解放战争时期，焦庄户村民利用地道同敌人进行英勇斗争。由于战功卓著，1947年10月，焦庄户被东部顺义县政府授予"人民第一堡垒"的称号。

为缅怀革命先烈，对人民进行革命传统教育，1964年秋，焦庄户民兵斗争史陈列室建立。1979年，被公布为北京市文物保护单位，并改名为北京焦庄户地道战遗址纪念馆。1993年，被公布为北京市爱国主义教育基地。2001年6月，被公布为全国爱国主义教育示范基地。2005年8月，扩建后的新馆正式对外开放，占地面积4.7万平方米，分展馆、地道和抗战民居3个参观区。其中，展馆分"冀东抗战燃烽火""人民战争建奇功""今日顺义更美好"3个部分。

焦庄户地道战遗址（刘岳　摄）

主题故事▶

抗日老村长

  提起电影《地道战》中的大钟、老槐树、高老忠、地道网……很多人都很熟悉，也让很多人对河北冉庄的地道战心驰神往。其实，在距京城60千米的顺义焦庄户就上演过惊心动魄的地道战，也有一位叫马福[①]的老村长像高老忠一样勇猛。

  焦庄户是冀东与平北的连接点，战略地位重要。1938年，日军为严防八路军、游击队在这一带的活动，在村外1000米的龙湾屯村修了炮楼，设立了据点。日伪军烧杀掠夺，闹得"无村不戴孝，遍地是哭声"，原本800多人的焦庄户只剩下不足200人。

  1939年夏，八路军第4纵队第3支队几名指战员来到焦庄户，宣传抗日救国，组织青救会、妇救会、民兵自卫队、儿童团等。40多岁的村民马福秘密入党，成为村里第一名共产党员。

  随着冀东抗日根据地的建立和发展，焦庄户成为解放区的"老四区"。马福发动群众，夺取武器，成立民兵队伍，消灭村里的伪政权。1942年4月，村党支部秘密建立，马福任支部书记。次年4月，村政权公开，马福又当选为村长，化名"老统一"。他和民兵中队长马文藻带人蹲守，用地雷炸翻日军的1辆汽车，缴获1部电台和500多发子弹。冬天，又冒着大雪，砍了40多根电线杆。日伪军视马福为眼中钉、肉中刺，高价悬赏缉拿。

  马福本想跑到村后的歪坨山躲一躲，但村里抗日工作离不开人。没办法，他就在村外马家坟地造了个假坟，让人放出风去：马福死了。几天后，日伪军进村缉拿马福。乡亲们说："马福最近暴病死了，

---

  ① 马福（1895—1979），北京顺义焦庄户人，人称"老统一"。1939年，加入中国共产党，1942年，任村党支部书记，1943年，被选为村长。在抗日战争和解放战争中，他打击日本侵略者、国民党反动势力，成为平郊地道战带头人。中华人民共和国成立后，他坚持带头搞生产，成为顺义建设排头兵。1979年病逝。

不信到他坟上看看。"半信半疑的日伪军把马福母亲打了一顿，还恶狠狠地留下话："捉到马福上秤称，有一斤分量给一斤钞票。"

这一难过去了，下一难更危险。和中国北方的许多农村一样，焦庄户家家都有白薯窖。有一次，日伪军来了，马福来不及向村外撤，就机警地跳进白薯窖，顺手用两捆山柴盖住了窖口。人下去了，心里特别不踏实，一旦被发现，只能束手就擒，所幸日伪军没发现。

这次逃生经历让马福想起早年在关外打工时的一件事：东家在屋子里挖了条暗道，直通房后的大沟，顺沟就能跑到山脚下。对呀！把各家的白薯窖用地道连起来，通到村外，就不会被日伪军堵住了。

马福找来村里的抗日骨干，大伙一合计都觉得这法儿好，毕竟老"跑反"①不是长久之计。说干就干，边找人设计，边发动群众。不久，一场开挖地道的人民战争打响了。冬去春来，焦庄户的地道挖通了。

1944年4月，日伪军又来"扫荡"，村里民兵利用地道打得敌人大败而逃。不久，汉奸又带着日伪军进村。全村人闻讯下了地道，从村外的出口冲出包围圈，让敌人扑了个空。就在乡亲们兴高采烈地夸地道好的时候，细心的马福提出了问题：如果日伪军找到洞口，用烟熏，用水灌可咋办？

巧了，三通顺联合县武装部部长杨崇德带人推广冀中地道战的经验，县教育科长徐进到焦庄户蹲点指导。马福知道徐科长是个文化人，点子多，就请他给出主意。徐进根据保定冉庄的经验，借助汉字"凹"字，讲解了地道设计以及利用翻板防水、防烟、防毒气的原理。好法子！全村老小齐上阵，开始改造地道。

按区委要求，又和南边唐洞村、北边大北坞村的地道连接起来，形成三村相通的地下长城。经过改造的焦庄户地道，能藏、能走、能防、能打，成了"四能地道"。"地道好，地道妙，打了敌人钻地道。明里打，暗里挑，消灭敌人最可靠。日伪军气得干瞪眼，抗日军民哈

---

① "跑反"是指为躲避兵乱或匪患而逃往别处。

哈笑。"这首《焦庄户民兵地道歌》就是真实的写照。

　　上级决定端掉龙湾屯的日伪炮楼。马福和民兵中队2分队队长焦俊芳率领民兵把地道挖到离炮楼不远的地方，同时利用内线，里应外合，打下这个炮楼，俘虏40多人，缴获大枪37支。

　　焦庄户成了冀东抗日根据地安全可靠的堡垒。冀热辽第14军分区卫生处第二所搬到这里，附近的伤病员也到这里来疗养，村里经常住着几十个伤员。一有敌情，大伙就把伤员抬进地道。焦庄户被顺义县授予"人民第一堡垒"称号。抗日老村长马福的大名也传遍冀东大地。

（宋传信）

昌平区

昌平区革命史概述

昌平区位于北京市辖区西北部，东临顺义区，南与朝阳区、海淀区毗邻，北与延庆、怀柔两区相连，西与门头沟区和河北省怀来县接壤，总面积1352平方千米。1913年，昌平属京兆地方，1928年划归河北省。1948年12月解放时称昌顺县，属察哈尔省南口专区。1949年4月，改称昌平县，7月属河北省通县专区；1956年1月，划归北京市管辖，2月改称为昌平区。此后，复改县，再改区，但区划不变。

昌平是北京党组织活动较早的地区。20世纪20年代，南口地区点燃了革命斗争的星火。1920年，北京的共产党早期组织成立后，李大钊号召知识分子"到劳工中去"，随即邓中夏、张国焘、罗章龙、张太雷、高君宇、何孟雄、缪伯英等中共最早的一批党员，相继来到南口大厂等产业工人聚集地，开展调查研究，向工人及其家属宣传马克思主义，组织工人运动。

1921年党的一大后，中国劳动组合书记部北方分部在北京成立，北方工人运动由此得到加强和发展。李大钊派何孟雄到京绥铁路开展工作。同年12月20日至26日，何孟雄来到昌平南口地区调查工人运动和生活情况，在南口机务段"精业研究所"对南口工人进行演讲。回京后，在《工人周刊》分两期发表《京绥路六日游记》，文中号召工人："胜利之母在联合。"

此后，何孟雄多次来到南口。在他的积极推动下，从1922年夏至1925年年底，南口工人运动蓬勃发展。其间，成立南口工业研究所（工会）、车务工人同人会等组织，成功驱逐南口大厂流氓监工毛有德、克扣工人工资的厂长侯景飞、工贼高继福等人，有力声援了开滦罢工等活动。这些都为南口地方党组织的建立做了思想上和组织上的准备。这一时期，中共党员杨诗田，牺牲在工运斗争的第一线，为昌平籍第一位革命烈士。

1925年10月，南口党员发展到7人。11月，昌平地区第一个党组织——中共南口特别支部建立，下设3个党小组，纪廷梓任南口特支书记。同时，南口特支出台《南口第一次报告（十一月份）》。报告中第一次提出宣传群众、发动群众的工作目标，为此创办了机关刊物《南口工人》。到1926年1月，南口特支已有党员40余名，下属7个党支部。经中共中央北方区委批准，成立中共南口地方执行委员会，带领工人同反动势力开展斗争。

1927年四一二反革命政变后，南口地区党团组织遭到严重破坏。同年10月，中共顺直省委制订《北方暴动计划》，提出在京、津、唐及三特区、南口等"顺直区域"发起大暴动。因叛徒出卖，中央政治局委员、北方局书记王荷波等数十名党员被捕牺牲，南口工会成员王文忠、路景和、董建忠等同时被害，昌平地区党的工作一度中断。

1929年12月，中共北平临时市委下设南口、长辛店两个直属区委，昌平地区党的工作逐渐恢复。到1933年10月8日，中共河北省委给中央的信中报告："北京市委除了领导全市工作外，最近又开辟了宛平、昌平和通州等县的工作。"至此，昌平革命走出低谷并取得新的发展。

随着昌平地方党组织和革命斗争的恢复，昌平学生运动也拉开序幕。1929年，昌平县立乡村师范学校建立，这是昌平第一所培养小学师资的专业学校，也是当时昌平县的最高学府。

1933年长城抗战失败后，国民党当局与日本签订《塘沽协定》，华北门户洞开，昌平以东地区沦为非武装区。同年，昌平霍营村人、中共党员张世辉从北平师范学校毕业后，受聘于昌平乡师任教。他利用教师身份，编写革命讲义《史的由来》，传播红色思想，组织师生开展"反克扣"、抵制"甄别考试"等活动。昌平乡师学生张万清、康纪元、刘北海、马福生、雷振普等，接受启蒙思想，投身革命工作，成为共产党员。

面对日本侵略者的步步进逼，在中国共产党的推动和影响下，冯玉祥等爱国将领建立察哈尔民众抗日同盟军。1933年9月，吉鸿昌与方振武率所部1万余人，打出"抗日反蒋"旗帜，挥师南下，转战于昌平地区。

1935年11月,汉奸殷汝耕在通县成立"冀东防共自治委员会"(后改为"冀东防共自治政府"),昌平等22县在政治、经济上实际脱离南京政府,沦为丧失主权区。

昌平是平郊敌后抗战的重要战场。1937年卢沟桥事变后不久,在昌平西部山区诞生国民抗日军(也称"红蓝箍"),这是中国共产党领导的平郊第一支抗日武装队伍。他们转战平西地区,点燃平郊民众抗日斗争的烽火。平津失陷后,日军主力沿京绥铁路开始向西北地区进攻,企图夺取北平通往西北地区的门户南口。中日双方军队在南口长城沿线激战半个多月。南口会战打乱了日本的战略计划,迟滞了日军西进南下的步伐。中共中央机关刊物《解放》周刊在《南口的失守》一文中指出:"这一页光荣的战史,将永远与长城各口抗战、淞沪两次战役鼎足而三,长久活在每一个中华儿女的心中。"

此后,昌平地区(以京绥铁路为界)分属平西、平北抗日根据地。1938年至1940年年初,八路军第4纵队、冀热察挺进军先后进入包括昌平在内的广大山区,相继开辟平西、平北抗日根据地。这一时期,昌平地区先后建立昌(平)宛(平)、昌(平)宛(平)房(山)、昌(平)宛(平)怀(柔)、昌(平)延(庆)、滦(平)昌(平)怀(柔)、昌(平)滦(平)密(云)、滦(平)昌(平)怀(柔)顺(义)等县级政权组织。

从1940年5月开始,日伪军对平北和昌延根据地进行了多次大规模"扫荡"。在中共平北地委和县委领导下,根据地军民巧袭景陵据点,消灭昭陵援敌,对日军开展"围困战""麻雀战""地雷战",粉碎日伪军的"扫荡"和"蚕食",并积极发展生产,支援前线。

随着根据地建设和对敌斗争的发展,昌平一些农村建立了党组织,农村党员队伍不断壮大。1940年夏,昌平地区第一个农村党支部——中共庆陵村党支部诞生,郝福田任支部书记。至1941年年底,昌平西部、北部山区老峪沟、狼儿峪、韩台、菩萨鹿、太平庄、木厂等村均建立党支部。1944年年底,昌延联合县建制撤销。1945年1

月，中共昌平县委和县政府成立，继续领导昌平人民同日本侵略者进行斗争。

昌平是平津战役的前沿地区。抗战胜利后，国民党迅速在北平重新建立军事、政治、行政统治机构，占领昌平、南口和沙河等重镇，并在沿途村庄修碉筑堡，进行"劫收"，加紧内战部署。1946年1月至5月期间，昌平国民党军违背解散南口伪军的协议，强迫群众修建碉堡，进犯昌平地区的百善、沙河、阳坊、南口、十三陵等地，并制造漆园、狼儿峪、燕子口、泰陵等多起惨案。

全面内战爆发后，昌平人民在中国共产党领导下，积极投入到人民解放战争中去，纷纷参军，很多村子出现"父送子""妻送夫""兄弟相争"的动人场面。著名的"人民堡垒村"桃林，一次就有70多人应征入伍、奔赴战场。

为巩固发展解放区，加强对敌斗争，1947年12月，昌平、顺义（西）县合并为昌顺联合县。1948年1月至6月，昌顺联合县各区武装组织对敌作战108次，毙敌297名、伤敌302名，炸敌桥梁两座、割电话线7000米、破坏公路98处，摧垮敌乡保组织54个。到1948年年底，除铁路、公路沿线城镇和附近村庄被国民党势力统治外，其他广大地区已成为昌宛县和昌顺县的解放区。

1948年12月11日，毛泽东致电林彪、罗荣桓、刘亚楼，"同意以程黄两纵及五纵包围南口、昌平之敌"。人民解放军由八达岭向居庸关快速挺进。东北野战军独立第26团以迅雷不及掩耳之势，前往堵击西峰山之国民党第104军。12月10日晚，第26团先头部队在西峰山西山梁与敌交火。最终，东北野战军第4纵队、第11纵队在高崖口地区全歼国民党第104军。12月12日，东北野战军5纵1部将国民党保警总队约400人歼灭于沙河镇西沙屯村。这是在昌平县境内歼灭国民党军的最后一仗。当日下午，解放军部分指战员进入昌平县城。同日，南口、沙河解放。至此，昌平全境解放。

12月13日，中共昌顺县县委书记罗拉、县长崔照华带领机关工作人员，从解放区桃林村（今属昌平兴寿镇）移驻昌平城，立即投入到安定社会秩序、开展新区土改、支援平津战役等斗争中去。

昌平红色遗存丰富。从分布来看，点多面广，多分布于昌平西北部山区。从地位来看，昌平是产生北京近代第一批产业工人、发起党的先期组织活动、开展工人运动最早的区县之一。目前，全区有红色遗存10处、相关遗存2处。

主要遗存及故事

1. 昌平烈士陵园（流村镇西峰山村水台路）

2013年10月，在原西峰山村烈士陵园的基础上，昌平区全区零散烈士墓570余座全部迁入西峰山烈士陵园，陵园改扩建后为昌平烈士陵园，占地面积1.53万平方米，规模宏大，庄严肃穆。

改扩建后的昌平烈士陵园由昌平革命历史纪念馆、纪念广场（含纪念碑、英烈墙）、烈士园区组成，陈列昌平革命史史料及烈士事迹，主要安葬抗日战争、解放战争、抗美援朝时期牺牲的英烈，包括昌平籍和在昌平牺牲的外省籍烈士。烈士园区内还建有两座纪念亭，分别为纪念在二七大罢工运动中牺牲的杨诗田烈士、在解放战争中牺牲的周德纯烈士。

昌平烈士陵园（昌平区委党史办 提供）

其中，纪念馆展厅分"京华古城燃星火""矢志不渝抗敌寇""红旗漫舞翻新历"等展览板块，陈列设置有320余张历史图片、复原场景、实物遗存、历史绘画、电子沙盘、多维影像等。

主题故事 ▶

昌平第一位革命烈士——杨诗田

杨诗田，北京昌平介山村人，清光绪九年（1883）出生于一个农民家庭。在二七大罢工中壮烈牺牲，是昌平近代史上的第一位革命烈士。

为生活所迫，光绪二十八年（1902）杨诗田到北京城内当学徒谋生活。1916年，经人引荐，他开始在长辛店机车厂做工。五四运动爆发后，长辛店留法班、艺员养成所、车务见习所的学生将革命的火种带回长辛店。当时，杨诗田与最早接受革命思想的工人阶级代表史文彬在同一个班里干活。史文彬向工人们宣传进步思想时，杨诗田总是聚精会神地听，细心领会，逐渐提高了思想觉悟，开始走上革命道路。

1920年10月，北京共产党小组成立后，重视开展工人工作，在工人集中的长辛店开办劳动补习学校。杨诗田积极参加，并利用自己在工人中的影响，向工友们宣传学习文化知识的好处，鼓励工友们到长辛店劳动补习学校上学。

在中共北京早期组织的领导下，1921年5月，京汉路长辛店铁路工会成立。史文彬、杨诗田等工人运动积极分子第一批报名参加。随着加入人数增多，很多工头也加入其中，工会变得不纯洁了。中国劳动组合书记部决定整顿、纯洁工会组织，将之改名为工人俱乐部。史文彬等人被选为工人俱乐部委员，杨诗田被合龙科的工会会员们推选为科干事。

1923年2月1日，京汉铁路总工会在郑州召开成立大会，全路代表云集郑州。反动军阀吴佩孚得知后,疯狂地破坏和镇压。总工会召开紧急会议,决定举行全线总罢工。2月4日,长辛店铁路工人遵照总工会命令,按时举行大罢工。

2月6日晚,反动军警逮捕长辛店工人俱乐部的12名工会骨干分子,长辛店罢工陷入困境。7日上午,中国劳动组合书记部副主任罗章龙到后,决定由葛树贵和工会干部杨诗田带领工人到京汉铁路长辛店警务局(火神庙内)去要人。

工人们高举"要求释放被捕工友""还我们的工友,还我们的自由"等大幅标语,集合3000多人,一路高呼口号向火神庙进发,把火神庙围了个水泄不通。工人们先派韩连金持文向前问话,随后派孙呈武、刘彬进去同军警交涉。过了会儿,刘彬被推了出来,孙呈武又被扣押了。工人们万分气愤,齐声高呼"还我们委员!""再不放人我们就冲进去了!"

这时,反动军警向工人队伍开枪。工人们高喊"敌人向我们开枪,我们去夺枪",葛树贵举起大锤把儿,向庙门口冲去,杨诗田打着大旗紧跟其后,带领工人纠察队往上冲。就在杨诗田冲向军警时,一颗子弹打中了他的胸部。杨诗田当场牺牲。那一年,他39岁。

(陈　亮)

2. 昌平县立乡村师范学校旧址(政府街邮政局院内)

此地原为昌平县城隍庙,始建于明景泰年间,明嘉靖以及清顺治、乾隆等朝曾对其重修。院内现存乾隆七年(1742)《重修城隍庙并置田栽树记》石碑。城隍庙原有山门、前殿、后殿及其东、西配房,20世纪80年代山门及前殿被拆除,仅存后殿,曾用作昌平区邮政局职工食堂。2003年,被公布为区级文物保护单位。2014年,在原址重建后殿及东配房。

1929年,昌平县立乡村师范学校的成立,为昌平革命的发展提供了新阵地。它是昌平第一所培养小学师资的专业学校，也是当时昌平县的最高学府。1933年，昌平霍营村人、中共党员张世辉从北平师范学校毕业后，受聘于昌平县立乡村师范学校任教。他利用教师身份，开展革命活动。昌平县立乡村师范学校学生张万清、康纪元、刘北海、马福生、雷振普等，就是从这里开始接受启蒙思想，投身革命工作的。它是昌平早期共产党员的孕育地和活动地之一。

昌平县立乡村师范学校旧址（昌平区委党史办 提供）

主题故事 ▶

昌师巧抵日伪考试

20世纪20年代末，昌平县一批青年学生进入北平师范学校读书，他们中的一些人接触到共产党人和革命思想，分别加入中国共产党和其他革命组织。毕业后，很多人在昌平学生和小学教员中传播进步思想，宣传抗日救国主张，开展学生运动，并发展了一批共产党员。

九一八事变后，日本通过《塘沽协定》《秦土协定》《何梅协定》等，攫取包括平津在内的河北、察哈尔省大部分主权，昌平日益沦为日军侵略华北的进占地带。1935年11月，日军在通县成立"冀东防共自治委员会"，包括昌平在内的22个县成为沦陷区。

1933年，中共地下党员、北平师范学校毕业的昌平人张世辉，受聘到昌平县立乡村师范学校任教，教授语文、历史、地理、儿童心理学和教育学等课程。张世辉编写的《史的由来》，用马克思主义历史观阐述社会历史的发展，在乡师学生中和昌平知识界流传颇广，影响很大。

同时，他还利用自己的教师身份，在昌平小学教师和昌平县立乡村师范学校的学生中秘密传阅党内刊物《红旗》，积极宣传抗日救亡。1936年，昌平县伪政府对全县小学教师进行"甄别考试"，昌平县立乡村师范学校毕业生也不能例外（按规定该校毕业生是不需要参加这种考试的）。日伪政府本意是借这次机会，把该校毕业生中所谓的"不良分子"（即接受进步思想、宣传抗日救国的学生）从教师中清洗出去，为伪政权强化奴化宣传、开展奴化教育做准备。

党组织得知这一情况后，决定立即采取相应措施，抵制这次考试。首先，由昌平县立乡村师范学校进步教师马福生等人带头，写呈文告昌平县伪政府教育科，说他们违反了规定。呈文写好后，暗中到全县各个学校去串联，找昌平县立乡村师范学校毕业生签名盖章，并随时宣传鼓动。同时号召大家共同行动起来，不参加这次"甄别考试"。"征集"签名工作完成后，马福生等将呈文送到昌平县伪政府的上一级组织——通县伪冀东防共自治政府教育厅。回来后，马福生等人立即组织昌平的小学教师开展罢考工作。

据后来统计，绝大部分昌平县立乡村师范学校毕业生都未参加日伪政府组织的这次考试。日伪当局的图谋落空，罢考斗争取得胜利。马福生等人则因带头罢考，被昌平县伪政府取消教师资格。但学生并没有被吓倒，全面抗日战争时期，他们很多人继续从事地下抗日工作，为党工作。有的以"书倌"（串学校、卖学生用品）为掩护搜集情报，传递消息；有的以小学教员为掩护，建立地下交通线，护送过往人员。

（陈 亮）

3. 国民抗日军起义地遗址（流村镇白羊城村）

白羊城村是一座有百余人的小山村。国民抗日军是北平郊区成立的第一支人民抗日武装队伍，由东北抗日义勇军成员、流亡学生和农民组成，成员佩戴上红下蓝的袖标（又称"红蓝箍"）。

1937年，流亡在北平的东北抗日义勇军成员赵侗、高鹏、纪亭榭等人受一二·九运动和西安事变的影响，秘密筹划组织队伍，在平北地区开展抗日武装斗争。他们动员昌平白羊城村民团团总汤万宁等人共同抗日，于7月22日在白羊城村关帝庙前举行武装起义，宣布成立国民抗日军。国民抗日军的成立及其在北平郊区的抗日斗

国民抗日军起义地遗址（昌平区委党史办 提供）

争影响深远。

2013年,国民抗日军起义地被命名为北京市爱国主义教育纪念地并立碑。

主题故事 ▶

神秘的"红蓝箍"

七七卢沟桥事变后,北平郊区活跃着一支民间抗日队伍。他们佩戴上红下蓝的袖标,上面的红色表示战斗,下面的蓝色表示祖国河山,寓意是用战斗打败日本侵略者,收复祖国的大好河山。老百姓亲切地称之为"红蓝箍"。

1933年5月31日,国民政府与日本签订《塘沽协定》,日方要求"中国军队一律迅速撤退至延庆、昌平、高丽营、顺义、通县、香河、宝坻、林亭口、宁河、芦台所连之线以西、以南地区"。1935年11月25日,大汉奸殷汝耕在通县成立"冀东防共自治委员会",昌平和北平以东21个县被划归其管辖范围。一时间,昌平各地民间武装蜂拥而起。

流村镇白羊城村位于昌平县城西17千米的五峰山下。这里地势险要,是仅次于居庸关的重要隘口,为兵家必争之地。九一八事变后,白羊城村村民为防范土匪、维护治安,成立保卫团,推举本村汤万宁为团总。保卫团有20余人,并收集散兵游勇遗弃的20余支枪。后来汤万宁又联合邻村保卫团,共同与土匪作战,力量逐步壮大。汤万宁在白羊城村一带逐步有了威望,人们尊称他为"汤七爷"。

1937年年初,流亡在北平的东北抗日义勇军成员赵侗、高鹏、纪亭榭等人,商量组织队伍,到平郊开展抗日武装斗争。他们一边用张学良的4000元捐款购买枪支,一边联络人员。

他们通过曾在昌平西山瓦窑伪警察所当过所长的鲍旭堂,认识了汤万宁和他的儿子汤玉瑷。高鹏、纪亭榭向汤氏父子宣讲抗日救国道理，动员二人共同组织抗日队伍。性格豪爽的汤万宁深明抗日救国大义，当即表示："我倾家荡产，跟着你们抗日了！"汤万宁、汤玉瑗父子又串联邻村柏峪口人王士俊一起参加抗日，说服本村保卫团团丁把枪支集中起来，等北平城里来人一同举事。

7月20日，高鹏带领20多人分两路出城。一路由高鹏带队，混在人群中出西直门，徒步奔向白羊城；一路由宋鸣皋带领，乘坐火车至昌平南口下车，再步行到白羊城。当晚，两路人马在白羊城村汤万宁家会齐。汤万宁、汤玉瑗、王士俊等取出当地保卫团的10多支步枪，连同从城里带出来的17支手枪，全体人员就这样武装起来了。

7月22日，高鹏和汤万宁等人在白羊城村共同发起组织人民抗日队伍。武装起来的20多人，齐集在白羊城关帝庙前的空场上，正式宣布成立抗日军，举行武装起义。北平郊区第一支人民抗日武装队伍诞生了！

抗日军成立后，由汤万宁带路，到僻静的永安庄开会，进一步研究行动计划。但因柏峪口村地主向驻南口的国民党军队告密，国民党一个排的士兵偷偷包围了永安庄。7月25日拂晓，国民党军队向抗日军发动突然攻击，激战中双方均有伤亡，抗日军经过突围，来到北平西郊。当天下午，王士俊被国民党军队抓到南口，英勇牺牲。

队伍撤出后，稍做整顿，准备继续战斗。一天，抗日军战士在德胜门外土城以北的一个小村吃饭，当地一个常给监狱送豆腐的群众透露说："你们要搞枪，第二监狱里有3挺机枪、30余支步枪，还有几百名犯人。看守就是那么几个根本不会打仗的警察。"于是，抗日军当即决定突袭河北省第二监狱。

8月22日傍晚，队伍来到第二监狱门前。吴静宇乔装成日本军官，叽里呱啦地说了几句日语。带路的群众接着说："洋二大爷来了，要查看监狱，快快开门！"连吼几声，看守便把大门打开。战士们一拥而入，缴了伪警的枪，砸了电话，逼着看守交出钥匙，接着又去监房放人。数百名同胞被解救出来，其中还有一批共产党员，如李大钊的侄子李海涛、河北省磁县农民暴动领导人唐洛寿等。这次突袭兵不血刃，缴获大量武器弹药，吸收800余人加入队伍。

抗日军奇袭第二监狱的消息，极大鼓舞了北平同胞的抗日热忱。城里的爱国学生、乡下的贫苦农民踊跃投奔抗日军，队伍迅速扩大到1000多人。9月5日，抗日军在三星庄村（今属海淀区）开大会。全军约法，整肃军纪，确定军政委员和各级领导名单，汤万宁任司令部高级参议。会上正式将队伍定名为国民抗日军。

9月8日，国民抗日军在黑山扈天摩沟地区第一次与日军正面交锋。这次战斗沉重打击了日军的侵略气焰，使其连续受挫，死伤累累，大大鼓舞了平郊人民的抗日热情。

经历5个多月的战斗后，国民抗日军改编成八路军，成为中国共产党领导的抗日部队。虽然时间短暂，但"红蓝箍"的故事在平郊群众中遐迩闻名，流传至今。

（祁　霄）

4. 桃林烈士陵园（兴寿镇桃林村）

桃林村是昌平的千年古村、革命老区。全民族抗战时期，中共党组织就在这里进行革命活动。解放战争时期，中共昌平县委、昌顺县委和县政府就驻扎在此，并于1946年建立党支部和村政权。在党的领导下，桃林人民开展游击战争，努力支援前线，用鲜血和生命保卫胜利果实。当时只有380多户1500余人的桃林村，就有120多名青年参加人民军队，其中18人牺牲。

为弘扬革命精神，1991年，中共昌平县委、县政府在此地建立纪念碑，修建烈士陵园，陵园内建有桃林革命历史资料展室。2002年，此地被公布为昌平区爱国主义教育基地；2003年，被公布为昌平区文物保护单位。

桃林革命烈士纪念碑（昌平区委党史办 提供）

主题故事 ▶

拥军模范王廷兰

桃林村位于昌平东北部，是老解放区之一。在艰苦斗争的革命年代，桃林人民在党的领导下，不怕牺牲，英勇斗争，涌现出一个个动人故事。其中，王廷兰大娘一家多次舍生忘死养护革命后代的感人事迹，至今仍被人们传颂。

1946年6月，国民党悍然向各解放区发动全面进攻。为挫败国民党的军事进攻，保卫胜利果实，中共平北地委要求把伤病员、干部子女一律放到老乡家隐蔽起来，以便于党政机关集中精力开展斗争。

当时，昌平县委、县政府驻扎在桃林村，县委书记兼县大队政委是曹痴。危急时刻，桃林村妇联会主任找到粮秣干事邢昆的妻子王廷兰，交给她一项特殊任务。原来，曹痴爱人钟广玲刚生完孩子，马上要随机关行动,向平北山区转移,考虑再三,决定把孩子(乳名保和)交给王廷兰抚养。王廷兰当时已有两个孩子,但她痛快地答应了,并坚定表示:"请组织放心!我会把曹政委的孩子当成自己的孩子一样,只要有我在,就有孩子在。"

钟广玲原先一直在昌平县做妇女工作,1945年11月调到平北专区工作。当时,平北专区机关驻在新保安,孩子也在新保安。在残酷的斗争环境下,从昌平到新保安沿线,国民党设置多道关卡。王廷兰要经过这些关卡接回孩子。为安全起见,她把自己的闺女留给婆婆照看,带着6岁的儿子,骑马冒雨去接小保和。经过几天辛劳辗转,终于把刚刚降生20天的小保和接到家中。

此后两年多时间里,平北地区地方武装经常深入敌占区,频频打击国民党军,使得他们狼狈不堪。敌人恼羞成怒,听说王廷兰看护曹痴的孩子,就多次偷袭桃林村,扬言"捉住王廷兰要砍头示众,看看谁还敢跟着共产党跑"。

这些恐吓传到王廷兰的耳朵里,她没有丝毫畏惧,但提高了警惕。白天,她抱着孩子走东家、串西家、催公粮、收军鞋、做妇女工作;晚上回到家,她侍候公婆,带好3个孩子,时刻保持高度警惕。

1946年11月的一天凌晨,一声清脆的枪声划破黎明前的寂静,随即村里传来杂乱的脚步声。王廷兰一骨碌爬了起来,睡在她身边的3个孩子也被惊醒了,孩子们迷迷糊糊的。王廷兰当机立断,吩咐女儿春兰叫醒爷爷奶奶。收拾好其他两个孩子后,她拉着大的、抱着小的,牵出驴子,架好驮筐,赶着驴往北山上跑去。

等她爬上山梁,借着月光,回头一看,国民党军队已从东、西、南三面进了村,黑压压一片,村里传来砸门声、狗叫声、哭喊声。她这时虽然担心家里老人和女儿,但也顾不上了。她赶着驴翻过山梁,直奔昌平北部上庄村的山沟。

正走着,忽然前面有几个骑兵迎面而来,王廷兰抄起驮筐就往山洞钻,却听见有人叫她:"是邢大嫂吗?"她听出这是武委会的老秦。因为这次国民党来势汹汹，三五天也不会撤退，老秦几人奉曹政委命令到此侦察。王廷兰觉得安全了，一下放松下来，继续往上庄村赶。

一到上庄村，他们就碰到了钟广玲。钟广玲摸了摸两个孩子冻得通红的小脸蛋，拉着王廷兰的手说："大嫂，敌人要'扫荡'了，我得随机关行动，您先在上庄村住下，如果敌人进沟，您再往北转移。注意安全。"说完就急匆匆和大部队走了。王廷兰看着同志们急匆匆地来打个招呼，又急匆匆地离去，意识到情况的紧急，"不能再给组织添麻烦了"。她带着孩子直接住到姐姐家，安顿好孩子后也顾不上休息，就出去打探消息。

夜里，国民党军队来到了上庄，王廷兰不得不继续带着孩子，随人群向怀柔深山沟里转移。沟窄人多，行动缓慢，眼看敌人步步紧逼，自己带着孩子目标明显，王廷兰急中生智，躲进吉寺村边的一个"堡垒户"。这家只有个老大娘和她的小孙子，老大娘让王廷兰母子3人躲进屋后的白薯窖。

山里的11月，气温非常低，两个孩子又困又乏睡着了。王廷兰怕冻坏孩子，让自己儿子靠在身边，把小保和捂在棉袄里，为孩子取暖。连续奔波了一天一夜，小脚的王廷兰已经疲惫不堪，双脚火辣辣地疼，但她还是绷紧神经，不敢闭眼，生怕被人发现。渐渐地，枪声远去了，她才放下心。

敌人撤退后，她带着两个孩子回到家。家里被翻腾得不成样子，女儿春兰更是一头扑进她怀里放声大哭，公婆也被国民党士兵用枪托和皮带暴打得受伤。春兰胳膊和腿也被打得青一块、紫一块。王廷兰没有害怕后悔，她把愤怒化作坚强和力量，继续抚养小保和。

1949年春，曹痴夫妇随大部队南下。一行人从桃林村经过时，王廷兰又一次见到他们。看着钟广玲怀中抱着的刚刚6个月大的第三个孩子，她对钟广玲说："这孩子还太小，给我留下吧，你到新地方还要工作，你要舍不得，就把大的带走。"钟广玲把小保和抱上车，把小婴儿又留给王廷兰。

中华人民共和国成立后,一位曾在昌平从事革命斗争的老干部意味深长地说:"昌平县群众不仅积极参加革命斗争,还给我们抚育后代,很多小孩子都是在老乡家长大的。他们为掩护自己的同志、抚育革命干部的后代,做出了牺牲,付出了很多心血。"这其中最突出的就是王廷兰大娘。

(陈 亮)

大 兴 区

大兴区革命史概述

大兴区位于北京市辖区南郊,有"京师南大门"之称。北与丰台区、朝阳区接壤,东与通州区相邻,西与房山区、河北省涿州市隔永定河相望,南与河北省廊坊市交界,总面积1036平方千米。

大兴历史悠久。金贞元二年(1154),始称大兴县。明清于民国初年,大兴、宛平同为附郭"京县",大兴县治所位于今东城区大兴胡同。1928年,大兴划归河北省,原县辖城厢地区划入北平特别市。1935年,大兴县政府迁至北大红门。1937年9月,伪大兴县公署成立,县治迁南苑。中国共产党领导的冀中区也在这里开展了民主建政工作。1948年12月,大兴地区解放。1949年8月,大兴县隶属河北省。1958年3月,划归北京市,5月改为区建制。1960年1月,恢复县建制。2001年3月,撤大兴县,设大兴区。

播撒革命火种。1930年7月初,中共北平市委组织部部长李立国(又名李烈飞)派平杰三到大兴黄村一带开展工作。平杰三秘密发展张秀中、甄柳风等人加入党,建立中共黄村支部。张秀中深入村庄启发农民觉悟,甄柳风在黄村火车站的铁路工人中建立"赤色工会小组",在当地播下革命火种。但由于"左"倾路线的影响,平杰三过早暴露了党员的身份。随后,张秀中继任党支部书记。

一二·九运动后,平津学生组织"南下扩大宣传团"。北平第1、2团途经大兴的青云店、大辛庄、礼贤等地,在那里组织儿童抗日团并举行群众集会,揭露日本侵略罪行,启发群众拿起武器保家卫国。随着宣传的不断深入,驻守大兴地区的29军广大官兵开始逐步接触进步思想。中共北平市委抓住契机,争取29军上层抗日。在双方的共同努力下,驻守南苑的29军军官教导团聘请共产党员和进步教授任教官。

抗击日军侵略。1937年7月7日卢沟桥事变后,7月28日,团河行宫内一个营以及29军福利工厂百余伤残军人与日军遭遇,中国守军凭借简易工事奋勇抵抗。激战到傍晚，中国守军撤至南苑内。后南苑失守，佟麟阁、赵登禹两位将军壮烈殉国。日军沿平大公路两侧分兵数路追踪南下的29军，血洗大兴。

9月初，在永定河西岸长安城村避难的辛庄村村民李万兴、刘瑞等20余人，成立长安城义勇队，在中国守军第26军某部一个班兵力配合下，东渡永定河，毙伤敌军20余人。这是大兴人民自发武装抗日的第一仗。

1938年9月18日夜，八路军第3纵队第1支队司令员朱占魁，奉命率部挺进永定河北，袭击小黑堡据点。21日，全歼廊坊"讨伐"队150人，毙日军指挥官曹古新郎，缴获一批枪支弹药，为开辟抗日游击区创造了条件。

1939年夏，中共冀中第5地委派人开辟永定河北的固安十一区（大部位于今大兴区境内）。7月，固安十一区抗日政府成立，来步云任区长。年底，所辖26村相继成立抗日村政权和群众抗日团体。至1940年春，开辟两个联区：一联区在北寺堡以东、旧洲以西的仁和铺、小马坊一带，区长赵建华；二联区在平大公路以东，北至大辛庄、南至押堤一带，区长王志民。

1940年2月，日伪妄图摧毁抗日民主政府和抗日游击根据地，"扫荡"大清河北，由于八路军主力部队撤出永定河地区，坚持地区工作的同志，处境十分困难。是年3月，区长来步云被捕，区助理员吴国祯被杀害。随后，区小队亦转入隐蔽斗争。

1941年3月至1942年10月，日伪在华北地区进行了5次"治安强化运动"，实行点、碉、路、沟、墙五位一体的"囚笼政策"。1941年9月，中共冀中第10地委决定，将所辖区打破县界，划分为三联县二联区。为了保存抗日力量，二联区委决定除部分干部继续留下来坚持斗争外，绝大部分人员撤出固安十一区，向永定河南转移。

1943年8月至1945年3月，大兴抗日游击区得以恢复和扩大，党的各项工作全面开展。1943年8月，冀中第10分区、第10地委，在"向敌后之敌后挺进"的方针指导下，决定利用青纱帐的有利条件，以武装斗争为主，以平南为重点，对日伪展开夏季攻势。8月15日，分区司令员刘秉彦率部跨过永定河。9月3日，攻克押堤据点。10月8日，攻克榆垡伪警察局，为开辟平南扫除了障碍。

1943年10月，撤销三联县二联区建制，成立中共大宛安永固涿良工作委员会和办事处（简称"七字工委"和"七字办事处"），成为大兴地区抗日斗争的一个转折点。

1944年春，日伪对平南抗日游击区进行多次"清剿"，新开辟的一联区被敌"蚕食"。为了加强对路北的领导，工委和办事处决定正式成立五联区。1944年10月初，中共冀中第10地委、第10专署决定建立平南县。5个联区都建立健全区小队并设抗联会、农会、妇救会、青救会等群众抗日团体。

1945年8月15日，日本宣布无条件投降。对拒不投降的日伪军，人民抗日武装进行坚决打击。至此，大兴、涿良宛两县除铁路沿线被伪军占领外，大部成为解放区。

开展解放斗争。抗战胜利后，在美国军队的帮助下，国民党军卷土重来。到1945年12月，整个路北地区变为国民党统治区。1946年5月后，国民党军大举进攻路南解放区，大兴地区的人民武装在极其艰苦残酷的环境中，一次又一次打退国民党军的进攻。其间，大兴地区发生大小战斗上百次，大兴、涿良宛的两个独立营多次受到军区、军分区嘉奖。

1946年春，平津铁路南大兴解放区开展了清算复仇运动。2月16日，宛平县委在庞各庄召开清算斗争大会，揭开运动的序幕，运动很快从南各庄、榆垡一带向北发展。随着运动的深入，由清算政治问题发展到清算经济问题，宛平路南庞各庄、榆垡、南各庄及大兴礼贤一带村庄，不但分了汉奸、恶霸地主的粮食和浮财，还分了他们的土地，初步实现了耕者有其田。

国民党部队大肆进攻解放区的时候，地主"还乡团"也进行反攻倒算。在不到半个月的时间内，全县就有二三百名共产党员、村干部、斗争积极分子和家属被杀害。国民党所到之处，立即着手恢复区乡村反动政权。县组织保安队，区组建"壮丁队"，村成立"自卫团"。铁路沿线由蒋介石嫡系部队青年军208师驻防，还拆毁大批民房修筑据点。

面对突变的局势，中共大兴县委及时研究决定，动员人民群众起来自卫，组织了一支由200名翻身农民组建的保田大队。把地主"还乡团"和国民党地方武装作为打击重点。

1946年6月，内战全面爆发。大兴县区两级干部一方面继续以人民武装做后盾，打击消灭敌人；一方面采取隐蔽精干的方针，与敌展开艰苦卓绝的斗争。军分区司令员刘秉彦率部和县大队多次配合，从1946年8月至1947年8月，对敌作战27次、拔掉敌据点21个、毙敌707人、俘敌541人，缴获炮17门、轻重机枪30挺、长短枪687支、子弹52450发，法币8400万元。大兴县人民武装卓有成效的游击战争曾两次受到冀中军区的通令嘉奖。

在敌主力"围剿"独立营的同时，国民党地方武装大肆破坏各村地道，搜捕共产党地方干部，20多名干部、群众被杀害。多个基层组织与县委失去联系，革命出现低潮。1948年5月，大兴县区主要领导干部及交通队、武工队陆续返回永定河北，与基层组织取得联系，开展了地区恢复斗争。这种斗争是在敌我拉锯的残酷环境中进行的，直到1948年6月初，敌保安团15团、16团还多次骚扰永定河两岸。

1948年9月，解放战争进入战略决战阶段。为适应革命战争的需要，11月，大兴独立营抽调两个连编入分区"北上支队"，留下的一个连改为县大队。12月初，平津战役进入战略包围的第一阶段。13日，东北野战军迅速占领北宁铁路以北的采育、安定、青云店一带。国民党地方保安团、大乡队望风而逃，保安团11团团长王兆文潜逃到永合庄被我军抓获。14日，华北野战军7纵20旅一部攻克庞各庄，15日，21旅解放了黄村。同日，华北野战军7纵20旅在旅长刘秉彦率领下攻克南苑机场，逼近北平市区。至此，大兴全境解放。

1948年12月，东北和华北野战军迅速扫清了包括大兴在内的平津外围之敌，发起平津战役。在冀中第10地委领导下，县委迅速成立"平津战役支前委员会""支前领导小组"等机构，抽调干部将路北各区机构建立起来。大兴群众踊跃支前，在冀中粮草未到之前，基本上保证了部队后勤供应。整个平津战役期间，大兴共为部队筹集粮食500余万公斤，出民工2.5万余名，为平津战役胜利做出了贡献。

通过普查认定，大兴区红色遗存有2处：华黎烈士墓，位于榆垡镇榆垡中心小学校园东南处，占地面积9平方米；田载耕烈士陵园位于长子营镇赵献营村南约800米处，占地面积约550平方米。另外，有红色纪念设施1处，即大兴区烈士纪念广场，占地面积1.4万平方米。当前，这些红色遗存和纪念设施都是大兴区进行爱国主义教育和革命传统教育的重要场所。

主要遗存及故事

1. 华黎烈士墓（榆垡镇榆垡中心小学校园内）

华黎烈士之墓（大兴区史志办 提供）

华黎（1918—1948），原名张青柳，河北省安平县彭家营人，1938年参加抗日工作，1939年加入中国共产党，先后任中共安平县三区区委书记、冀中第10分区清苑区区长等职。1946年年初，调宛平县工作，任中共涿（县）良（乡）宛（平）县委组织部部长。1947年5月被捕，次年5月在榆垡英勇就义。当地群众偷偷将其尸体掩埋在附近的沙岗上。

1992年9月，榆垡镇政府、村委会将华黎烈士墓迁至原榆垡小学南侧，并竖立纪念碑。2004年7月，榆垡中心小学新校址落成后，大兴区政府将墓碑迁至现址，并重修纪念碑。墓碑坐北朝南，高1.45米，宽0.74米，厚0.14米，正中阴刻行书"华黎烈士之墓"6个大字，碑身背面竖书烈士生平；一层底座长1.1米，宽0.56米，高0.42米。碑后为坟室，坟室长2.1米，宽1.45米，呈拱形。

主题故事 ▶

为了中华民族的黎明
——记华黎烈士

1948年农历四月十五，是大兴榆垡的庙会，又是大集的日子，赶集上庙的人很多。忽然，人群一阵骚动，四五十个荷枪实弹的国民党军警挥着枪大吼着，群众不自觉地闪到大街两侧让出道来，一位面容苍白消瘦、眼睛炯炯有神的年轻人被押了过来。这位年轻人蹚着沉重的脚镣，昂首挺胸。当他走到十字路口时，环视熟悉的乡亲，大声讲道："父老兄弟们，干革命就会有牺牲，共产党人是杀不完的！不要为我难过，因为胜利是属于我们的……"枪声响起，鲜血染红了脚下的土地。这位英勇就义的年轻人就是华黎。

卢沟桥事变后，冀中燃起抗日烽火。1938年，八路军来到华黎的家乡。与国民党军队形成鲜明对比的是，共产党领导的八路军敢跟日本兵拼命，和老百姓亲如一家。抗日救国打日本兵、穷人翻身求解放，朴实的道理吸引着像华黎这样的热血青年走上革命道路。

在血与火的考验中，华黎快速成长起来。1943年，他到冀中第10分区所辖的清苑区担任区长和区委书记。在日伪的严密统治下，他置个人生死于不顾，经常夜里去敌占区执行任务。为不惊动敌人，他在过封锁线时就把棉鞋脱了，只穿一双布袜子行走在路上。尽管斗争非常艰难，他却从未退却动摇，还经常鼓舞同志们："日本鬼子快要完蛋了，黑暗即将过去，曙光就在前头。"在抗战胜利的前夜，他把名字由张青柳改为华黎，意为迎接中华民族的黎明。

抗战胜利后，华黎调到涿良宛县任组织部部长。当时县委和县政府设在庞各庄。按照上级党委部署，涿良宛县相继开展了轰轰烈烈的减租减息、土地改革运动。西黄垡村的地主搞阶级报复，吊打农会主任，并肆意威胁群众，到处散布说："土改是瞎胡闹，不是自己的地种着也担心，谁种了我的地，以后还得给我送回来。"为了打击敌人的反动气焰，华黎及时召开群众大会，宣传党的政策，使群众擦亮眼睛，分清是非，很快粉碎了敌人的阴谋。

华黎一心扑在工作上，成年累月不回一趟家。有一次，他去定县开会，离家很近了，同志们劝他回家看看。散会后，他马上回到工作岗位，只是给家里写了一封信，信中说："我知道你们盼我回去看看，我也想念你们……等打败了国民党反动派，我一定回去好好看看你们。"他爱人从三四百里外来看他，让他照张相片带给父母看看，说："老人一天到晚念叨你。"他说："照相需要花钱。现在正打仗，需要钱的地方很多，还是省下这几个钱来支援前线吧！"

1947年5月5日中午，盘踞在榆垡据点的国民党保安队百余人，到宋各庄抓人、抢粮，破坏地道。正在村里开展工作的华黎听到消息后，迅速隐蔽好党的文件，掩护同志钻地道。最后他和区武委会干部杨景田才钻进刘家的洞口。在地道里弯腰走了几十米，发现前边不通了。很快，就听见上边"咚咚咚"的砸地声。华黎手握双枪，准备与敌人拼命。突然，地道被砸开一个大窟窿，只听敌人在洞口喊叫。敌人见里边没动静，就逼着村民冯天勇下到洞里。他在地道里摸黑走了十几步，就被华黎一把抓住说："出去告诉敌人说里边没人。"冯天勇退了出去，说："洞里什么也没看见。"

敌人不死心，又让一名保安队队员拿手电筒下去搜查。华黎判断是敌人，举枪就打。保安队队员中弹，也向华黎开了一枪，华黎肩部受伤。敌人用碌碡往下砸，土块哗啦塌落下来，把华黎埋了起来。敌人又把他从土里刨了出来，问他地道里还有谁，他说："就爷爷一个，要不是钻了死胡同，还不至落到你们手里。"敌人从砸塌的地方往地道里看了看，果然到头了，也就信以为真。他们用铅丝把华黎捆在担架上，并押着冯天勇奔向榆垡据点。到了榆垡据点后，敌人边骂边用烙铁烫冯天勇。华黎向敌人喊道："是我不让他说的，有事找我，与他无关。"

华黎被当作"要犯"，关进大牢。敌人对他软硬兼施，既严刑拷打，又拉拢诱惑，他始终横眉冷对，坚贞不屈。关押了近一年，敌人拿华黎毫无办法，于是下了毒手。

现在，每年9月30日，大兴区烈士纪念广场都要举行公祭仪式。纪念那些像华黎一样为了中华民族的黎明流尽最后一滴血的革命先烈们。

（宋传信）

2. 田载耕烈士陵园（长子营镇赵献营村南）

田载耕（1927—1946），大兴长子营镇赵献营村人。1944年10月参加革命，不久加入中国共产党，任采育区助理员。1946年7月，外出执行任务被捕，宁死不降。8月，在采育西大桥下英勇就义，年仅19岁。

为缅怀先烈，教育后人，1983年3月，原长子营乡团委在烈士

田载耕烈士陵园（刘岳 摄）

墓前修建纪念碑。1996年，赵献营村将烈士墓迁移至骨灰堂的前面，重建烈士墓碑。2004年7月，大兴区政府重修烈士碑，将碑身改为灰色大理石材质，碑正面刻着"田载耕烈士之墓"，背面竖书烈士生平。2005年，增建烈士生平事迹展室（有5间房，陈设田载耕烈士半身铜质雕像、生前所用的书籍和农具等遗物、反映其事迹的展板等），形成较为完整的"田载耕烈士陵园"。

主题故事 ▶

钢筋铁骨志更坚
——记田载耕烈士

田载耕，出身地主家庭，8岁读私塾，聪敏好学。然而，刚读了两年，卢沟桥事变就爆发了，日本侵略者的铁蹄踏进了他的家乡。他的父亲田久儒是个开明地主，同情共产党，支持抗日，经常以保长身份掩护革命干部，为八路军筹集粮饷。父亲的言传身教以及抗战的硝烟烽火，推动他一步步走上革命道路。

参加革命后，田载耕经常利用同乡的关系，深入采育小学，宣传抗日。因为他参加革命，敌人常到他家搜捕、威胁、敲诈勒索。"你家不愁吃不愁穿，上有老，下有小，不在家过安生日子，非提心吊胆地去革命，拿命闹着玩，你图什么呀！"外人不解地问。田载耕耐心地解释说："我个人什么也不图，但有骑在咱的脖子上拉屎的鬼子兵，有吃人不吐骨头的反动派，不打倒他们，咱老百姓能过好日子吗？"

田载耕参加革命后不到一年，盼来了抗战胜利。侵略者被打跑了，国民党回来了，大兴采育地区的老百姓依然在压迫剥削下生活。有一天，他独自走亲戚，了解敌情。不料，这个亲戚训斥田载耕是"误入歧途"，要他"迷途知返"，并暗中叫来几个乡丁胁迫他去加入反动地主武装——冯兆文的三大队。田载耕果断地掏出手枪，撂倒敌人，翻墙而去。

1946年7月26日，区长耿玉亭、区助理田载耕遵照县委指示到采育区罗庄村李某家，秘密进行恢复地区工作。李某的一个亲戚得知后，夜间把李某骗出，软硬兼施后李某泄露了秘密。罗庄驻有三大队一个班，班长立即带人包围监视李某家，并到采育报告队长冯兆文。

第二天天不亮，冯兆文派中队长蔡德元带着七八十个人，包围了罗庄。当耿玉亭和田载耕发觉后，已经来不及了。"你们俩已经被包围了，投降吧，我们大队长亏待不了你们。"一个敌人扒着墙头喊话，刚一探脑袋，被耿玉亭一枪命中。三大队在东邻居房顶上支着挺机枪，田载耕一枪又打伤了机枪射手。

听到枪响，高店和青云店的二三百个乡丁前来增援，把罗庄团团围住。打了一阵枪以后，蔡德元为邀功领赏，下令："要捉活的。"敌人往院里投了几颗手榴弹，继续大叫："放下武器，赶快投降，饶你们不死，不然我们就烧房子……"子弹打光后，耿玉亭和田载耕终因寡不敌众，被捆绑着关押进采育据点，同时被捕的还有赵献营的村长郝金贵。

三大队副大队长司德庆劝降说："只要招供，我保你没事，也可留下来，给你个队长当。"田载耕怒喝一声："呸！要杀要砍随你们的便！"敌人恼羞成怒，用棍子打、皮鞭抽、火筷子烫、辣椒水灌，把田载耕折腾得几死几活，但他就是咬紧牙关不开口。负责动刑的小队长束手无策，说："这小子是铁了心了，我看拉出去毙了算了。""嘿嘿，那太便宜他了。"司德庆咬牙切齿地说："给我用竹扦子钉！"

敌人把3人分别捆在柱子上，拿来又薄又尖的竹扦子，给耿玉亭、田载耕的每个手指甲里都钉了一根。每钉一根，都要晕死过去，醒过来后，问一声说不说，不说再钉，鲜血顺着十指滴！郝金贵家花了100石麦子，买通三大队和看守人员，这才免刑并松绑。当敌人不在场时，郝金贵把钉进田载耕手指里的竹扦子一根一根地用牙叼着拔出来。耿区长摇了摇头，嘴唇都咬破了，说："不用给我拔（竹扦子）了，看看敌人还有什么新花招！"

经过7天折磨,他们已是遍体鳞伤,奄奄一息了。

8月2日,逢采育大集,300多名敌人押着耿玉亭、田载耕穿过闹市,来到大桥下,准备行刑。河边、桥上挤满了被敌人驱赶来的上千名群众。耿玉亭、田载耕用尽最后的气力,痛斥国民党反动派,鼓舞群众要坚持斗争,夺回胜利果实。在场群众无不为之感动,许多人泣不成声。最后他们高呼着"共产党万岁!毛主席万岁!"英勇就义。第二天,敌人又抄了田载耕的家,不久他父亲也被敌人杀害。

中华人民共和国成立后,在镇压反革命运动中,冯兆文、司德庆、蔡德元等均被人民政府镇压,叛徒李某也被依法判刑,受到了应有的惩罚。

(宋传信)

3. 大兴区烈士纪念广场(清源公园内)

大兴区烈士纪念广场2015年9月建成,占地面积1.4万平方米,由烈士雕塑、英烈墙等部分组成。烈士雕塑高度为781厘米,代表全区781名革命烈士。雕塑人物以大兴区6位烈士代表为原型:中间站立的是冀中第10分区清苑区区委书记、区长、涿良宛县委组织部部长华黎;前排站立、举手枪向前冲锋的是冀中军区第5军分区游击第3路总指挥、11团团长闫墨缘;戴镣铐、怒视前方的是涿良宛县五区民政助理、副区长崔振春;全副武装、身着志愿军服装的是1952年牺牲在朝鲜战场的张润堂;华黎右边站立、目光炯炯的女同志,是妇女主任和抗联主任佟景茂;华黎左边站立、双臂向后被捆绑的是大兴县四区民政助理田载耕烈士。

英烈墙由解放军渡江、群众支援前线、烈士英名录3部分组成,配水波纹,全长55米。烈士雕塑前的纪念广场东西长54米,南北长37米,占地近2000平方米,可容纳1500人参加纪念活动,是大兴区举行烈士公祭仪式的重要场所。

大兴区烈士纪念广场烈士雕塑（宋传信 摄）

主题故事 ▶

女中英杰佟景茂

1948年，佟景茂[①]的面容永远定格在了44岁。佟景茂的名字，寄托着父母的美好期望，希望女儿能有好光景。然而，家里实在太穷了，幼年的佟景茂亲眼看着父亲和一个弟弟被贫困夺去生命。17岁时，她嫁到太平庄。生逢乱世，这个离娘家不远的太平庄也不太平。婚后没几年，丈夫遭土匪绑架，她变卖房地家产才把丈夫赎回来，可

[①] 佟景茂（1904—1948），北京大兴大辛庄乡东郊河村人，后嫁到太平庄。1944年，加入中国共产党，任太平庄第一任妇女主任和抗联主任。1948年，在东郊河村英勇就义。

被折磨得不成人样的丈夫不久就去世了。生活的磨难砥砺了她倔强的性格，社会的动荡让她愤懑不平。

卢沟桥事变后，大兴很快就沦陷了，亡国奴的滋味更不好受。佟景茂拉扯着几个孩子挣扎着过日子，不服输、不信邪的她期待着有人能够带领她改变那黑暗的世道。1943年，屡挫屡起的中共党组织终于在大兴一带站稳了脚跟。区委书记郑浩然到太平庄开展工作，很快就发现了这位具有反抗精神的中年妇女。朴素的革命道理，就像一盏灯，照亮了佟景茂的心头。第二年，她秘密地加入了中国共产党，担任村里第一任妇女主任和抗联主任。

她从带头放足、抗拒裹脚开始，温暖着众多苦命的姐妹们。她走街串户拉家常，组织妇女下地干活，学唱抗日歌曲，参加社会活动。囿于社会和家庭的原因，有的姐妹不敢抛头露面，还用"大门不出、二门不迈"的"妇道"来反驳她。她说："男人们能干的事，我们妇女照样能干，古有花木兰、穆桂英，今有抗战女英雄，我们咋就不能行？我们女人要看得起自己！"慢慢地，周围的妇女在她的带领下，对抗战工作越来越上心，相信总有一天会把侵略者赶出中国去。

在区委的帮助下，太平庄建立起民兵组织，站岗放哨，锄奸反特，抗日工作搞得轰轰烈烈。村抗联主任佟景茂在斗争中变得更加英勇坚强，有时还率领群众支援附近村里的工作。东麻各庄张姓地主拒不执行减租减息。佟景茂带领几十个妇女和民兵，找他理论。张地主让看家护院的人荷枪实弹，站在房顶上向远处开枪示威。佟景茂赤手空拳，走在最前面，拍着胸脯毫无惧色地宣称："你有胆量往这儿打，甭说打伤了，划破肉皮儿也饶不了你。"地主服输了。

佟景茂家是党组织的秘密联络点。1947年麦收时节，区武委会主任杨景田正在她家研究工作，突然听说国民党的保安队进村了。佟景茂赶紧把杨景田藏到家里的地洞里。敌人猜测杨景田可能钻地洞了，就强迫老百姓到处挖坑，破坏地洞，终于在佟景茂家房后发现地洞的出口。敌人站在房顶上，向洞里开枪，威逼着老百姓下去。杨景田隐蔽的地方离洞口只有两三米远，他对下来的人说："上去，就说里边没人。"他做好了战斗牺牲的准备，只要敌人下来，他就开枪。敌人折腾了半天，直到傍黑才撤走。

第二天天不亮，敌人又突袭佟景茂家，把她吊起来，用粪便汤子灌她。然后，又把她和武委会干部邓广茂、邓连奎押至榆堡据点，用棍子打、皮带抽、通条烫，逼问"谁是共产党员"，扬言"再不说就统统枪毙"。3人咬紧牙关，宁死也不吐一个字，后来被村里人取保释放了。佟景茂一次次舍生忘死地掩护革命同志，让敌人越来越认定她就是共产党员。

为方便开展工作，佟景茂把小儿子广信放在娘家寄养着。1948年5月初的一天夜里，她回娘家看望年迈的母亲和儿子。不知是谁走漏了风声，6日上午，榆堡保安队六七十人包围了村子，挨户搜查。敌人发现小广信，如获至宝，想顺藤摸瓜，但连哄带吓、又打又骂，半天也没从孩子嘴里问出个所以然来。敌人又把佟景茂兄弟媳妇拖进院里，剥下衣服，用干枣树枝子抽打，恶狠狠地说："把佟景茂交出来，不然，你就甭想活。"尖利的枣刺扎进肉里，剐得浑身血淋淋的，弟媳妇忍着痛，一口咬定："不知道！"

此时，掩藏在一堵夹壁墙里的佟景茂，虽然看不见这些，却听得真切，她不忍心因自己而连累亲人。毅然决然地走了出来，"我是佟景茂，不关他们的事！"敌人蜂拥而上，拳打脚踢。保安队队长周梦增奸笑两声，说道："我今天就送你回老家，看你现在还有什么说的。"面对枪口，佟景茂镇静地回答："我早有准备。只不过我比你们早去几天，你们也活不长了。"枪声响了，女英雄倒下了……

（宋传信）

平谷区

平谷区革命史概述

平谷区位于北京市辖区东北部，西北与密云区、西与顺义区接壤，南与河北省三河县为邻，东南与天津市蓟州区（原蓟县）、东北与河北省兴隆县毗连，面积950.13平方千米。

平谷区历史悠久。汉高帝十二年（前195），始建平谷县。辛亥革命以后，平谷初属京兆特别区。1928年6月，改隶河北省。1935年，伪冀东防共自治政府成立，平谷为其辖县之一。全民族抗战时期，中国共产党在平谷建立多处联合县民主政权。1946年3月，撤销联合县建制，恢复平谷县，属冀东行署第14专区。1949年8月，属河北省通县专区。1958年10月，划入北京市。2002年4月，撤县设区。

坚持抗日斗争，前仆后继。和北京市其他区相比，平谷党组织的活动出现较晚。然而，受到日本侵略者的压迫却早于其他区。1933年年初，长城抗战爆发。4月11日冷口失守后，中国守军32军骑兵第4师退至平谷。日军尾追，5月侵入平谷，轰炸县城，死伤多人。平谷人民义愤填膺，誓死抗战。这时，中国共产党北平地下组织一度派人到顺义七连庄一带发动贫苦农民成立"穷人会"，举起抗日旗帜。平谷西部农民热烈响应，积极参加。在国民党军警的"围剿"下，"穷人会"虽然只活动4个月，却给平谷人民反抗封建压迫、争取民族解放的斗争带来了信心和希望。

1935年年底，伪冀东防共自治政府成立后，统辖冀东22县，平谷亦在其中。日伪方面采取多种措施，加强对平谷地区的控制。随着日寇铁蹄的入侵，大批日本、朝鲜的无业游民、流氓也涌入平谷。1937年七七事变以后，平津失守，国民党军队全部撤离，平谷县完全被日本侵略者占领。

平谷东南倚巍峨盘山，北踞万里长城。显要的地理位置，复杂的地形，提供了优越的革命战争场所：长城内外连绵的崇山峻岭，便于游击战争；广阔的沃野平川，为游击战争提供粮食和物资。1938年，八路军第4纵队挺进冀东，创建抗日根据地。7月19日深夜，4纵队34大队冒雨攻打平谷县城。20日，4纵队接收县城，成立平谷县第一个抗日民主政府，并建立平谷县抗日救国总会。后4纵队西撤，留下3个支队，继续开展游击战争。

经过一年多的革命低潮，1940年4月，蓟平密联合县政府在盘山梁庄子建立，下设民政、财粮、实业、教育4个科，辖盘山直属区、西北办事处及三河特别区3个区。西北办事处设在鱼子山一带。1940年以前，全县没有党的基层组织，只有几个零星党员。其中，北独乐河村张庆，1931年在北平的河北第一监狱经张明远、武竞天介绍入党，成为平谷籍第一名共产党员。

从1940年7月至年底，北部山区村庄发展第一批党员，散布在鱼子山、桃棚、北土门、北寨、大段洼、白羊、井儿峪、太后、大峪子、小峪子、小北关、前北宫、后北宫、南水峪等村庄。9月，平谷县第一个党支部——鱼子山党支部在桃棚村建立。随后，北寨、萧家院、甘营、海子等村相继建立党支部。其间，全县共发展党员120名左右。蓟平密联合县也不断扩大，同年11月扩建为两个联合县，南部为蓟宝三联合县，北部撤销西北办事处，建立平密兴联合县。到1941年夏，盘山、鱼子山形成巩固的根据地。

1941年7月至1943年年底，平谷抗战处于最艰苦的阶段。平密兴联合县作为冀东西部根据地的中心区，是日伪军"扫荡"的重点目标。根据地军民采取灵活机动的斗争形式，一次次粉碎日军的"扫荡"。当时流传着一首民谣："铁北寨，铜南山，打不破的鱼子山。"北寨、南山村和鱼子山，是冀东西部地区3个著名抗日堡垒村。1942年11月，平密兴联合县改为平三密联合县，建立平三密游击总队。1943年2月，总队扩建为冀东第2地区队。

1943年9月，八路军13团与2区队取得甘营、望马台战斗的胜利，对日伪汉奸起到震慑作用，恢复基本区工作打开局面。1944年春，根据冀热边行署关于加强根据地建设的指示，平谷地区建立健全县、区、村三级抗日民主政权。普遍建立民兵、妇女、儿童等群众团体和武装组织，发展抗日教育事业。同年6月，13团在北土门、熊儿寨战斗中，毙伤敌500余人，是冀东西部地区规模最大、歼敌最多的一次战斗，使长期盘踞在长城线上制造千里"无人区"的伪满"讨伐"队伤亡惨重。

为加强冀东抗日工作，1944年下半年，晋察冀军区陆续派一批领导干部到平谷。同时，冀热边特委改为冀热辽区党委，晋察冀第13军分区扩编为冀热辽军区，军区司令员李运昌来到平谷。日伪得到消息，立即纠集1万余兵力，从密云、顺义、通县、三河、香河、蓟县、兴隆等地长途奔袭，对平谷地区进行铁壁合围。八路军13团和地区党委、专署及若干部队分5路突围。1至4路突围成功，第5路和13团宣传队，分别被围困在大、小官庄村里。激战中，13团参谋长关旭、专署财政科科长陈仁、2区队政委谭志诚等指战员120余人壮烈牺牲。

1945年2月1日，一架从成都起飞，奉命去东北轰炸鞍山昭和制钢所的美国盟军B-29式大型轰炸机，在东长峪坠毁。军区首长立即组织部队、民兵进山展开搜救。平谷县城及胡庄据点的日伪军闻讯前来抓捕飞行员，被八路军伏击。坠机的11名飞行人员全部获救，并被专程护送到晋察冀根据地后方，最后安全抵达延安。

抗战胜利前夕，1945年5月，第14分区在刘家河召开群英大会。第14地委、专署和军分区负责同志，八路军主力部队和战斗英雄、民兵英雄及拥军模范以及各村群众代表共1000余人参加大会。会上对英雄模范进行表彰。南山村民兵英雄刘文生、小东沟民兵英雄胡广才、女战斗英雄陈杰英等受到表彰。会后，抽调部队及地方干部，组成北进第1支队，由李越之任工委书记兼政委，王文任副政委，师军任支队长，于6月下旬，挺进热河北部围场、隆化地区。9月13日，平谷县城解放。随后，县委和县政府机关迁入城内。

开展解放斗争，迎接胜利。1946年3月，取消平三蓟联合县建制，恢复单一平谷县建制，属冀东行署第14专署。在党的领导下，全县整顿党组织、整顿政权、整顿作风，加强治安保卫、稳定社会秩序，开展大生产运动。全县各级政权得到巩固，生产、经济各方面得到初步恢复和发展。

1946年5月，党中央发出"五四指示"后，在全县206个村庄范围内开展土改运动。9月，国民党军大举进攻，占据平谷县城和少数村镇。土改运动暂时停止，全县人民被迫奋起反抗。1947年6月16日，国民党军及伙会武装弃城逃走，平谷城又回到人民手中。经过1947年土改复查，继而落实《中国土地法大纲》，真正实现"耕者有其田"，平谷县结束封建土地制度。

获得土地的平谷农民积极参军参战、支援前线。1948年5月，全县出动民兵900余人、民工2100余人、担架400余副，支援热河战役，8月，组织担架团开赴东北前线。解放战争中有数千优秀儿女参加解放军，658名平谷儿女为人民的解放献出生命。1949年1月初，平谷县南下工作团60余人，随军南下，10月到湘西沅陵地区，进行接管、建设。

经普查，目前平谷区有10处红色遗存、2处相关遗存，其中鱼子山抗日战争纪念馆是北京市爱国主义教育基地和北京市文物保护单位。以纪念馆和桃棚村等构成的平谷红色遗址群，在今天全市爱国主义教育和革命传统教育中发挥着重要作用。

主要遗存及故事

1. 桃棚村抗战遗址（山东庄镇桃棚村）

该遗址包括巨崖洞、平谷第一个农村中共党支部旧址、全民族抗战时期印刷厂旧址、看守所旧址。该遗址群也称冀东抗日根据地旧址，2018年12月，被公布为北京市爱国主义教育基地。

1940年9月，桃棚村建立平谷第一个农村中共党支部。巨崖洞是抗战时期党员宣誓的地址，洞口朝东北方向，高1.8米，宽2.7米，洞内宽3.5米，高3米，洞内进深6米。

平谷第一个农村中共党支部旧址是一座两进院落，依山而建，后院现存正房和东厢房基础及山墙。抗战时期印刷厂5间正房为石瓦结构，坐北朝南。

全民族抗战时期八路军看守所房屋原为石结构，坐北朝南，面阔3间，现仅存基础及东山墙。

桃棚村抗战遗址局部（骆洪刚　摄）

主题故事 ▶

红色桃棚的"建党洞"

平谷桃棚村北山峰石呈红色，峰中有个"红崖洞"，这个仅七八平方米的山洞，5名党员聚成一团火，以燎原之势，将党旗漫卷到整个平谷。

1938年，八路军第4纵队挺进冀东，进驻平谷后，组织建立平谷县第一个抗日民主政府。1940年4月起，蓟平密联合县西北办事处和办事处区委会先后在桃棚村一带设立，开展群众工作，发展农村党员。

1940年9月，桃棚村建立起平谷第一个农村党支部——鱼子山党支部（当时桃棚村为鱼子山的一个自然村）。支部有党员5人：桃棚村的于希元、符运广、王世发，鱼子山的谢凤宽，书记王世勋。

随后，以这个党支部为基点，逐渐向平原地区杜辛庄、马各庄等村发展，党的组织开始在平谷大地上生根发芽。到1941年，平谷已发展600多名党员，建立54个党支部15个党小组。党员们动员群众一起学习党的基本知识和抗战政策，为抗日斗争积蓄力量。

桃棚村先后成为平密兴、平三密、平三蓟联合县政府所在地，并在附近设兵工厂、卫生所和供给处。作为"堡垒村"，桃棚、鱼子山与盘山南北呼应，成为冀东西部抗日根据地中心区。由此，打通了冀东与延安党中央、晋察冀中央分局的交通，秘密输送干部，传递机要信件。以此为基地，一方面向平原地区的顺义、三河、通县发展，恢复基本区、开辟新区；另一方面向长城外的兴隆、密云、滦平、承德发展，开展对伪满洲地区的工作。

桃棚村还是八路军13团的常驻基地。在百团大战中，冀东军分区副司令员包森率领13团在平谷、蓟县等地广泛出击，不断取得辉煌战果。

1941年7月至1943年年底，是平谷抗战最艰苦最残酷的阶段。

穷凶极恶的日寇连续推行"治安强化"运动，在北部山区制造大片"无人区"，实行灭绝人性的"三光"政策。1941年11月，日寇封锁山区、包围桃棚和鱼子山，宣布这里为"无人区"，连续制造多起惨案。至1942年，烧毁房屋2000多间，杀死180余人，10户被杀绝。

一次，村民张永深被抓走，日军拷问村内八路军伤病员情况和抗日领导藏身之处。张永深一字不吐，日军把他吊在桃棚村村口被烧房屋的房梁上，鞭抽、铁烫、火烧。张永深宁死不屈，日军一无所获，就把张永深拖到村外的河沟边，残忍地用刺刀将其杀害，还把尸体扔到了河沟里。

这一惨剧激起了群众的愤怒，他们组织担架队、医护队，拿起自制的土枪、手榴弹，利用山区险要地形，配合八路军共同抗敌，狠狠地打击了日军的嚣张气焰。

在党的领导下，桃棚、鱼子山根据地军民没有被敌人的屠刀和暴行吓倒，始终坚持根据地斗争。在桃棚西北山顶北齐长城遗址上，建瞭望哨、消息树，与日本侵略者顽强斗争。一天，大雾弥漫，日军悄悄地摸到哨点。当发现日军时，站岗的于怀谦和陈仓已来不及藏身，他们立刻将消息树放倒，但自己却被日军抓获。日军让他俩带路去熊儿寨。为保护八路军和根据地的安全，两人跳下山崖。日军立即开枪，他俩利用熟悉的地形，躲过枪弹，成功脱险。

在党的领导下，"无人区"里建立起民兵武装，他们住山洞密林、吃野菜树叶、打燧石取火、伐橡树铸武器，与敌人展开游击战，用鲜血和生命保卫家园。民谣"铁北寨，铜南山，打不破的鱼子山"便是平谷抗战历史的真实写照。

（曹　楠）

2. 熊儿寨烈士墓（熊儿寨乡熊儿寨村）

熊儿寨位于燕山南麓古长城脚下，距平谷城正北15千米。1944年6月，日伪军1100余人沿长城"扫荡"，2日宿营于熊儿寨、北土门两村。3日凌晨，冀东军分区13团占据两村周围山头，居高临下向日伪军发起强攻。此次战斗，13团有70名指战员牺牲。战斗结束后，当地干部群众将烈士遗体分葬于北土门后山、熊儿寨东山。

1995年10月，原冀东军分区13团参谋长陈云中在北京病逝后，其部分骨灰葬于熊儿寨烈士墓旁，并建有纪念碑，碑阳镌刻原冀热辽军区党委书记、军分区司令员李运昌的题词"陈云中将军永垂青史"9个字，碑阴记述着陈云中将军的生平。

主题故事 ▶

北土门、熊儿寨战斗

1944年夏，抗日战争进入局部反攻阶段。这种形势下，冀东军民发动夏季攻势。北土门、熊儿寨战斗便是其中的重要战斗。

夏季攻势开始，正在承（德）兴（隆）密（云）活动的八路军13团首先向长城沿线出击，寻机歼敌。5月29日，13团在陡子峪设下埋伏，重创一部日伪军。日伪6个大队立即围攻13团。13团牵制住这部分敌人，沿着清水河川，经苇子峪、转山会，穿黄门川甩掉敌人，往南转移。

6月，日军两个中队纠集4个伪满"讨伐"大队共千余人，携带9门迫击炮、42挺轻重机枪，沿长城线"扫荡"，企图夹击13团。2日，日伪军窜入北土门、熊儿寨两村宿营。13团在团长舒行的指挥下，立即抓住有利战机，乘敌不备，迅速包围两村，占领附近山头。舒行在北土门九里山指挥，团参谋长陈云中、政治处主任王文在熊儿寨东山顶指挥。

3日拂晓，13团一连和特务连首先袭入北土门，许多还在睡梦中的敌人被手榴弹炸死。活命的敌人争相逃入敌指挥官住的大院。院内已布置12挺轻重机枪，火力很猛，但距离太近，天又太黑，难以展开。13团指战员调整策略，命10余名战士迂回过去，从屋顶挖洞塞进手榴弹，炸哑两个房子内的机枪，一敌指挥官也丧了命。指战员乘机冲进院内，又打死一批敌人。战斗中，敌军一部

北土门烈士墓（平谷区委党史办　提供）

企图占据北山，被13团预先埋伏的一个排迎头打了回来。该排战士越战越勇，打退敌人5次进攻。最后一次，该排只剩下3名勇士，仍坚守阵地，打退敌人反扑。

同时，熊儿寨战斗也异常激烈。这里由2连和5连的指战员们负责。战士们居高临下，将敌逼退到房内和围墙内。一颗颗手榴弹在敌群中开花，一堵堵院墙被打开缺口，战士们从一个院打到另一个院，逐院逐屋消灭敌人。继而展开激烈的巷战、肉搏战，仅在熊儿寨东街口就歼敌百余人。

当地民兵、群众在地方干部的组织下，冒着枪林弹雨给八路军送水送饭送弹药。在民兵的配合下，指战员士气更旺。双方巷战3小时，等天大亮的时候，战士们情绪高昂，坚持战斗到下午2时。敌人出动飞机空投弹药，附近据点也不断增援。这种形势下，13团果断撤出战斗。

这次战斗击毙日军6人、伪军492人，伤伪军62名，俘虏3人，缴轻机枪2挺、步枪13支、子弹4200余发和其他军用品若干，是当

时冀东西部地区规模最大、歼敌最多的一次战斗。它使长期盘踞在长城线上制造千里"无人区"、欠下笔笔血债的伪满"讨伐"队伤亡惨重,锐气大减。这次战斗,13团有70名指战员英勇献身。当地群众献出40口板柜,将烈士遗体安葬在北土门后山和熊儿寨东山。

战斗的硝烟早已散尽,但是人民英雄与山河同在,抗战精神将永远激励着我们奋勇前进。

(曹 楠)

3. 鱼子山抗日战争纪念馆(山东庄镇鱼子山村)

该馆建于1996年,1997年正式对外开放,展出文物近百件,珍贵历史照片200幅,重要文献资料300余册。展览主要以冀东地区抗日斗争为背景,以平谷及周边地区人民抗日斗争史实为线索,通过大量实物、照片及文字说明,生动形象地展示抗日军民反压迫、反侵略、求解放的斗争历程。

纪念馆附近还有鱼子山抗战遗址,现存猴石南沟遗址、西洞铸造车间遗址、北洞兵器组装厂遗址以及当年中共冀东地区西部地分委、县委在此召开会议的崇光门遗址。

2000年,鱼子山抗日战争纪念馆被公布为北京市爱国主义教育基地。2001年7月,被公布为北京市文物保护单位。

主题故事 ▶

鱼子山兵工厂

2005年1月14日,《京华时报》报道了这样一条消息:平谷发现八路军军火。平谷区的护林员在行狼沟大东沟一石缝内发现50余枚手榴弹和地雷。抗战胜利60年后,这批军火重现天日,又让人们想

鱼子山抗战兵工厂遗址（平谷区委党史办　提供）

起鱼子山抗战的历史。

1938年6月下旬的一天，200多名八路军战士来到鱼子山村。这些战士的军装破破烂烂，扛的枪长短不一，有的甚至只扛根梭镖或背个大刀片，但纪律严明。他们在村里驻扎下来，一边访贫问苦，为老百姓干活，一边宣传抗日救国的道理，很快就和老百姓打成一片。一天夜里，村里人见他们顶着大雨出发了。第二天，队伍又回村了，村里人这才知道八路军攻打平谷县城。这次老百姓见他们枪多了，穿得也好了。原来，八路军没有后方供应，人多枪少的问题很突出，所需武器弹药全靠打仗缴获才能补充。

随着抗战形势的发展，八路军和民兵对武器装备的需要日益迫切。1939年，在鱼子山村建立了修配所。不仅能修枪，还能制造手榴弹和地雷。

冀东第14军分区和联合县的领导也开始常驻鱼子山，领导当地抗日工作。鱼子山成为八路军的根据地，日本兵如鲠在喉，一次次进村"扫荡"，接连制造3起大的惨案，180多人被杀死，10户人家被杀绝。在这样严酷的环境下，兵工厂被迫向山上转移，藏到隐蔽的山洞和深沟里，坚持生产。

在日军的封锁下，物资奇缺，各兵工厂生产条件极端艰难，只能就地取材，土法上马。为了制造弹药，用山上的大橡树烧成炭，加上一硝二黄，配成黑火药。硝是把扫墙角、厕所的老土淋上水，再用大锅熬制出来的；雄黄是派人到敌占区购买的。日军为切断采购线，采取布防密控、特务盯梢、悬赏捉拿等办法，抓捕八路军采购员。一些八路军采购员献出了宝贵生命。弹药的装配也是危险活，即便小心操作也有事故发生，有时甚至炸伤、炸死人。

当时最缺乏的是手榴弹。八路军用的铁多是从乡村收购来的破锅、生铁片，加之工艺粗糙，生产出来的手榴弹质量不大好。有的只能将弹把子炸掉，有的只能炸成两三瓣，杀伤力很差。1940年秋末，铸铁弹皮技术成功后，才开始批量生产木把手榴弹，以后产量和质量逐年提高。1942年春，曾由7个人在半个月时间里完成装制800个地雷、3000个手榴弹的任务。到1943年就能大批制造，保证了部队的需要。

冀热辽军区成立后，军区设后勤部，后勤工作仍以分散经营为主，兵工厂和卫生所全区不下100处。

现在，兵工厂的遗存有南沟遗址、西洞的铸造车间遗址、北洞兵器组装厂遗址。"为有牺牲多壮志，敢教日月换新天。"走近这些遗存，我们依然能感受到70多年前革命先辈为民族解放所进行的不屈不挠的奋斗，所做出的可歌可泣的牺牲。

（宋传信）

怀柔区

怀柔区革命史概述

怀柔区位于北京市辖区东北部，西临延庆区，东连密云区，南接顺义区、昌平区，北与河北赤城县、丰宁县、滦平县搭界，占地面积2122.6平方千米。境内重峦叠嶂，关隘众多，形势险要，战略位置重要。北出长城重关黄花城、慕田峪、河防口可直抵塞北坝上，东沿潮白河谷上溯可达漠北，可谓是出入中原的要冲。

怀柔地区历史悠久。元大德七年（1303）置怀柔县，为怀柔建县之始。民国初年，怀柔为京兆地区20县之一。1928年6月，为河北省属县。九一八事变后，怀柔（现辖区）长城以北沦为伪满洲国疆土。1935年11月，汉奸殷汝耕在通州成立"冀东防共自治政府"，怀柔为所属22县之一。在抗日战争及解放战争时期，由于斗争形势的变化，怀柔境域和隶属多次发生变更。1949年8月，属河北省通县专区。1958年4月，划归河北省承德专区，同年10月划归北京市。2001年12月，怀柔撤县设区。

点燃抗日斗争烽火。1933年5月23日，日军入侵怀柔，中国军队傅作义部在石厂、茶坞一带顽强阻击，为长城抗战的组成部分。1933年9月，抗日将领吉鸿昌、方振武率部会师怀柔，在县城召开群众大会，发出抗日反蒋通电。

1938年6月8日，八路军4纵队由平西经平北向冀东挺进。11日，途经沙峪村，与日本关东军驻密云古北口染谷中队（前往四海）遭遇，4纵队抽调4个连队参战，以劣势装备与日军展开殊死搏斗，全歼日军一个中队120余人。沙峪战斗点燃了怀柔地区全民族抗战烽火。

为扼守这条连接平西与冀东的交通要道，4纵队挺进大队、36大队、骑兵大队坚守怀柔地区，以秋场、大地、头道梁为中心开展游击活动，宣传抗日救亡，建立民主政权。1938年7月初，在头道梁村创建由共产党领导的平北第一个县级抗日政权——滦（平）昌（平）怀（柔）联合县，组建中共滦昌怀县工委。联合县建立后，县工委书记刘国梁带领群众，建立区村政权，先后建立辛营、长园、黄花镇、大地4个区抗日救国会以及头道梁、慕田峪、大水峪等村救国会。在极端困难的环境中，滦昌怀联合县坚持斗争3个月，于1938年10月上旬，随4纵队和冀东抗联总队撤回平西。

开展抗日民主建政。怀柔抗日民主政权，是在武装斗争的支持下，由点到线，由线到面逐步发展起来的，经过三进三出，方站稳脚跟。县域亦多次变迁，在不同时期，先后建立滦（平）昌（平）怀（柔）、滦（平）昌（平）怀（柔）顺（义）、怀（柔）顺（义）联合县。直至1945年8月，建立单一建制的怀柔县。

1940年4月，八路军冀热察挺进军10团挺进平北，积极开展游击战，以武装斗争开辟滦昌怀游击区。经过15个月的战斗，歼敌1000多人。在10团主力的配合下，各级地方武装先后建立并迅速发展。1940年8月，5区、14区及四海游击队建立。1941年，白河、长城、汤河口等游击队建立。1944年，3个连的滦昌怀顺支队建立。

1945年夏季攻势后，日军许多据点被拔除。八路军及地方政权取得主动权，逐步由游击战向运动战的转变。8月下旬，八路军地方武装400余人攻打琉璃庙据点，创造一次歼敌480人，缴获长短枪430多支、机枪2挺、炮6门的战绩。

发展壮大党的组织。怀柔地区党的建设是随着抗日根据地不断巩固、扩大而发展壮大的。党组织的发展由深山区到浅山区，逐渐发展到平原。1940年年初，昌延二区区委书记高万章在庙上村先后发展王起田、齐利田、韩存好、韩存稳、王起立为党员。同年10月，庙上村党支部建立，为怀柔现辖区内第一个党支部。随着革命斗争形势的发展，党组织不断壮大。1945年年底，怀柔有38个行政村，建立基层党支部51个，全县党员发展到590人。

迎接解放战争的胜利。解放战争时期，怀柔地区党组织建设、政权建设和地方武装都得到迅速发展。到1949年年底，全县党员共4915人。县、区、村各级政权组织更加健全。县成立县大队，区成立区游击队或武工队，村有民兵、自卫队和儿童团。在正规军的支援下，采用游击战、夜袭战、伏击战等形式，打垮国民党反动派的多次进攻，不断扩大解放区。

解放区全面开展土地改革运动。1945年秋，县委开展减租减息和清算复仇斗争。1946年，贯彻"五四指示"，开展土改运动。1948年，贯彻《中国土地法大纲》，开展平分土地和土改复查运动，彻底消灭封建土地制度，农民翻身做主人。在县委、县政府的领导下，全县人民掀起参军支前的热潮。组织1500人的担架团随军行动。

1948年12月6日凌晨，盘踞在怀柔县城的国民党军政人员和地方武装，在解放军大军压境，县、区、村武装力量的沉重打击下狼狈逃窜，怀柔全境解放，掀开崭新的一页。

为了人民的解放事业，怀柔人民前赴后继，不畏艰险，英勇献身，1100多名优秀怀柔儿女载入《怀柔县英烈名册》。目前，怀柔区有沙峪抗日纪念碑、怀柔第一党支部纪念馆、北京铁军纪念园、刘玉林烈士墓、长哨营烈士陵园、弘德烈士陵园、汤河口烈士陵园、刘士绥烈士陵园8处红色遗存及纪念设施，分别被列为市、区革命传统教育基地。

主要遗存及故事

1. 刘玉林烈士墓（庙城镇桃山村）

刘玉林（1910—1932），北京怀柔庙城镇桃山村人。1926年加入中国共产党，1928年考入潞河中学高中部，1930年到保定第二师范学校学习。1931年12月，成功领导保定工人推翻黄色工会的斗争。1932年7月，保定当局包围保定第二师范学校，镇压学生的爱国运动。身为二师学潮护校大队长的刘玉林与军警展开殊死搏斗，在掩护师生突围时不幸被捕，同年9月7日英勇就义。

1979年，庙城公社为刘玉林修建烈士墓。2001年，庙城镇对烈士墓进行重建。

刘玉林烈士之墓（怀柔区委党史办 提供）

主题故事 ▶

怀柔最早的共产党员——刘玉林

刘玉林读中学时赶上了军阀混战。中华大地，民不聊生。他对这种局面极为憎恨，爱国思想开始一点点萌发。

1925年，刘玉林考入顺义牛栏山中学，第二年便担任中学党支部宣传委员，化名刘平。他在校外租了间民房，作为党组织和进步学生秘密活动的场所。在这里，他和同学从进步书刊中学习革命理论，向群众宣传革命思想。1928年，刘玉林考入潞河中学高中部。他和进步学生积极组织读书会，揭露国民党右派的反革命面目，宣传中国共产党的革命理想。

1930年，在党组织的介绍下，他又到保定第二师范学校学习。根据中共保属特委的指示，担任保定二师学生会负责人。保定南关有许多码头工人，国民党为欺骗群众，成立了一个黄色工会，工会头子都是国民党特务。特务赵玉成经常监视工人，打算搞一个黑名单向县党部告密，消灭工人中的共产党组织。为保卫中共党组织，扩大党在工人中的影响，保属特委决定领导南关码头工人，向黄色工会发动一次清算斗争。这个任务交给了刘玉林。

刘玉林来到码头工人中间，经过组织和谋划，12月14日，他带领工人选出的代表，来到黄色工会的办事处。这时，黄色工会会长孙大麻子和会计赵玉成正在吃饭，见来了这么多工人，便愣住了。孙大麻子故作镇静，满脸堆笑地说："诸位早，请进屋坐坐。"刘玉林单刀直入："不用客气，我们是代表工人来清查账目的。工会半年多没公布账目了，把账本交出来，让我们清查一下！"

孙大麻子一听要查账，心里就发了慌。他知道，账上问题很多，查出来工人一闹，上司知道，自己可吃不消，就扯谎说账本让清苑县党部拿去了。工人们一听就火了，愤怒地在屋里搜查起来。这时有人发现有一铁皮柜锁着打不开，工人们就要砸。刘玉林觉得砸柜不好，会被敌人抓住口实，弄不好破坏了整个行动计划，但又不能给工人的热情泼冷水。于是，他对工人们说，柜是钢的，一时砸不开，不如找赵玉成逼他交出钥匙。一句话提醒了大家，工人们冲到房门口，逼着赵玉成交出了钥匙。

保险柜里，堆放着十几本账、几包大烟土和一个楠木匣子。工人们随即把孙大麻子和赵玉成带过来。刘玉林指着柜里的东西问赵玉成："东西少了没有？""没少。"赵玉成一边回答一边去开楠木匣子，从里边取出一个纸卷，向刘玉林苦笑着说："这是我的药方，下午得去抓药。"说着赶快把纸卷往衣袋里塞。刘玉林知道其中有鬼，便一下把纸卷夺了过去，打开一看，原来是一张黑名单，赤色工会积极分子的名字都写在上边。工人们见是黑名单，个个怒火冲天，齐声呐喊要打死狗特务。出于策略考虑，刘玉林及时制止了。

工人们查清了账目，抓住了他们贪污的实据，随即在黄色工会大门口，贴出醒目的大字，揭露南关码头工会贪污、贩毒、聚赌三大罪状。清苑县党部和保定警察局，同时收到南关码头全体工人控告黄色工会头头的状子。铁证俱在，警察局不得不接受控告，查办孙大麻子和赵玉成。树倒猢狲散，头儿倒了，黄色工会也散摊了。从此，赤色工会在刘玉林的领导下，工作迅速地开展起来。

1932年7月，刘玉林被捕入狱。在狱中，他被打得遍体鳞伤，但坚决不暴露党的任何秘密。9月7日，警察厅对刘玉林进行重审，警察署署长狞笑着说："刘玉林，你的案子已清，只要今后你不再为共产党做事，我们就立即放你出去，并给你好处！不然的话，今天就送你回老家。"刘玉林高声怒斥："你们这群死到临头的疯狗，如今还想引诱我，办不到！我生为人民解放而生，死为反抗军阀统治而死！为反对帝国主义而死！尽管你们把我杀害了，也改变不了我的信仰。真理是永存的，我们的主张不久就会实现！"见诱降失败，刽子手便急忙将刘玉林等4位保定第二师范学校的共产党负责人秘密拉到保定南关刑场。

去刑场的路上，刘玉林等4位同志神色不变，慷慨激昂地唱着《国际歌》，大家一齐高呼："打倒国民党！""打倒帝国主义！""共产党万岁！"那一年，刘玉林才22岁。

（曹　楠）

2. 沙峪抗日纪念碑（渤海镇沙峪村东山）

沙峪村坐落于怀柔区的西北部，位于慕田峪长城西七八里[①]处，怀沙河自西向东穿过。1938年6月11日，沙峪战斗在村东打响。1987年8月1日，怀柔县委、县政府建立沙峪抗日纪念碑，纪念沙峪战斗中牺牲的烈士。纪念碑坐北朝南，高15米、宽3.5米，碑座为正方形，长6米，用大理石砌成。碑阳为抗战时期曾任中共河北省委书记的马辉之题写"民族英雄永垂不朽"，碑阴有碑文，记述了沙峪战斗的经过及意义。纪念碑四周栽植松柏、板栗、核桃等树木，占地面积1334平方米。

沙峪抗日纪念碑（怀柔区委党史办　提供）

主题故事 ▶

打响怀柔抗日第一枪

怀柔沙峪村东，有一条通向怀柔县城的必经之路，80多年前，就

---

① 1里相当于500米。

是在这里打响了怀柔抗日第一枪。

为策应冀东抗日大暴动，1938年6月8日，八路军第4纵队[①]指战员5000余人，由平西斋堂出发，分南北两路，经平北向冀东挺进。11支队由八达岭至康庄之间过平绥路[②]经延庆向东为北路；12支队由居庸关、南口之间过平绥路经昌平向东为南路。

11支队下辖31、33两个大队和一个教导队，全支队3000多人。为掩护主力部队通过平绥路，由邓华率领的31大队1营强行越过平绥路，直攻延庆县城。战斗打得激烈，击毙日军十几人，任务完成后部队立即撤出战斗，东进攻克永宁。主力部队途经康庄时，消灭驻守之敌，袭击发电厂。东进部队很快又打下四海，消灭日军10余人，缴获一批枪支弹药。

初战告捷，八路军战士们士气高昂。当地群众欢欣鼓舞，送茶送水，筹集军粮，支援八路军。邓华支队路过永宁时，天色已晚，他们不惊动百姓，露宿街头。次日清晨，战士们泼水扫街，清理垃圾，打好背包，继续行进。

6月10日夜，邓、宋两支队在怀柔铁矿峪、洞台、兴隆城、南冶、沙峪一带会合。11日凌晨，邓华支队在沙峪村首先拿下伪警察所，接着侦察员捉到3个汉奸。经审讯得知，日本关东军驻密云古北口染谷中队正朝着沙峪方向行进。

八路军总部曾指示第4纵队，东进途中尽可能避免与敌人正面接触，以尽快挺进冀东。然而，如果此时不消灭这股迎头而来的日军，第4纵队就无法顺利通过怀柔地区。邓华果断指出："这股敌人可能是

[①] 1938年5月25日，宋时轮支队到达平西，与同年3月到达的邓华支队会合。根据八路军总部电令，邓华支队改为11支队，宋时轮支队改为12支队，两支队合编为八路军第4纵队。宋时轮任司令员，邓华任政委兼纵队党委书记，李钟奇任参谋长，伍晋南任政治部主任。

[②] 平绥路，即当时北平（起点为今北京北站）至包头的铁路。京张铁路通车前，清政府已决定展修张家口至绥远（今呼和浩特）段。1914年展修至大同。1916年，京张、张绥两路合并，改称京绥铁路。1921年，通车至绥远。1923年1月，通车至包头。1949年10月，更名京包铁路。

来增援四海之敌的，对我军的行踪还不了解，我们可以在这里等他们来，打一个伏击。"经过商议，第4纵队决定借助有利地形痛击敌人。

伏击日军的战场就选在沙峪村的东山嘴。纵队参谋长李钟奇周密部署兵力：邓支队31大队1营埋伏在河套南山，2营埋伏在河套北山，在日军来向正面部署重机枪一个连的兵力。任务是敌人行进到150米处，两面埋伏部队同时开火，把敌人压在河套沟内。在敌人退路的左右两侧山上也分别埋下伏兵，待敌人进入伏击圈后，互相配合，缩紧入口，切断退路，阻击增援之敌。

6月11日上午11时，只见远处河边的小路上，一队日军由东向西疾速而来。河边小路越来越窄，日军不得不变成一路纵队，中队指挥官走在队伍之前。当日军完全进入伏击圈时，第4纵队指挥员一声令下，隐蔽在山上的八路军战士立刻向敌人猛烈开火，机枪、步枪、手榴弹霎时间响成一片。日军还没来得及摘下枪，有的就被击毙，有的被炸伤，走在前边的指挥官还没明白怎么回事就完蛋了。

一阵慌乱之后，训练有素的关东军便开始还击。在机枪的掩护下，埋伏在两侧山上的八路军战士向关东军冲杀过去，短兵相接。他们怀着对敌人的刻骨仇恨，英勇顽强：有的咬掉敌人的耳朵，有的抠出敌人的眼珠，有的用石块砸烂敌人的脑袋，有的牺牲时还紧掐着敌人的喉咙。3个负重伤的战士最后拉响手榴弹与敌同归于尽。

在沙峪河套边、山坡上、谷地里，关东军丢盔弃甲，尸横遍野。但是一部分敌人利用路旁沟坎做掩护，负隅顽抗。八路军两次冲锋均未成功。这时，邓华等人认真分析了战场情况，发现这些顽固之敌多是有经验的三四十岁的"胡子兵"，而关东军又是日军侵华的精锐部队，受军国主义影响很深，有相当强的战斗力。于是邓华命令部队改变打法，集中特等射手，"胡子兵"露面一个打一个。

下午3时，枪声渐稀，仍有五六十个日军负隅顽抗。邓华命令31大队队长季光顺："你组织一个突击队，隐蔽前进，绕到敌人的背后，用手榴弹消灭掉敌人的重机枪。"季光顺组织一个排的战士，每人带上10颗手榴弹,爬向前沿阵地。在青纱帐的掩护下,战士们很快接近敌人。"打!"指挥员一声呐喊,手榴弹在敌群里开了花。下午4点多钟,战斗终于胜利结束。

此次战斗,八路军全歼日中队包括中队长染谷少佐在内120余人。沙峪战斗打响怀柔抗日第一枪,产生了十分深远的政治、军事影响。

(宋传信)

3. 怀柔第一党支部纪念馆（九渡河镇庙上村）

1940年10月,昌延联合县二区区委书记高万章[①]在庙上村创建怀柔第一个党支部。为展示该党支部历史,2005年村中修建纪念馆,2006年7月7日落成,2012年进行扩建改造。纪念馆建筑面积5300平方米,由展厅、广场、多媒体播放室和情景再现四部分组成,由南向北为"三阶式"错落。

其中,展厅分为"红色灯塔""抗战烈焰""怀柔烽火""庙上硝烟"等8部分内容,展示抗日战争和解放战争时期怀柔人民英勇抗敌的历史以及改革开放后庙上村的发展情况。广场占地面积2000平方米,设有高万章塑像、砂岩浮雕等。

2008年,纪念馆被公布为北京市爱国主义教育基地。2010年,被命名为市级廉政教育基地。2012年,被评为北京市第二批红色旅游景区、北京市首批职工爱国主义教育基地。

---

① 高万章(1915—2004),河北省宛平县(今北京市门头沟区)人。1933年4月,参加革命工作,同年,加入中国共产党。1940年1月,到昌延二区开展工作。1943年2月,到冀晋孟平联合县任三区助理员秘书。1945年,抗战胜利后,任张家口市第九区区长。1946年12月,再次来怀柔,负责《冀热察导报》出版。1948年12月,任察哈尔日报社经理部副部长。中华人民共和国成立后,任大同市建工局副局长、劳动局党组书记等职。

怀柔第一党支部纪念馆（怀柔区委党史办 提供）

主题故事 ▶

庙上有个"高万丈"

庙上村不大，却吸引众多党员、干部、团员、青年学生前来参观学习。小小庙上村，为何这么红？事情得从一个叫高万章的人说起。

1940年1月，庙上村来了位"教书先生"，住到了贫农王起田家。这位先生，便是由平西调到平北任中共昌延联合县二区区委书记的高万章。因当时很少印写文字，又语音相混，老百姓称其"高万丈"。

初到二区，只身一人的高万丈以教书做掩护、以莲花山为依托，开展工作。当时正值抗战最艰难阶段，敌人实行"三光"政策，在庙上村2.5千米的范围内就有9个日军和伪满军的据点，斗争环境极其危险。派来一个区长被捕了，提拔了一个区长叛变了。高万丈不畏艰险，孤身作战。白天趴山头，夜晚访百姓，即使住村里，一宿也要转移三四户人家。

  一个个不眠夜，高万丈耐心地向庙上村贫苦农民讲解党领导群众打击侵略者、人民当家做主人的革命道理。他陆续发展王起田、齐利田、韩存好、王起立、韩存稳等人入党。一盏油灯，一面党旗，几个人悄声宣誓：听党的话，革命到底，保守党的秘密，永不叛党。1940年10月，村中建立党支部。在高万丈的影响下，村里涌现出一批勇敢坚定的共产党员：韩存好，传递情报时被敌人抓走，被打得皮开肉绽也不屈服；宋普臣，被敌人用刺刀划破肚皮，依然保守党的秘密；王起顺，送军鞋途中被捕，牺牲在敌人铡刀下……这些英勇的共产党员，激励着全村百姓奋不顾身、舍生忘死地支持抗战事业。

  艰苦的环境中，庙上村军民齐心抗日。日伪军时常上山"扫荡"，逼问村民八路军及军粮去向。亲历这段艰难岁月的王启兰老人回忆说："伪军来了就烧房子，还到处问藏粮食的地方，可村里没有一个人说。"有一次，山下据点里的伪军又来搜粮，抓住了她怀孕4个月的嫂子。"嫂子被几个鬼子押着上了山，可军粮在哪里坚决不能说，我嫂子带着他们在山上瞎转悠，专爬不好走的山路。"伪军气急败坏，抄起大棍子朝嫂子一顿乱打，"我嫂子几乎是爬着回来的，回来就不省人事了，晚上孩子就小产了。"①

  有了群众的衷心拥护，庙上村储存的抗战军粮没少一粒，子弹没缺一颗，来往于庙上村的共产党、八路军干部没有一个在这里被捕或遇难。至今，村里还有老人会哼哼几句当年的歌曲——

    军粮一到位，腾出水缸和饭柜；
    热炕头，让给咱们八路睡；
    大树下，石洞里面去开会；
    吃奶的孩子山上喂，几家合盖一条被……

---

  ① 《庙上村：怀柔第一党支部诞生地》，《京郊日报》2015年9月2日第3版。

随着形势的发展，高万丈的任务更加艰巨，处境也更加艰难。他不仅带队伍打日军、捣毁警局、镇压汉奸，还混在修围子[①]的群众中开展宣传、夜间带领群众拆围子。

1942年10月24日，由于叛徒告密，高万丈不幸被捕。敌人先将他押到大庄科据点，后又到四海。又将很多老百姓拘押在四海，让高万丈指认其中的共产党员和抗日积极分子。高万丈厉声道："就我是共产党员。"气急败坏的敌人将他投入永宁监狱。自然少不了皮肉之苦，但他就是坚不吐实。在狱中，他遇到了滦昌怀第一区区长李芳龄，两人一起鼓励狱友们保守秘密，坚持斗争。1943年1月，高万丈被释放。

出狱之后的高万丈离开了怀柔，继续革命奋斗。他创建的庙上村党支部，跟着中国共产党坚持抗日斗争，走过解放战争……而庙上村的村民始终没有忘记他们的领路人，还在传唱着：

> 个子高，身体壮，军人作风斗志旺。
> 率领区委来庙上，声东击西山上闯。
> 汉奸特务记上账，罪大恶极枪子撞。
> 忆党史，庙上党支部是他创——区委书记高万丈。

（宋传信）

4. 弘德烈士陵园（宝山镇道德坑村）

陵园始建于1947年，原名为道德坑烈士陵园。解放战争时期，道德坑村曾是晋察冀（冀热辽）后方医院驻地。由于当时条件艰苦，战斗频繁，医疗救治伤病员的器械设备及药品紧缺，死亡人员数以

[①] 日伪（满）军在昌延二区二道关、鹞子峪一带构筑的设施，也称"人圈"（如同猪圈、羊圈），强迫老百姓搬进围子，妄图隔断八路军与群众的联系，加强其殖民统治。

千计，就地掩埋的烈士就达数百人。2005年年初，宝山镇政府将掩埋在道德坑村的部分革命烈士遗骨集中迁葬，并修建烈士陵园。2013年11月，陵园扩建完成，更名为道德坑弘德烈士陵园。2018年12月，被公布为北京市爱国主义教育基地。

陵园总面积1.3万平方米，主要有医院遗址、红色展厅、牌楼、忠魂亭、烈士纪念碑、烈士墓区、浮雕烈士墙等。烈士纪念碑是陵园主体建筑之一，碑基面积150余平方米，碑身由596块花岗岩石块砌成，上嵌五角星，雕刻太阳、齿轮麦穗图案，碑高14.8米。碑阳刻着"光荣烈士永垂不朽"，碑阴刻着"英雄的战士、坚强的人民，他们的不朽业绩永垂青史"。忠魂亭内立有"无名烈士纪念碑"，碑后刻有"你的名字无人知晓，你的功勋永垂不朽"。

弘德烈士陵园（怀柔区委党史办　提供）

主题故事 ▶

深山沟里的红色医院

道德坑是一个宁静美丽的小山村，村后青山巍巍，村前河水潺潺。解放战争年代，这里是冀热察军区后方医院所在地，也是当时华北地区最大的后方医院，曾收治伤员3万多人。当时，道德坑村"家家是病房、户户住伤员"，留下了一段段感人至深的红色故事。

1946年至1948年，设在宝山道德坑村的野战医院是冀热察军区野战医院二部。医院院部设在村中老爷庙内，庙西侧村民李青照家就是手术室，支上行军床便是手术台。条件虽艰苦，但这里的医护人员不但责任心强，且医术精湛。当时有个著名的外科大夫叫马克，人称"一把刀"，本是国民党部队高级军医，投奔解放军后，真心实意地救治伤病员。马克没日没夜做着手术，眼睛布满血丝。很多在别处无法救治的战士，经他医治便会手到病除，重返前线。还有一名军医老徐，医术高超，和马克大夫一起创造了不少手术奇迹。

那么多的伤病员住在哪儿？伤员最多的时候，村里60户人家全力以赴，先是把上房腾出来给伤员住，自己住厢房，后来厢房也腾出来，几家人合住一铺炕，大家轮流休息。最紧张时，村里青壮年夜以继日地照料伤病员，老人和小孩就到附近山上搭个马架窝棚当临时住所。这个夏不遮雨、冬不挡风的窝棚有的一住就是两三年。村民李青普家有4间房，留出3间给伤员住，他们祖孙三代挤在一间房内。就这一间房，李家人也很少去住。当时，李父参加前方担架队，根本不在家；祖父参加后方担架队，很少回家住；他本人参军在医院看护班工作，不可能回家住；剩下母亲一人，她要护理伤病员、洗衣、做饭。其他人家也如此，有当兵上前线的，抬担架救护伤员的，运送军用物资武器弹药的，转送军粮的；后方妇女做军鞋，护理伤员，还要站岗放哨，传送情报，如遇敌人侵扰，又要掩护伤员到山上躲避。特别是1948年后半年，村里人人都在为支援战争紧张忙活，困急了，随处一躺就算睡觉了。

医院设有办公室、医护连、武装班、健康连等，管理井井有条。办公室专门登记入住的伤员，给他们安排住处，所有入住的伤员都登记在花名册里。医护连分4组轮流值班，每天夜里都要提着灯笼挨家挨户查看伤员伤势，有情况及时处理。武装班负责在医院周边巡逻，一旦发现情况，就及时转移伤病员。1948年的一天，医院得到情报，国民党中央军要来这里"骚扰"，武装班马上掩护伤员往后甸方向转移。一些伤员经过救治伤势好转后，就到健康连接受康复训练，为返回部队做准备。

村民像对待亲人一样地照顾伤员。当年15岁的李青春家，收治了彭海川、王永路、李叶等5位伤员，一铺炕住不下，又在堆满杂物的小西房搭建了一个小土炕。正房让给伤员，一家8口人则住进低矮破旧的小西屋。为让受伤的战士尽快康复，李青春父亲总是想方设法让伤员吃得好一点，盛粥时把稠的盛给伤病员，稀的留给自家人。粮食不够吃就到村外挖野菜，山脚下的野菜挖光了，就到很远的山上去挖。家里唯一值钱的就是一只羊，可为了给伤员增加营养，他把这只羊也杀了，煮了锅羊肉汤给伤病员喝，可他们全家人一口没舍得喝。伤病员深深为老乡的无私帮助所感动，待伤情稍有好转，就给村民挑水、扫院子、收庄稼。还开办识字班，教老百姓认字，一旦痊愈就纷纷申请归队杀敌。

战争冷酷、无情，道德坑却充满温度，在这里，创造了一个又一个人间奇迹，铸就了一座永不磨灭的红色历史丰碑。

（曹　楠）

5. 北京铁军纪念园（九公山长城脚下）

纪念园东眺慕田峪、西望居庸关，由北京新四军研究会联合九公山长城纪念林管理方合作建立。入口处为景观长廊，中间是纪念碑和新四军战士铜雕，铜雕后是铁军纪念馆，之后是叶挺、项英、陈毅、刘少奇的浮雕，拾级而上进入陵园。陵园已安葬700余位将士，其中有开国上将陈士榘、海军中将赵启民、陆军中将李宣化等。陵园内还设有开国大将粟裕的衣冠冢。

作为北京市唯一的新四军纪念园，园区内的新四军骑马战士紫铜雕像、记录着3327位英雄名字的将士名录墙，都体现出新四军的英勇与雄壮。铁军纪念馆于2013年7月1日建成开馆，为3层建筑，通过66块文字展板、270平方米的屋顶战势地图、50平方米背景墙油画、700余幅照片组成的人像墙、40余件历史文物，来展现新四军的光辉历史。

2013年7月，纪念园被公布为北京市爱国主义教育基地。

主题故事 ▶

从汇文中学走出的抗日英雄——彭雪枫

1944年9月的一天，新四军代军长陈毅辗转难眠，披衣而起，在昏暗的灯光下奋笔疾书："淮北哀音至，灯前意黯然。生平共忆想，终夜不成眠。"什么样的"淮北哀音"使当时的代军长陈毅如此黯然神伤？原来，那天陈毅收到了一则来自前线的消息，彭雪枫①师长牺牲了。

彭雪枫，幼时家贫，没有条件上学读书。祖父见他对知识如饥似渴的求知欲望，就凭自己少量的文化教他学文识字。伯父见他好学，就介绍他到附近的地主家伴读。1921年，父亲把家里积蓄的15块大洋全拿出来，让他投奔

北京汇文中学内的彭雪枫将军纪念碑（东城区委党史办　提供）

---

① 彭雪枫（1907—1944），河南镇平人。1925年6月，加入中国共产主义青年团，9月，加入中国共产党，是中国工农红军和新四军杰出指挥员、军事家。1944年9月11日，在河南夏邑八里庄牺牲。

在天津教书的伯父。在伯父的资助下,彭雪枫考入南开中学。这年冬天,因伯父无力资助,彭雪枫被迫辍学。第二年,他来到北京,投靠在冯玉祥部队任书记官的族叔,进入西北军军官子弟学校读书。1924年,彭雪枫又因族叔停止资助再次陷入困境。校长余心清给了他一个机会,让他在学校兼职,一个月10元钱。再加上同学接济,彭雪枫终于能继续学习了。

1925年,彭雪枫进入育德中学(位于北京南郊团河)学习,6月加入中国共产主义青年团。1926年,奉晋军阀发动反冯战争,彭雪枫带部分同学到达绥远。后因国民军失败,育德学校随之解散,他只得带着同学返京,大部分同学分别转入汇文中学和今是中学学习,可彭雪枫又因没钱缴纳学费再度无处读书。恰在这时,原育德中学教务主任周祝三转任汇文中学的教务主任,经周祝三介绍,学校允许彭雪枫欠缴学费进入汇文中学读书。

彭雪枫的生活异常艰难,有时整天吃不上一顿饭,唯一的一双鞋鞋底穿出了洞,也没钱修补一下。就是在这样的条件下,彭雪枫依然坚持学习,坚持斗争。当时的北京图书馆是他常去的地方,他在那里贪婪地读书看报,还为报社撰写文章,这不仅成为他学习的方法,也是他谋生的一种手段。对知识的渴求伴随了彭雪枫的一生,即便在日后的戎马倥偬间,他也从未放弃过任何学习的机会。

1939年2月,河南永城一带正值春荒,野菜都成了稀罕物。那时,彭雪枫带领新四军游击队驻扎在永城县书案店。他和战士们一样,一天只领3分钱菜金,吃的全是高粱面、红薯之类的粗糠食物。尽管如此,还是难以为继。眼看部队要断粮了,万般无奈的军需处处长向彭雪枫汇报,并建议官兵外出挖野菜充饥。彭雪枫听后,沉思片刻,断然拒绝。彭雪枫认为军队出去挖野菜也是与民争食,不能行!他当即做了"卖军马,度春荒"的决定。

听说彭雪枫要卖军马,从军需处处长到通信员、饲养员,个个想不通。他语重心长地说:"古时秦琼受困于山西潞城,不是卖掉了他心爱的黄骠马嘛!今天,为了打鬼子,为了民族的解放,我们暂时卖掉这红骠马、黑骠马、白骠马，也没有什么了不起！马一天不骑不要紧，饭一天不吃可不行啊！"接着，他又说："没有马可以步行，行装物品大家分开带。部队没吃的，特别是伤病员缺盐少油可不行。卖了马，可以换来柴米油盐。再说，春种在即，正是百姓用马之时。这样做，正好是军民两利。"

几天后，饲养员忍痛将几匹军马牵到集市。当地一位开明地主被此义举感动，自愿帮助部队解决部分粮食，但不肯要马。为公平交易，彭雪枫以8匹军马相赠。后来，军需处又卖了几匹马。这样，不仅解决了部队给养，还挤出部分钱粮救济当地断炊农户。

1944年9月11日，彭雪枫指挥新四军主力攻打八里庄（位于今商丘市夏邑县境内），乘夜包围八里庄等4个据点。在指挥战斗中，彭雪枫胸部中弹牺牲，年仅37岁。而就在10个小时前，毛泽东还致电彭雪枫："中原各部作战之配合，通归彭雪枫将军指挥。"得知彭雪枫牺牲的消息，毛泽东泪水夺眶而出，拍案而起："小小八里庄，竟然损我一员大将！"

为不影响部队士气，也为保护身怀六甲的彭雪枫的夫人林颖，师领导请示新四军党委后，决定暂缓公布彭雪枫阵亡的噩耗，并要求有关人员保守这个秘密。直到1945年1月24日，彭雪枫牺牲的消息才公之于世。毛泽东、朱德、彭德怀、陈毅共同为他题写挽词：

二十年艰难事业，即将彻底完成，忍看功绩辉煌，英名永在，一世忠贞，是共产党人好榜样；

千万里山河破碎，正待从头收拾，孰料血花飞溅，为国牺牲，满腔悲愤，为中华民族悼英雄。

（曹　楠）

密云区

密云区革命史概述

密云区位于北京市辖区东北部，是华北至东北的重要门户，素有"京师锁钥"之称。西邻怀柔区，南接顺义区、平谷区，东、北毗邻河北兴隆、承德、滦平，面积2229.45平方千米。

密云历史悠久。秦始皇二十二年（前225），设置渔阳县。明洪武元年（1368），密云县域始为单一县级建制，隶属北平府。1914年，改属直隶（河北省）。抗日战争时期和解放战争时期，区划和称谓变动频繁。1949年8月，组建统一的中共密云县委和县政府，隶属河北省通县专署。1958年10月，划归北京市管辖。2015年10月，撤县设区。

古北口长城抗战。1933年3月至5月，日本侵略者向长城沿线大举进攻，中国军队奋起抵抗，长城抗战爆发。日军第8师团向古北口发动重点进攻，中国东北军67军、中央军17军先后投入战斗，以劣势装备和血肉之躯顽强抗击，毙伤日军5000余人，给侵略者以沉重打击。由于中日两军实力差距和国民党当局的妥协政策，5月31日签订《塘沽协定》，双方停战。

长城抗战虽然失败了，但中国军队以誓死报国的决心和行动沉重打击了日本侵略者。古北口战役，以双方投入兵力最多、历时最长、战况最激烈、杀伤敌人最多、对战局影响最大而成为长城抗战的主战场，打响了现北京地区抗战的第一枪，也是田汉创作《义勇军进行曲》的重要背景。

《塘沽协定》签订后，密云被分割成3部分：西北部白马关、鹿皮关、河防口以西以北的40多个村庄划入伪满洲国；古北口被日军占据，隶属伪滦平县政府临时办事处；长城以内的密云大部地区与冀东其他21个县被划为"非武装区"，密云隶属蓟（县）密（云）区行政督察专员公署。1933年年底，日军虽从密云撤走，但1934年又以拦击抗日同盟军为借口重返密云，直到抗日同盟军被国民党军队和日伪军联合镇压后,才退回古北口。1935年11月,大汉奸殷汝耕在通州成立"冀东防共自治委员会"(后成立"冀东防共自治政府"),密云县脱离中国政府统辖。

1933年5月,在中国共产党的领导下,以密云县"飞地"驻马庄为中心,爆发了反抗日本帝国主义侵略和国民党反动统治的"穷人会"斗争,"穷人会"组织几个月间迅速扩展到密云、三河、顺义、平谷、怀柔、通州等县的60多个村庄及密云、三河县城。9月,在"穷人会"中建立密云第一个党支部——驻马庄党支部,不久又成立密云县中心党支部。在党的领导下,"穷人会"开展抗捐、抗税、抗债斗争,减轻了农民所受压迫。此次斗争虽被国民党当局残酷镇压,党的活动也被迫停止,但党在密云地区留下了深刻影响,播下了革命的火种。

根据地军民坚持抗日。1937年7月7日,全民族抗战爆发。8月,日军完全占领密云,并将密云变为其侵略华北的一个重要基地。

根据中共中央军委和八路军总部的指示,1938年6月,八路军第4纵队经平北挺进冀东开展游击战争,策应冀东抗日大暴动,建立密(云)平(谷)蓟(县)联合县政府。7月,冀东大暴动爆发,密云人民积极参加抗日队伍,掀起抗日热潮。冀东暴动受挫后,第4纵队留下第3支队在密云东部等地继续坚持抗日游击战。

抗日战争进入相持阶段以后,为实现中共冀热察区党委和八路军冀热察挺进军提出的"巩固平西、坚持冀东、开辟平北"三位一体的战略任务,1940年4月至5月,八路军冀热察挺进军第10团分两批挺进密云,开辟抗日根据地。6月,成立丰(宁)滦(平)密(云)联合县政府,在潮河西部地区开辟丰滦密抗日根据地。在潮河东部地区,党领导抗日武装和密云人民先后建立蓟(县)平(谷)密(云)联合县、平(谷)密(云)兴(隆)联合县、承(德)兴(隆)密(云)联合县,成为冀东抗日根据地的重要组成部分。

密云地区抗日根据地的建立,严重威胁着日伪的反动统治,日本侵略者在密云地区大肆制造"无人区""人圈",推行"治安强化"

政策，进行无数次"扫荡""蚕食"，妄图消灭抗日武装，摧毁抗日根据地。面对日军的烧杀抢掠，密云军民不屈不挠，英勇战斗，涌现出抗日英雄白乙化、英雄母亲邓玉芬等一大批英雄模范人物。据不完全统计，抗战期间，3000多名密云儿女参加八路军和地方抗日工作，7600多抗日群众被杀害，3589人被抓到东北或日本国内做劳工，绝大多数惨死异乡，10.2万人次被强迫服劳役，1.5亿公斤粮食被抢，17460间房屋被烧毁，90600头牲畜被抢掠。密云人民为抗战胜利做出了巨大牺牲。

解放区土地改革与密云县城解放。抗战胜利后，国民党反动派向密云地区发动军事进攻，密云人民积极投入解放战争。1946年古北口保卫战胜利，粉碎蒋介石妄图在停战令生效前打通进军东北道路的阴谋。1948年6月19日，华北野战军第3纵队攻占密云重镇石匣城和小营车站，切断国民党军队东北与华北的联系，有力地支援了东北战场人民解放军作战。

密云解放区人民一面支援前线，一面进行翻天覆地的土地改革。1946年7月，为执行"五四指示"，密云解放区开展土地改革运动。至9月，全县有209个村进行了土改。后因内战爆发，土改运动中断。1947年3月始，开展土改复查运动。同年12月，贯彻执行《中国土地法大纲》，开始进行平分土地运动。

1948年11月，辽沈战役刚刚结束，东北野战军未及休整即挥师入关，参加即将开始的平津战役。其先遣部队第11纵队（后改称第48军）奉命隐蔽入关，途经密云时，决定攻取密云县城，以利西进。密云县城内有国民党第13军115师463团和465团、暂63师1团、热河保安团及密云县警察大队等，约近7000人，装备精良。1948年12月5日，解放密云城战斗从晨8时总攻开始至当晚10时止，共歼灭国民党军5307人。

解放密云县城战斗，是东北野战军入关后打的第一场硬仗，清除了从冀东进军平北、平西的最大障碍，为夺取平津战役胜利做出重要贡献。密云人民从此翻身解放，积极支援前线。

目前，密云有红色遗存24处、相关遗存8处。白乙化烈士纪念馆、古北口战役阵亡将士公墓、承兴密联合县政府旧址纪念馆、英雄母亲邓玉芬雕塑和主题广场为北京市爱国主义教育基地；古北口战役阵亡将士公墓为国务院公布的第二批国家级抗战纪念设施。密云烈士陵园、金崇山烈士纪念碑、孟思郎峪惨案纪念碑、云蒙山抗日斗争纪念碑、新城子雾灵碑苑、王波烈士碑园、古北口长城抗战七勇士纪念碑、南山革命烈士纪念碑、四竿顶战斗烈士纪念碑、苍术会四十八烈士纪念碑为密云区爱国主义教育基地。按保护级别分，古北口战役阵亡将士公墓、白乙化烈士纪念馆为北京市文物保护单位；丰滦密联合县政府遗址、承兴密联合县政府旧址纪念馆为密云区文物保护单位。

主要遗存及故事

1. 白乙化烈士纪念馆（陵园）（石城镇河北村）

1941年2月4日，在密云马营战斗中，八路军冀热察挺进军第10团团长白乙化①不幸牺牲。1944年5月，丰滦密联合县在白乙化牺牲地建立纪念碑，碑身正面刻有"民族英雄"4个大字。

1985年10月，密云县重建纪念碑及雕像，新建白乙化烈士陵园。园中有白乙化戎装半身花岗岩雕像。雕像背后并排竖着4块大理石碑，中间两块碑上分别刻有萧克的题词"血沃幽燕"和"名垂千古"，左边碑上刻有《白乙化传略》，右边碑上刻有碑记。

白乙化烈士纪念馆（李兰瑞　摄）

---

① 白乙化（1911—1941），辽宁辽阳人。1930年在中国大学读书期间加入中国共产党。九一八事变后，回家乡组织义勇军抗日。1937年全民族抗战爆发后，领导绥远垦区暴动，组建抗日先锋队。1939年4月，抗日先锋队奉命开进平西抗日根据地，年底任八路军冀热察挺进军第10团团长。1940年5月，率10团向平北挺进，开辟丰滦密抗日根据地。

2006年7月1日，白乙化烈士纪念馆正式建成。纪念馆面朝密云水库，背依马营西山，南临白河，占地面积约2000平方米。纪念馆门前"白乙化烈士纪念馆"8个大字是白乙化生前战友焦若愚所题。2008年，纪念馆被公布为北京市爱国主义教育基地。

主题故事 ▶

"生不回平西，死不离平北"

1939年年底，华北抗日联军正式改编为八路军晋察冀军区第10团，简称10团，白乙化任团长。10团刚一建立，艰巨的任务就来了，开辟平北丰（宁）滦（平）密（云）抗日根据地。平北被称为"满洲国的西大门"，是日军关内、外的枢纽和咽喉，敌我必争之地。八路军曾几次挺进平北，但最终都未能站稳脚跟。为让10团啃下这块硬骨头，司令员萧克来到10团驻地碣石村（位于今门头沟区雁翅镇）做动员，白乙化代表10团向上级表示："生不回平西，死不离平北。"

白乙化带领10团一路拼杀，展开灵活机动的游击战术。1940年5月28日，队伍抵达密云县，将横跨长城内外的云蒙山区定为根据地中心区。他果断分兵出击，亲率一营北出长城，连克五道营子、小白旗、司营子、虎什哈等日伪据点后，又在丰宁境内全歼伪军一个营。这些战斗的胜利，为根据地的开辟创造了有利条件。不久，丰滦密抗日联合县成立。敌人惊呼："延安的触角伸进了满洲！"日军下狠心要消灭10团，或是把10团从平北赶出去。

1940年9月23日，4000余名日伪军对平北根据地发起了为期78天的疯狂"大扫荡"。白乙化审时度势，机智地制订了"敌进我进，到外线去打击敌人，开辟新地区"的反"扫荡"战术方针，同日伪交战113次，在日伪准备草草结束"扫荡"的时候，他又抓住时机，率领转到外线的部队返回内线，于冯家峪南弯子设伏，一举消灭日军铃木大队哲田中队90余人，使丰滦密抗日根据地得以巩固和发展。深秋到了，树叶落了，八路军不但没走，反而摆开了阵势，同日军较量开了。老百姓看到了希望，许多区、村干部腰杆也硬了。

1941年2月4日（正月初九）早上，八路军刚刚埋灶做饭，突然哨兵发来警报，伪满滦平县警务科科长关直雄（日本人）指挥道田"讨伐队"170余人，沿白河川向根据地进犯，想趁着根据地军民过节之机捞点便宜。

日军刚到密云县张家坟村，白乙化率领10团和游击大队迅速向山上撤退，占领制高点，与之展开战斗。敌人疯狂向10团和游击大队进攻，最近时，距离八路军只有几步路。白乙化观察了附近的地势，命令队伍且战且退，来不及用枪，就用手榴弹炸敌人，诱敌至鹿皮关南面的山岭。随即，命令驻马营的3营抢占鹿皮关以北的白河西岸山梁，以截断敌人后路，同时，命令驻赶河厂的1营赶赴白河东岸山梁布阵准备全歼敌人。

可是狡猾的敌人进入王道岭后害怕中了10团的伏击，没有再沿着白河川走，而是顺着马营西北面的降蓬山山脊向南面直插过来，与1营遭遇，激战在降蓬山山梁上打响了。战斗刚开始，白乙化就迅速赶到前沿阵地进行指挥。他手执令旗站在降蓬山山顶一块大青石上。警卫员怕发生意外，硬把他拉了下来。日军很快被1营击溃，部分残敌退到长城楼子里负隅顽抗，10团进攻受阻。白乙化见状又跃上大青石，手挥令旗，向前方的1营营长高声命令："王亢，冲锋……"喊声未落，一颗子弹击中了他的头部。

马营战斗胜利了，但年仅29岁的白乙化却倒在了平北根据地的沃土上，用自己的生命践行了"如能死在抗战杀敌的战场上，余愿得偿矣！"的誓言。

白乙化牺牲后，村里老百姓用自家的门板将他的遗体抬下山。民间有不让黄土埋脸的习俗，又来不及造棺材，就将3块门板搭成一个三角形棺材，将他草草安葬在降蓬山东坡一棵栗子树下……

（王桂环）

2. 丰滦密联合县政府遗址（云蒙山牛盆峪村黄花顶）

全民族抗战时期，为实现开辟平北、建立连接平西与冀东交通走廊的战略意图，1940年4月至5月，八路军冀热察挺进军第10团奉命分两批挺进密云，以云蒙山区为落脚点。6月，以密云西部山地为中心的平北丰（宁）滦（平）密（云）联合县成立，王森任县长，马力负责党务工作。当时，未成立县委，只设中共丰滦密工委。办公地点设在牛盆峪村西北黄花顶，俗称"臭水坑"。

丰滦密抗日根据地的建立以及10团不断袭扰平古路，给日伪造成极大威胁。9月23日，4000余日伪军对根据地发动78天"大扫荡"。面对强敌，在团长白乙化的指挥下，经过大小113次战斗，10团消灭大量日伪军。由此，丰滦密根据地扩展到8个区。到1941年6月底，扩展到潮河以西、四海以东、丰宁大阁以南、顺义年丰村以北，有16个区。8月，中共丰滦密县委正式建立。1942年4月8日，日伪军在此制造震惊平北的臭水坑事件，丰滦密联合县政府驻地被烧毁。

云蒙山抗日斗争纪念碑揭幕仪式（密云区史志办 提供）

1944年5月,丰滦密联合县政府在旧址为死难烈士建立"卫国爱民"纪念碑。1983年9月,此地被公布为密云县文物保护单位。

主题故事 ▶

最后一颗子弹留给自己

"出去告诉同志们,多大困难也要坚守住我们的根据地。"面对日本侵略者的重重包围,绝境之下,他将最后一颗子弹留给了自己,饮弹自戕。这个人就是沈爽①。

1933年,沈爽奉党组织的指示转移到北平。1940年7月,被派遣到丰滦密联合县做敌工部工作。当时,根据地初建,不仅敌特汉奸猖獗,而且缺少情报网,物资匮乏。沈爽到任后,通过镇压榆树湾、四合堂、大甸子的3个铁杆汉奸,有力震慑了汉奸特务。但是,要获取重要情报、购买军需物资,就必须到县城去。这天,密云县城西门,走来一个头戴礼帽,身穿长袍的中年人。

"干什么的?"守城门的伪军例行盘问。

"长官好,我是教书的,与城里的大士绅苏俊峰是亲戚,这不乡下闹八路,来县城谋点事干。"

"苏要员家的亲戚?"伪军仔细打量了一下他,见他长相儒雅,神情淡定,想了想,也没搜身,一摆手:"进去吧。"

进了城,沈爽很快打听到伪县政府要员苏俊峰家,径直走进去。见到苏俊峰,沈爽直接亮明身份,说明来意,晓以大义,最后说:"我今天不请自来,要抓我请便。只要不怕血溅厅堂,你家就是我的坟场!"苏俊峰本就是被迫做伪事,又被沈爽所讲道理及其过人胆量折服,就答应帮忙。

---

① 沈爽(1896—1942),吉林双城人,满族。他从吉林师范学校毕业后回本乡教书。九一八事变后,组建抗日自卫军,自任司令。1933年,奉中共党组织指示转移到北平。七七事变后,任国民抗日军参谋。1940年,调到中共北平地委敌工部工作。

这样，沈爽在苏家住了几日，通过苏家接触了伪县政府、伪新民会、伪商会、伪警备队等一些人。在获取情报的同时，沈爽积极进行抗日宣传，然后又大大方方出了城。此后，沈爽又多次进出县城，购买药品、布匹等，还在伪职员、伪军中发展秘密情报员。一次，他通过伪商会征收到一大笔救国捐款，整整塞满了两个点心盒子，以走亲戚为由，镇定自若，大摇大摆地带出了城。

除了作战，沈爽还注重对伪军、伪组织的"瓦解工作"。1940年年底，沈爽了解到：密云县伪警备大队有个中队长叫张博，河北沧州人，穷苦出身，虽然做了伪军，但他的部队很少祸害百姓。于是，沈爽通过县城内的关系约其见面。两人见面后，张博才知道眼前的人是八路军，开始很紧张，没想到沈爽一开口就先肯定了他不与日军汉奸一道祸害老百姓，是个有良心的中国人，接着表明此来只是谈谈心，交个朋友。

疑虑消除，二人敞开了谈，越谈越投机。沈爽从日本入侵谈到中国人民的苦难，从抗日救国谈到八路军的所作所为，从民族大义谈到怎样做才算是堂堂正正的中国人。话到深处，说得张博痛哭失声。从此，二人成为朋友，张博陆续向沈爽提供了很多有价值的情报，并在沈爽进出县城时提供掩护。过了段时间，沈爽觉得条件成熟，便劝说张博弃暗投明。1941年8月，张博率其中队70余人借跟随日军"扫荡"之机，携两挺机关枪、数十支步枪战场起义，加入八路军10团。

1941年9月，日伪军对丰滦密进行两个多月的"万人大扫荡"，施行惨无人道的"三光"政策，以所谓"民匪隔离"为目的集家并村修"人圈"，制造方圆200余里的"无人区"。在此危难时刻，沈爽被任命为丰滦密抗日联合县县长。他率县政府和10团团部一起隐蔽在黄花顶山下一个叫臭水坑的地方。可是居住久了，被日伪军发现了。1942年4月8日，1000余日伪军突然包围臭水坑。

听到报警枪声，沈爽立即命令将机密文件埋掉，然后指挥干部战士突围。但是，日伪军人数太多，封住了所有出口。沈爽他们只能且战且退,退到东沟的东北角时,被悬崖拦住了。已经没有退路了!沈爽高喊:"同志们,杀回去!宁可战死也不能让敌人抓住!冲啊——"大家跟随着他反身杀入敌群,有枪的用枪,无枪的用棍棒,与日伪军展开激烈搏斗。

沈爽和警卫员背靠背对敌射击,一直打到只剩一颗子弹。沈爽对警卫员说:"出去告诉同志们,多大困难也要坚守住我们的根据地。"然后枪顶头部扣动了扳机。战斗结束后,残忍的敌人将他的头颅割下,悬挂在大水峪据点示众,妄图震慑抗日军民。但适得其反,沈爽的牺牲和临终嘱托更加激励了丰滦密抗日军民的斗争激情。

(王桂环)

3. 王波烈士碑园(不老屯镇半城子村)

1943年11月11日,伪满洲军窜至南香峪抢粮,时任区队政委、县委委员的王波[1]率区队伏击敌人,在战斗中壮烈殉国。1944年5月,丰滦密军民在北香峪南沟为王波建立"救国救民"纪念碑。

中华人民共和国成立后,纪念碑迁至北香峪北山坡柏树林中。1998年5月,王波烈士碑园在半城子水库畔落成,纪念碑也被移至碑园内。园内主要有王波烈士纪念碑、古石峪战斗纪念碑和六村惨案[2]纪念碑。2006年,碑园被公布为密云县爱国主义教育基地。2013年8月,修缮主纪念碑,修建600平方米纪念广场。

---

[1] 王波(1911—1943),辽宁辽阳人。九一八事变后,流亡北平,就读于中国大学。1939年6月,任华北抗日联军第3大队教导员。1940年1月,任八路军冀热察挺进军第10团3营教导员。

[2] 1941年秋,日军将北香峪、南香峪等6个村子内341名村民押到古北口日军宪兵队,部分村民被杀害,部分被转至承德监狱,很多人被饥寒、疾病折磨。至日本投降,只有21人生还,史称"六村惨案"。

王波烈士碑园（密云区史志办 提供）

主题故事 ▶

舍家投笔赴沙场

在平北地区，无数英烈留下或感人肺腑或气壮山河的事迹。王波烈士就是其中很有代表性的一位。

九一八事变后，王波不甘心做亡国奴，他告别新婚妻子，只身流亡关内继续求学。后来他考入北平的中国大学，并接来妻子陪读。1935年，日军的魔爪伸向华北，平津危急，王波再也无法安心读书，决定投身抗日救亡运动。

面对已经怀孕的妻子，王波下定决心说："你是个好妻子，但国家兴亡匹夫有责，咱不能只顾小家不顾国家。我送你回家是为救国，抗日胜利之日就是你我夫妻团聚之日。"

妻子走后，王波义无反顾地投入到抗日斗争。他撰写文章、奔走呼号、宣传救亡，并参加一二·九运动。1937年全民族抗战爆发后，王波跟随中国大学学长白乙化发动绥远垦区暴动，东渡黄河开赴抗日前线，开始戎马生涯。这一年，他光荣地加入中国共产党。

王波先是在抗日先锋队负责编辑《抗日先锋》小报，后来又随抗日先锋队在八路军359旅培训数月，逐步成长为文武双全的指挥员。

1940年4月，王波奉命率10团3营先期进入密云云蒙山区。这里是伪满与伪华北统治区交界处，当地百姓一开始不了解共产党和八路军，因而开展群众工作比较艰难。王波要求指战员严格执行纪律，并派出工作组深入各村宣传抗日，组建抗日村政权和救国会、自卫军。他亲自到一些村子做群众工作，用通俗语言宣讲救国道理，甚至在崖壁上亲笔书写抗日标语。群众的态度逐渐有了转变，开始把八路军当成自己的队伍。当年6月，以云蒙山区为中心、地跨长城内外的丰滦密抗日根据地正式成立。

王波深谙游击战法，协助营长指挥作战。1940年9月起，4000余日伪军连续78天对丰滦密根据地进行"大扫荡"。在敌强我弱的形势下，王波一面组织群众坚壁清野、骚扰敌人，一面指挥部队灵活游动于大山之中、寻机歼敌，历经大小37次战斗，重创敌军。有一次，王波亲自指挥伏击战，由于时机和地形选得好，指挥得当，仅半小时就结束战斗。10团战士和丰滦密群众这样评价王波："平时像个文弱书生，打起仗来不输猛龙。"

1941年秋冬之际，日伪再次集中1万多兵力，对丰滦密根据地进行"大扫荡"，并实施惨无人道的"三光"政策，制造了东西、南北各长约60千米的丰滦密"无人区"。

斗争环境越来越残酷。10团主力转移到平北西部，只留下3营坚持斗争。王波临危不惧，率领3营与地方部队、群众一起开展反"扫荡"斗争。他以身作则，有吃的先给战士们，经常替战士站岗，亲自安排受伤生病的战士到安全的地方休养。每当有指战员牺牲，他都亲自擦洗遗体、逐一安葬。在王波的感染下，大家的斗志越来越高，上下一心，同仇敌忾，不断给日伪军以有力打击。

1943年5月，丰滦密区队成立，王波任区队政委。此后，他协助区队长师军，指挥部队不断打击日伪军，先后取得了香水峪战斗、石塘路战斗、榆树底下战斗的胜利，恢复大片被敌人侵占的地区。

这年秋天，日伪军像往年一样，到处抢粮食。11月11日，接到伪满军一个连要到南香峪村抢粮的情报，王波带领5区队2连火速前往。战斗开始后，2连占据村北山头向敌人猛烈开火，伪满军开炮还击。突然，一颗炮弹落下，王波被炸伤，昏死过去。接替指挥的2连副指导员没有作战经验，误以为王波已牺牲，慌忙带部队撤出战斗。

王波苏醒后，见敌军逼近，自己却无法行动，急忙将记有机密的笔记本烧掉。敌人看出他是个军官，如获至宝，将他抬进村里拷问。王波鄙夷地看着敌人，冷笑道："别费事了。你们想得到什么我都知道，可我能告诉你们吗？我们八路军，生为抗日，死又何惧！你们这帮汉奸走狗，背叛祖国、助纣为虐，帮着日本鬼子屠杀中国人，简直猪狗不如！我今天死得其所，可你们呢？必然死无葬身之地！"

敌人恼羞成怒，挥刀将王波杀害。这位来自白山黑水间的英雄，将生命永远留在了平北大地上，年仅32岁。

1944年5月，丰滦密联合县和5区队在密云北香峪南沟为王波烈士建"救国救民"纪念碑，赞扬他为中华民族解放事业献出生命的英雄壮举。

（王桂环）

4. 承兴密联合县政府旧址纪念馆（北庄镇大岭村）

全民族抗战时期，中共密云河东地区区委和冀东3支队以大岭为中心，在极端困难的条件下，坚持近3年的游击战争。1940年11月，冀东3支队与13团合并，成为冀东抗日主力。1942年年底，盘山根据地遭敌摧毁。1943年至1944年，以大岭为中心的密云河东根据地成为冀东西部地分委机关和部队主要活动地区。1943年7月，在平密兴联合县3区基础上，扩建为承兴密联合县，县委、县政府办公地址选在大岭村南沟。1945年6月，抗战转入大反攻，以大岭为中心的密云河东根据地，变成向承德进军的基地。

1996年9月，该旧址被公布为密云县文物保护单位。2007年，纪念馆被公布为北京市爱国主义教育基地。2014年起，旧址得到翻建，于2016年6月29日落成并开放。新建的承兴密联合县政府旧址纪念馆建筑面积为350平方米，分上下两层：一层为承兴密地区抗日斗争历史展览，二层为北庄地区抗日斗争史迹展。共收集整理密云东部地区抗战时期各种史实资料和照片500余份。

承兴密联合县政府旧址纪念馆（密云区史志办　提供）

主题故事 ▶

大岭的红色政权为什么能够存在？

哦，大岭！我在哪里见过你。是在镰刀斧头的旗帜上？是在天安门前的纪念碑？今天重温，依然让我痛彻心扉。我咬住唇，握紧拳，仰头抑泪。……你是谁？你是谁！你是大岭，你是北庄，你是承兴密；你是抗战精神，你是中国人心中的丰碑！

2018年6月，一位署名"向阳三叶草"的作者在密云文艺网上发表了这首题为《哦，大岭》的诗。这是现实与历史的对话，这是后辈对先烈的致敬。大岭为什么能让这位诗人"仰头抑泪"呢？

七七事变后，毛泽东在洛川会议上明确提出："红军可出一部于敌后的冀东，以雾灵山为根据地进行游击战争。"承兴密联合县就是在这样一个战略思想指导下建立的。县政府所在地大岭村，只有30多户人家，处于密（云）、石（匣）、古（北口）3镇的敌人据点的东侧，离敌人最近的据点——北庄，不足10千米，成为监视敌人的前哨阵地。承兴密对日斗争的指挥部，犹如插入敌人心脏的一把钢刀，成为日军的"眼中钉""肉中刺"。在联合县政府设立以后两年多的时间里，日伪军进行了11次偷袭、合围。而联合县政府却稳如泰山，一直坚持战斗在大岭村。

大岭的红色政权为什么能够存在？归结为一句话，就是相信群众，依靠群众！

联合县政府分设几条情报线，不管哪里的日军偷袭，都能得到准确的情报。为掌握距大岭10多千米的石匣镇日军的活动，政府派上金山村刘永合到石匣镇街中心开布铺，多渠道搜集敌人动向，而后把情报交给潮河东来"赶集"的情报员，"赶集人"把情报转给白龙潭庙的和尚，由和尚直送大岭村。沿站接转，既保证情报的安全传递，又可避免敌人破坏。在日军据点的北庄，安排3名党员潜伏在伪村公所内，明为敌人服务，暗中侦察敌情。同时，选择敌据点附近的"天成号"布庄、南沟村一户党员家作为联络点，及时转送情报。

1943年2月，冀东西部地分委成立当地唯一的宣传机构搏斗社，负责编发《搏斗》月刊。6月初，地分委指示搏斗社向密云山区转移。结果，到大岭村第二天，就被敌人包围了。县委的李守善带领5

位搏斗社成员，利用有利地形，冒着枪林弹雨，跳出敌人的包围圈。县委把搏斗社安置在锥峰山内的一位李姓人家里。搏斗社开始了与李姓一家三口同吃同住同战斗的生活。1943年是日军实行"治安强化"最疯狂的一年，加之当时正是青黄不接的季节，老百姓生活极其艰苦。李大嫂天天挖野菜，想方设法叫大家吃饱。每天一大早，李大哥到几里外山下背水，夜间劈"松树明子"，为搏斗社的同志们刻板、校对、油印照明。机警地把印好的《搏斗》月刊送到各交通站分发。在这样残酷的斗争环境下，屡屡化险为夷。

大岭村老支书赵金良在群众中威信高，整个大岭村的群众工作都靠他和支部的同志去做。为解除群众的后顾之忧，也尽可能避免给斗争造成损失，联合县政府在敌据点周围的村庄开展了锄奸活动，把那些心向敌人、胡作非为的汉奸及时剪除。北庄据点内一个姓李的保长仗势欺人，周围村庄的村民对他恨之入骨。经上级批准，由北庄党支部具体执行，他们机智地把李保长从敌人窝里掏出来除掉了，有力地震慑了坏人，鼓舞了群众。当时就流传着这样一首"据点锄奸"的歌谣：探囊取物一宵间，民愤难容万恶奸；天亮城门见布告，坏人害怕好人安。

大岭村的斗争，只是宏大抗日斗争历史中的一个点，却又是整个抗日斗争史上军民一心，同仇敌忾的典范。

（宋传信）

5. 英雄母亲邓玉芬雕塑和主题广场（石城镇张家坟村）

邓玉芬（1891—1970），一生务农，抗日战争和解放战争时期，先后献出丈夫、儿子7位亲人的生命。曾冒着生命危险，多次掩护、救治伤员，无私地支援革命，被子弟兵亲切地称为"邓妈妈"。

为纪念这位伟大的英雄母亲，2012年12月，邓玉芬雕塑主题广场在其家乡张家坟村正式建成开放，被公布为北京市爱国主义教育基地。邓玉芬雕塑高5米，为花岗岩材质。雕塑采用站姿像，英雄母亲邓玉芬矗立在山岩上，手里拿着布鞋，手臂上挎着布衣，寓意"慈母手中线，游子身上衣"，表达对亲人和战士们的牵挂，期盼着亲人们凯旋。山石、长城体现着坚定的革命信念和永不磨灭的革命精神，山石上7只和平鸽，象征邓妈妈的7位亲人，也象征着千千万万革命英雄。

英雄母亲邓玉芬雕塑（刘岳 摄）

主题故事 ▶

英雄母亲邓玉芬

这是一个平凡女人的故事，这是一个伟大母亲的故事。

1944年春天，日本鬼子为肃清"无人区"抗日力量，发动疯狂的"扫荡"。日伪军围住密云县猪头岭一带，白天山上搜，夜晚山上住，一折腾就是7天。母亲背着最小的儿子躲进山洞里，山洞阴冷潮湿又没有吃的，孩子很快生病了，浑身烧得如火炭，啼哭不止。正巧敌人搜山，如果被敌人听到发现，不仅母子二人丧命，旁边山洞里还隐藏着的区干部和乡亲们也会有杀身之祸。

眼看敌人就要搜过来了，母亲情急之下从破棉袄里扯出一团棉絮，一狠心塞进孩子嘴里。孩子拼命挣扎，母亲紧紧搂住他，并死死地捂住孩子的嘴。敌人一步步靠近，儿子在母亲的怀里一点点变软……

不知过了多久，敌人终于下山了，但孩子已经脸色青紫，呼吸微弱。母亲焦急地摇着孩子，呼唤着孩子，好半天孩子才缓过气来，微弱地吐出几个字:"妈,饿,饿……"就这样,连个大名都没有取的年幼儿子连病带饿地死在母亲怀里。

邓玉芬,未成年就嫁给本县张家坟村的任宗武。婆家也是穷苦的庄稼人,房无半间,地无一垄。可她是个倔强的女子,她坚信只要努力,只要人丁兴旺,日子总有一天会好起来的。婚后她和丈夫借住在亲戚家,靠租种地主的几亩地过活,含辛茹苦地拉扯着7个儿子。

1933年长城抗战失败后,日本侵略者把邓玉芬的家乡强行划入伪满洲国。她心中那个气啊!虽没有文化,可邓玉芬就认这个死理儿,"我们是中国人,谁做了对不起中国人的事,就是对不起老祖宗。"1940年,猪头岭来了八路军。虽然邓玉芬没啥文化,但八路军说的话,字字句句说在她心坎上。她和丈夫商量:咱没钱没枪,可是咱家有人,在打鬼子这件事情上,绝对不能含糊。就叫儿子打鬼子去吧!于是,大儿子永全、二儿子永水、三儿子永兴先后去了白河游击队。

1941年年底,日本侵略者实行"三光"政策,制造"无人区"。邓玉芬响应中国共产党的号召,开展反"无人区"斗争。她叫丈夫把在外扛活的四儿子、五儿子找回来,在环境最残酷的时候,参加抗日自卫军模范队。

国难当头,苦难的事情接二连三地发生在这位母亲身上。1942年春天,丈夫任宗武和四儿子永合、五儿子永安,种地时遭日军偷袭,丈夫和五儿子同时遇害,四儿子也被抓走了。秋天,大儿子永全在保卫盘山抗日根据地的一次战斗中英勇牺牲。1943年夏,被抓走的四儿子永合惨死在鞍山监狱中。同年秋,二儿子永水在战斗中负伤回家休养,因伤情恶化无药医治死在家里。

白发人送黑发人,面对沉重打击,邓玉芬都咬牙挺住了。只是,往日性格开朗的她变得沉默寡言,但春种秋收、做鞋做袜、照料伤员,她样样都干在头里。她的家成为八路军和伤员的经常性住所,干部战士到了她家,就像到自己家一样。她把战士们当成亲儿子!为给伤病员增加营养,她专门养了几只老母鸡,鸡蛋却一个也不舍得给小六儿、小七儿吃，统统送给伤病员。战士们都知道在密云的猪头岭有一个家，家里有一位坚毅、善良的邓妈妈。

　　1945年8月15日，日本帝国主义投降了，中国人民胜利了。邓玉芬眼噙泪花，告慰九泉之下的丈夫、大儿、二儿、四儿、五儿、七儿，咱们胜利了！

　　1946年夏，国民党反动派发动内战。她又送六儿子永恩参加县支队。六儿没有让妈妈失望，1947年8月，他在密云县河北庄战斗中立功受奖；1948年在攻打黄坨子据点的战斗中却壮烈牺牲了。他立了功，却永远不能回来见妈妈了。

　　7位亲人走了，英雄母亲擦干眼泪，依然继续前行……

（曹　楠）

延庆区

延庆区革命史概述

延庆区位于北京市辖区西北部，东临怀柔区，南接昌平区，西北分别与河北怀来县、赤城县交界，面积1993.75平方千米。境内多高山峻岭，其中海陀山为北京地区第二高峰。南北高山之间的平川，被称为妫川。

延庆历史悠久。西汉开始设县。1912年，全国废州改县，延庆州改为延庆县。1928年成立察哈尔省，延庆县属之。全民族抗战时期和解放战争时期，县域内属于分治状态。1948年5月，延庆县城解放，属察哈尔省。1952年改属河北省，1958年划归北京市。2015年12月，延庆撤县设区。

康庄小站燃起革命之火。1922年5月，中共北方党组织负责人李大钊派共产党员何孟雄，以交通部密查员的身份到京绥铁路线领导工人开展索薪斗争，传播马克思主义，并在康庄火车站发展延庆地区第一批中共党员。1925年年初，康庄火车站党支部成立，这是延庆地区建立的第一个党的基层组织。康庄火车站铁路工人开始在党的领导下，有目标、有组织地进行革命斗争。

1926年8月，直奉晋军阀联合进攻冯玉祥部，康庄火车站的党组织随驻延庆的国民军撤走，工人运动遭到残酷镇压。1935年秋，中共北平市委派5名共产党员到康庄火车站的扶轮学校建立秘密党支部，开办工人识字班和平民夜校，宣传党的政策和全国形势，号召工人团结起来抗日救国。

妫川大地书写抗战篇章。1937年卢沟桥事变两个月后，日军占领延庆，同时扶植3个伪政权进行统治。1938年5月，八路军第4纵队分两路由平西向冀东挺进，一路由邓华率31大队绕道延庆奔赴冀东，沿途袭扰康庄、延庆县城、永宁、四海的日军据点；另一路由宋时轮率34大队沿八达岭长城一线东进，途中攻下大庄科乡伪警察分所。10月，第4纵队撤回平西途经大庄科乡时，留下刘国梁等人，以

"后七村"①为基地开展抗日斗争。1938年年底,延庆农村地区第一个党的基层组织——沙塘沟村党支部成立。

1939年年底,中共冀热察区委员会提出"巩固平西,坚持冀东,开辟平北"三位一体战略部署,中共平北工委在平西成立。1940年1月5日,钟辉琨、刘汉才率平北游击大队及"后七村"游击队和地方干部23人到达霹破石村,成立昌(平)延(庆)联合县政府。4个月内,昌延联合县建立起5个行政区、3支游击队,在各村建立抗日救国会、农救会、青救会等组织,党员发展到331人。

1940年6月,平北军分区政治部在平西成立,冀热察挺进军7团进入平北,与八路军10团在平北与日本关东军第9独立守备队及伪满军进行多次战斗,重创日伪军。到1940年年底,平北地区先后建立6块根据地,成立4个联合县抗日民主政府,在延庆大海陀深山区的南碾沟村成立平北军分区司令部,平北抗日根据地基本确立。

1940年5月至1941年10月,日伪军集中兵力对昌延抗日根据地进行大规模"扫荡",实行野蛮的杀光、烧光、抢光的"三光"政策,制造骇人听闻的"大柏老惨案""西羊坊惨案",并报复性地将"后七村"民房烧光,造成数千人无家可归。昌延县委书记徐智甫、县长胡瑛在窑湾村被日伪军包围,突围时不幸牺牲。

1941年,日伪为切断八路军与人民群众的联系,在延庆修建大量的"围子"(也称"人圈"),强迫群众拆毁住房到"围子"居住,制造"无人区"。昌延县委以武装做后盾,发动党员和群众开展反"围子"斗争,经过两年艰苦奋斗终于取得反"围子"的胜利。

1943年10月10日,八路军10团团长王亢率队在太子沟将驻防大庄科的伪满洲军35团2营包围,击毙恶贯满盈的汉奸团长赵海臣及其成员100余人,有力震慑了日伪军。1944年至1945年上半年,延庆多数日伪军据点被攻克。1945年9月20日晚,八路军冀察独立第5旅解放延庆县城。

---

① 大庄科乡里长沟、董家沟、景而沟、沙塘沟、铁炉、慈母川、霹破石等7个村。

抗战时期，延庆人民为抗战胜利做出重大贡献，付出巨大牺牲。延庆籍革命烈士仅登记在册的就有508人，被杀害的民众达2000多人。昌延县先后向八路军主力部队输送兵员1500余人，涌现出全力支援抗战的支前模范村（东三岔村）、全村抗战的抗日英雄村（沙塘沟村）、狼牙山五壮士式的巾帼英雄杨金花、反"围子"斗士卫兴顺以及为掩护八路军战士纵身跳进白龙潭的岳坦烈士。

迎来解放战争伟大胜利。抗战胜利不久，全面内战爆发。1946年9月29日，国民党16军向延庆地区进攻，解放军晋察冀独立第5旅在康庄阻截并歼灭国民党军400余人。10月12日，国民党军占领延庆县城。国民党县乡武装"还乡团"和警察对解放区不断进行"清剿"。1946年9月至1948年，国民党县乡武装在延庆杀害干部群众1000多人，解放区军民被迫进行自卫。

1948年1月12日，国民党第3军第11师同延庆13个乡的"大乡队"3000余人进山"扫荡"。解放军冀热察独立2师、平北军分区独立团将其包围在四海南湾一带，经激烈战斗，解放军俘虏国民党军300余人，毙伤1500余人。1948年4月22日，解放军平北独立团在延庆、怀柔、四海民主政府县大队配合下，解放永宁城。5月19日，解放军冀热察独立7师在延庆、赤城县大队配合下，向驻守延庆的国民党军发起攻击，解放延庆县城。

1948年12月9日拂晓，东北野战军4纵队经急行军，抵达康庄地区，将驻守在康庄地区的国民党16军包围，切断其与怀来、南口国民党军队的联系，歼其6600余人，康庄解放。至此，延庆县全境解放。

在那个炮声隆隆、硝烟弥漫的年代，延庆留下众多革命遗址遗迹。记录在册的红色遗存、相关遗存共30处，其中有全国爱国主义教育基地1处，北京市爱国主义教育基地或纪念地3处，区级文物保护单位10处。

主要遗存及故事

1. 康庄铁路党支部旧址（康庄镇康庄火车站）

1922年5月，中国劳动组合书记部由上海迁到北京后，李大钊选派张昆弟、安体诚、何孟雄等共产党员到京汉、京奉等6条铁路线上开展工作。何孟雄在京绥线工作，发展康庄铁路工人周振声、柳树深加入中国共产党。1925年年初，康庄铁路工人黄振武、沈德存等人加入党组织后，康庄铁路建立党支部。1926年，奉军对康庄铁路进行大清洗，中共康庄铁路党组织撤离康庄，康庄铁路工人中党的活动暂时中断。

1935年秋，中共北平市委派张文海、董良一、周致远等到康庄火车站扶轮学校当教员，重建党支部。中共康庄铁路党支部是党在延庆地区最早的组织，由于康庄火车站是京绥线进入北平的交通枢纽，因而对抗日根据地的创建、发展具有重要意义。

康庄火车站（延庆区史志办　提供）

康庄铁路党支部旧址位于今京包线康庄站，2013年6月，被命名为北京市爱国主义教育纪念地。

主题故事 ▶

战斗在京绥路上的何孟雄

你们不要只顾眼前的小利，而忘记了后来的大幸福；你们不要只顾自己一个的升迁，而把所办的团体作丧；你们不要自分派别，而与别人以可乘之机。你们须知道，你们胜利之母在联合，你们的生命寄在团体上面，假使一天没有团体，你们就一天没有生命。

这是中国共产党诞生的那一年，红色先驱何孟雄在《京绥路六日游记》考察报告中对工人提出的忠告，今天读来依然振聋发聩。

京绥路始建于清光绪三十一年（1905），分北京到张家口、张家口到归绥（绥远省省会，今呼和浩特）、归绥到包头3期建成，1923年全线通车。

根据中共一大纲领，中共北京地方委员会、中国劳动组合书记部（中华全国总工会前身）北方分部先后成立。按照北京地委和北方分部的部署，1921年12月下旬，何孟雄去西直门、南口、康庄、张家口等京绥路沿线各地进行6天的实地考察。这才有了本文开头的考察报告。报告中他号召工人团结起来，成立统一的工会组织，指导工人开展斗争。

待组建武汉江岸俱乐部、召开北京长辛店工人大会后，1922年春，何孟雄再次到京绥铁路开展工人运动。他在南口、张家口等地发动工人，领导开办"工人夜校""读报组""文化补习学校"，提高工人文化素质和阶级觉悟，促进工人联合。他编写通俗易懂的歌谣，如："不做工的大肚皮，反把我们欺，起来！起来结团体！最后胜利是我们的！"经过他的努力，张家口等地很快建立了车务工人同人会组织。

在李大钊安排下，1922年6月，何孟雄秘密地在京绥路沿线执行职工运动"特派员"的任务：吸收先进工人入党，建立党的基层组织；带领工人与反动当局斗争，驱逐南口大厂流氓监工。8月，在何孟雄组织领导下，京绥铁路工人发动反对北洋军阀政府出卖京绥铁路管理权的护路救国斗争。

这次斗争是中美签订《展期合同》，以京绥铁路来抵押外债而引起的。消息传出后，举国愤慨，京绥铁路工人尤有切肤之痛。何孟雄与京绥铁路党支部研究后，首先整顿纯洁工会组织，夺回工会领导权。工会经过整顿后，在京绥路沿线的西直门、南口、康庄、张家口、大同、包头等大站设立分会。同时，成立京绥铁路工人"护路救国团"，沿京绥路到各站散发传单，宣传组织发动工人群众。各分会所在车站也组织和发动群众，纷纷集会抗议军阀政府卖国。8月7日，车务工人同人会委派代表到北京铁路局请愿，要求京绥路局局长将呈文转递交通部，限一星期内答复取消"亡路合同"。

一个星期过去了，工人代表并没有得到交通部的答复。8月21日，600多名职工高呼口号，列队到参众两院请愿游行。22日，继续上街游行，到总统府请愿。9月初，何孟雄与中共北京地委联络北京全国各界联合会，向全国各省区及海外侨胞发出通电，呼吁各界同胞声援京绥铁路工人的爱国斗争。上海、天津等地各界联合会，相继发电，进行支援。北京政府怕事态继续扩大不好收场，被迫撤回"亡路合同"，并惩办直接洽谈"亡路合同"的原京绥铁路局局长。

但是，新上任的铁路局局长，不但对于8个月未拿到工资的工人如何生活不予考虑，继续拖欠，反而下文给全路员司每人每月增薪5元。得知这个消息后，工人们再也无法忍耐，要求补发欠薪并增加工资。经与京绥路党组织研究，何孟雄决定以罢工为武器，发动索薪斗争。他们呼喊着"争平等！争人权！争自由！争待遇！""工人要有饭吃！不能拿工人当牛马！反对军阀卖国！""中国人民要挺起腰来！不受外国欺侮！"的口号。面对工贼开出列车，破坏罢工的行径，何孟雄指挥敢死队，在会长李连升的率领下，光着膀子横躺在道轨上足有半里长。李连升挥舞着红旗，工人们喊声震天。机务工人们知道后也赶来支援。工人们的英雄气概，迫使工贼将车退回原地。经过多轮的艰难斗争，终于换来加薪的胜利。

这个时期，何孟雄除了要领导京绥路工人运动，还经常去天津、唐山、长辛店等地开展劳工运动。连妻子缪伯英生病都顾不上照顾。1922年12月10日，他在去天津考察工人运动时，在自己的一张半身像相片上写道："此像摄影天津，正适伯英病，我自己投身劳（工）运（动）时期，为五路同盟，将他等的台撤（拆）散，建树吾们的基本组织。"夫妻二人为了革命，忘我奋斗，一"英"积劳成疾于1929年病逝，一"雄"坚贞不屈于1931年就义，双双用生命诠释了中国共产党人的信仰与忠诚。

（宋传信）

2. 平北红色第一村（大庄科乡沙塘沟村）

1938年春，八路军第4纵队挺进冀东，途经大庄科"后七村"地区，播下抗日火种。6月，在大庄科东部建立滦昌密临时联合县政府，县委书记为刘国梁，县长为张书彦。12月，发展沙塘沟的张福、张朴加入中国共产党。不久，张瑞、张银、张殿、胡殿鳌加入党组织。平北地区第一批农村中共党员由此诞生。

2003年七一前夕，中共大庄科乡党委在沙塘沟村举办"平北红色第一村"主题展览。2004年，此地被授予首都大学生社会实践示范基地。2008年，被公布为北京市爱国主义教育基地。

平北红色第一村（高德强　摄）

主题故事 ▶

"不赶走鬼子我不结婚"

1940年年初，在北平西北部军都山山脚下的一个村庄里，一位白发苍苍的老母亲对得胜归来的儿子说："奇儿，你也该寻个妻啦，给你留个后。"已四十出头的儿子却毫不犹豫地答道："娘，不赶走鬼子我不结婚！"

说这句话的人就是平北游击大队[①]2中队副队长赵起[②]。他刚在父老乡亲的配合下，带领2中队偷袭昌平定陵、景陵地区的土匪据点，收拾了100多名鱼肉百姓的土匪。

1940年5月，为适应斗争需要，平北游击大队升格为平北游击

[①] 1939年11月，中共冀热察区委员会和八路军冀热察挺进军司令部联合组建平北游击大队。1940年4月，扩编为平北游击第1支队。1942年2月，在察哈尔龙关（现河北赤城）整编为第40团，属晋察冀军区第12军分区。

[②] 赵起（1898—1941），延庆大庄科乡人，原名赵奇。1939年5月，加入中国共产党。

支队。2中队赵起、韩庆德、杨自然3人被抽调出来负责组建3中队，赵起任队长。一个月后，3中队就发展到70多人。但是，人多枪少、武器匮乏。为解决这一困难，赵起和韩庆德等一商量，决定从伪军据点弄点武器回来。经调查了解，柳沟村伪军据点驻扎着50多人，除了伪军头子等几个汉奸外，其余大多数是被抓去的村民，里面还有党的"关系人"。在中共昌（平）延（庆）联合县5区区委书记刘全仁的帮助下，赵起找来伪军据点里的两个"关系人"，交代了接头时间地点，并请柳沟村村长帮助解决晚上狗吠问题。

在约定的夜晚，赵起带领3中队悄悄摸到柳沟村敌伪据点的城墙根底下。韩庆德脱掉衣服，顺着围墙的阴沟往里爬，钻了进去。接应的两个"关系人"领着韩庆德来到西门。此时，看守西门的伪军正在喝酒划拳。"不许动！举起手来！"韩庆德大喊一声，吓得几个伪军乖乖举手投降。西门打开后，等候在外的赵起率队迅速冲了进去。来到北门后，赵起一喊话，一名伪军听出声来，吓得连忙说："大哥，别打，我们投降！"急忙将枪从炮楼上扔了下来。南门伪军在伪军头子的命令下朝东北方向乱打枪。于是，赵起又率领队伍冲到南门，展开激战，击毙了伪军头子。这次夜袭缴获了50余支枪，成功拔掉了日伪军插在昌延联合县的一颗"毒钉"。

1941年夏天，日伪军以下花园发电厂为据点，集中兵力对龙（关）延（庆）怀（来）抗日根据地进行所谓"穿梭式"的野蛮"扫荡"。平北军分区决定让平北支队回师龙延怀根据地，消灭下花园的敌人。7月7日，平北支队4个中队和司令部警备连共800余人开始攻打下花园发电厂。赵起率领3中队180多名队员发起对伪警察署的攻击，经过激战，活捉30余名伪警察。此时，发电厂方向仍枪声不断，赵起便率队前去增援，配合1中队消灭日伪军100多人，缴获枪支70余支。

战斗结束后，赵起让副队长带领两个排撤回山地，他则带着一排前往八宝山村一带筹集粮食。夜幕降临，赵起将队员们分成8组，每组5人，分别到各村筹粮，约定一个半小时后集中，在八宝山村吃晚饭。

当大家完成任务回到八宝山村吃饭时，从沙城赶来的200多日伪军突然将八宝山村包围。八宝山村处在半山腰,居高临下,易守难攻。赵起命令队员们在屋脊上架起两挺机关枪,一次又一次击退日伪军的进攻。等到天亮时,赵起爬上房顶一看,日伪军还集中在村南大场上。"坐等不行,咱们必须得突围。"于是,他吩咐队员们每人带上两颗手榴弹,隐蔽到场北墙下。"准备——扔!"赵起一声令下,几十颗手榴弹投过去,好似惊雷响彻山谷,顿时硝烟弥漫。在赵起等人的掩护下,大部分队员冲出了敌人的包围圈。赵起爬上墙头,想观看战况,不料一颗子弹飞来,正中他的胸部。赵起掉下墙头,警卫员急忙去救他。

"快,快走!我掩护!"赵起一把推开警卫员,把手枪和皮包交给他,并要过两颗手榴弹,严肃地说:"快走,这是命令!"这时,敌人已经逼近,警卫员只好含泪撤离。看着号叫着冲上来的日伪军,只听"轰轰"两声巨响,赵起拉响了手榴弹。

第二天,韩庆德带着一个班来到八宝山村,将赵起烈士血肉模糊的遗体安葬在八宝山村西坡一棵老榆树下。

(黄迎风)

3. 昌延联合县政府旧址(大庄科乡霹破石村)

昌延联合县是抗战时期中国共产党在晋察冀边区平北抗日根据地建立的县级建制,包括昌平、延庆两县接界的山区、半山区和部分平原区,隶属于中共冀热察区党委平北地委。1938年夏季和1939年七八月间,八路军和部分地方工作人员两次进入该地区开展抗日,未能立足。1940年年初,在霹破石村正式成立昌延联合县政府,胡瑛任县长。5月,成立中共昌延县委员会,徐智甫[①]为书记。昌延联

---

① 徐智甫(1907—1940),天津蓟县人。1932年,加入中国共产党,先后任冀东抗日联军第16纵队政治部副主任、昌延联合县县委书记,1940年8月牺牲。

合县成立后，主要配合10团在"后七村"建立抗日民主政权，领导昌延县军民执行抗日民族统一战线政策，广泛开展游击战争，粉碎日伪军多次"扫荡"。1944年12月，昌延联合县撤销，分别成立昌平县和延庆县。

2011年，霹破石村在昌延联合县政府旧址建起纪念馆，展示这段峥嵘岁月。2012年，旧址被公布为北京市爱国主义教育基地。

昌延联合县政府旧址（宋传信 摄）

主题故事 ▶

妫川英魂

1940年1月5日夜，在燕山山脉与太行山山脉的接合处军都山下一条隐秘的深谷里，来了群不速之客。在夜幕的掩护下，他们悄悄抵达霹破石村，建立昌（平）延（庆）联合县政府，为开辟平北抗日根据地奠定第一块基石。

抗战时期，平北①处于伪华北、伪满洲国、伪蒙疆3个日伪政权的接合部，各种敌对势力犬牙交错。八路军第4纵队第36大队和挺进军第34大队先后进入平北但均未能立足。随着抗战进入相持阶段，中共冀热察区委员会和挺进军军政委员会根据党中央指示，做出"巩固平西、坚持冀东、开辟平北"三位一体战略部署。1939年年底，中共平北工作委员会在平西成立，开赴平北地区，于是出现本文开头一幕。

昌延联合县政府首任县长是年仅29岁的"老红军"胡瑛②。到任后，胡瑛立即深入各村了解情况。当时，日伪军在昌延联合县建有20余个据点，加上各山头的几十股土匪，各村的粮食几乎都被抢光，老百姓的生活十分艰难，根据地难以发展壮大。

为打开局面，胡瑛等人决定首先进行武装建设。不到一个月，一支40余人的昌延县游击队就组建起来，胡瑛兼任队长。游击队配合主力部队，首先消灭了昌延县中心区的汉奸土匪，接着又袭击大观头、莲花滩等重要日伪据点，将日伪军逼退至延庆县城，为当地百姓除了大害。

胡瑛带领各村先后建立自卫军（民兵）组织，区设大队部，县设总部，胡瑛兼总队长。自卫军主要任务是站岗、放哨、查路条、送情报，并配合部队开展游击斗争。在三四个月时间内，胡瑛几乎走遍了昌延县的各个村庄，共发展党员200余人，发动50余个村建立村政权及抗日组织，使昌延县迅速成为平北地区一块巩固的根据地。

---

① 平北即北平以北、张家口以东、承德以西的三角地区，面积约2.5万平方千米，包括当时伪满洲国热河省的丰宁、滦平，伪华北行政委员会所属河北省的昌平、怀柔、密云、顺义，伪蒙疆联合自治政府所属宣化省的崇礼、宣化、龙关、赤城、怀来、延庆以及察哈尔盟的康保、宝源、张北等县。

② 胡瑛（1911—1940），湖北人。1933年，参加中国工农红军，1934年，加入中国共产党，历任红军排长、连长，昌延联合县县长，1940年8月牺牲。

1940年4月，一位戴着眼镜，沉着老练、颇具学者风度的中年人来到霹破石村，他就是昌延联合县第一任县委书记徐智甫。徐智甫到任时，正是青黄不接、粮食奇缺的时候。当地的家禽都被杀光了，连驮机枪的骡子也被杀了分给伤病员吃。徐智甫常常以野菜、草根充饥，不久就患上疟疾，面容虚肿青黄。但他顽强坚持着，与大家一起白天上山打游击和日伪军周旋，晚上出山筹粮筹钱。

1940年8月上旬，留守昌延县的唯一一支部队10团9连连长赵立业率部返回团部，转移到外线作战。临行前，赵立业提出形势很严峻，让县长胡瑛、县委书记徐智甫等人一同撤离。可是，胡瑛和徐智甫坚持留下来继续斗争。

8月27日傍晚，胡瑛和通信员程永忠来到窑湾黄土梁村的老乡王金喜家。随后，徐智甫应邀与胡瑛会合，两人在王金喜家研究部署部队走后如何开展抗日斗争等问题，一直谈到天亮才分头睡下。

没多久，在场院干活的主人王金喜，突然发现很多日伪军朝他家院子围过来，并冲他喊道："哪一个？"一见这阵势，王金喜故意大声答话："老百姓，轧场呢。"声音将屋内的胡瑛惊醒了，他朝屋外一看，见是日伪军，"啪啪"打了两枪，就往西南山坡上跑。徐智甫和通信员程永忠听到枪声，知道敌人来了，于是赶紧出来，朝着东南沟跑去。

日伪军一边追胡瑛，一边开枪扫射。胡瑛的腿被枪弹击中，倒在了半山腰上。日伪军一窝蜂冲上来，想活捉胡瑛。胡瑛一枪一个，击毙两个伪军。敌人见无法靠近，疯狂地朝胡瑛射击。胡瑛倒在血泊中，英勇牺牲。徐智甫和程永忠往外突围时，也因寡不敌众，不幸中弹。当敌人逼近时，徐智甫将最后一颗子弹留给自己，壮烈牺牲。程永忠也坚持战斗到最后，不幸被乱枪射中牺牲。

日伪军搜出胡瑛身上带的印章（县政府及县长印）后，残忍地将他和徐智甫的头割下带走。一个月后，新的县委会、县政府组成，并为胡瑛、徐智甫、程永忠3人举行了追悼会。1984年，延庆县委、县政府在这3位烈士牺牲的长城脚下竖立纪念碑，碑身正面题写："青史先烈写，红旗后人擎。"他们是用生命诠释信仰与忠诚的优秀共产党人。

（黄迎风）

4. 白龙潭烈士纪念碑（大庄科乡白龙潭桥东北坡）

抗战时期，八路军第4纵队在大庄科地区开展抗日活动，这里曾发生过太子沟战斗、沙塘沟战斗，一大批有志青年参加革命，献出宝贵生命。其中，岳坦、卫兴顺两位烈士的事迹在当地广为流传。

1987年7月，大庄科乡政府在岳坦牺牲地白龙潭旁的北山坡上修建烈士纪念碑。纪念碑坐北朝南，正面镌刻"革命精神永放光芒"，背面的碑文记载着岳坦、卫兴顺等近百位为革命捐躯烈士的生平事迹。1995年，白龙潭烈士纪念碑被公布为延庆县文物保护单位。

白龙潭烈士纪念碑（高德强　摄）

主题故事 ▶

英雄血染白龙潭

在延庆东南部山区大庄科乡，有个水潭叫白龙潭，宽20米，深18米，四周由一块完整的花岗岩石包围。在清理石潭时，曾挖出许多手榴弹弹壳，这不禁让人想到了70多年前抗日英雄岳坦宁死不屈、血染白龙潭的事迹。

1940年1月，中共平北工作委员会在挺进军第9团第8连和平北游击队的掩护下，从平西出发，经过几天的艰苦行军，悄然抵达大庄科的霹破石村，成立了昌（平）延（庆）联合县政府。很快，各村先后建立起自卫军（民兵）组织，配合部队开展游击斗争。

家住水泉沟村的岳坦，立即参加抗日游击队。由于年富力强、敢打敢拼，很快就被推选为村自卫军队长、民兵中队长，并加入了中国共产党。

1942年，日军制造"无人区"，修"围子"设"部落"，实行"集家并村"，拆毁房屋、烧毁村庄，将群众赶进"人圈"，企图以此割断群众与八路军的联系。

大庄科地区比较大的"围子"建在汉家川村，日伪军打算将附近的水泉沟、杨树沟等村庄的百姓都赶进这个"围子"。但由于老百姓的反抗和昌延县政府不断组织群众进行游击斗争，这里的群众并没有全部搬入"围子"里。岳坦家的房子被拆光了，他就在杨树沟的东山坡上搭窝棚为家。

当时，汉家川村隶属于昌延联合县二区，区长刘文科负责组织这一带的抗日群众，进行反"围子"游击斗争。他被敌人视为"眼中钉"，日伪四处张贴告示悬赏捉拿他。

1943年6月19日，刘文科带领游击队袭击周四沟的日军后，返回途中，带着通信员于长印来到杨树沟，准备发动群众筹集粮食，拂晓时才到岳坦家中。由于累过头，刘文科进屋就睡着了。岳坦和嫂子

英雄血染白龙潭（於俊杰　画）

怕区长出事，分别到门口和山下进行放哨。果然，不大一会儿，岳坦的嫂子从山下慌慌张张地跑回来，气喘吁吁地说："山沟里……来了敌人，快……快让区长跑！"

岳坦赶紧将刘文科叫醒，领着他和通信员朝后山跑去。刚跑到山梁，突然听到枪响，子弹擦着岳坦的耳朵飞过。原来从山的另一侧上来好多日伪军，已将前面的路堵住。

千钧一发之际，岳坦想一定要竭尽全力保护区长。于是当机立断，让刘文科和于长印钻进茅草丛隐蔽起来，自己则朝着另一方向跑去。岳坦一跑，日伪军立即开枪追过去。没多远，他就被抓住了。带队的日军军官上前，倒握着步枪，二话不说，狠狠地砸在岳坦的左肩上，身边的翻译大声吼道："刘文科在哪儿？快说！"

"不知道！"岳坦回答。

"公粮在哪儿？说！"日军军官又上前踢了他一脚。

"不知道！"岳坦还是淡定地回答。

……

就这样，打一下，问一句，再打一下，再问一句……岳坦咬着牙默默承受着，始终只是3个字："不知道！"哪怕是左臂被敌人打断，几乎耷拉到膝盖处，他仍不屈服。

躲在不远处的刘文科，眼看着岳坦被敌人残忍地折磨，心如刀割，抓过于长印手里的枪，想冲出去。于长印一把按住他："区长，你别冲动，岳大哥受这么大的罪，就是要保护你！你要是冲出去，不但救不了他，还会把命搭上，他的一番心血就白费啦！"刘文科心在滴血，含着热泪忍了下来。

日军怎么问都问不出名堂，就押着岳坦往山下走，打算先把他带回大庄科据点，眼看离刘文科和于长印两人藏身的地方越来越近了，如果这时敌人再搜山，区长必定是凶多吉少。这时，岳坦突然大喊："快跑呀！游击队在山里埋雷了！"日伪军还真是被地雷炸怕了，听这么一喊，信以为真，就拼命跑下山坡。

跑到水泉沟西边的断崖时，岳坦朝下看了看深深的白龙潭，决然转过身，纵身一跃跳进白龙潭。敌人措手不及，待岳坦浮上水面时，日伪军对着他连开数枪。水面上浮起了殷红的血色，随着水波圈圈散去。

岳坦就这样牺牲了，年仅29岁。正所谓："英雄血洒龙潭，忠魂直上九天；清水长流不息，烈士千古流芳。"山河为证，人民会永远记住他。

（高俊良）

5. 平北抗日烈士纪念园（旧县镇韩郝庄路口）

纪念园由烈士纪念碑和纪念馆两座主要建筑物组成。纪念碑于1989年10月落成，碑座下花岗石墁地的凭吊平台与八级磴道相接，寓意全民族8年抗战艰苦卓绝。刺刀造型的纪念碑正面镌刻着聂荣臻题写的"平北抗日战争烈士纪念碑"碑名，背面为彭真题写的"平北抗日烈士永垂不朽"镏金题词及碑文。1995年9月，纪念碑被公布为延庆县文物保护单位。

纪念馆于1997年7月建成开馆，分序厅、影视厅、展厅三部分。2011年，纪念馆完成扩建，重新布展并对外开放。展厅内陈列着许多图片和抗战文物，记载着平北地区党政军民英勇抗击日本侵略者的英雄事迹和光辉历史。

1995年，平北抗日烈士纪念园被公布为北京市爱国主义教育基地，2005年11月，被公布为全国爱国主义教育示范基地，2009年3月，被公布为全国重点烈士纪念建筑物保护单位。

平北抗日战争烈士纪念碑（高德强　摄）

主题故事 ▶

"海陀金花"舍命护文件

1940年秋，八路军冀热察军区平北军分区司令部驻扎在南碾沟村，以大海陀山为依托创建根据地，组织老百姓开展抗日游击斗争。"海陀金花"的故事就发生在这一时期。

1943年9月15日晚，五里坡传来情报，日军进了山谷，正向南碾沟进攻。情况危急，平北军分区司令部当即决定，除留小部分队伍坚持内线作战外，主力部队向北转移，村民向东沟隐蔽。

转移工作安排就绪，司令员覃国翰郑重地对杨金花[①]说："大嫂，有一批文件和党旗交给你保管，一定要想办法保存好，藏好文件后立即转移，等我们回来。"杨金花听出了其中的分量，坚定回答："司令员放心，只要我有一口气在，就一定保住它们。"回到家里，和丈夫老晏商量决定将装文件和党旗的两个小木箱，放进家中仅有的一个小木柜里，并趁着夜色掩护，埋进帽子山一个隐蔽的山洞里。

天亮时，日军进村"扫荡"，把司令部驻地翻了个底朝天，抢走几头牲畜并一把火烧了几间土房。杨金花和乡亲们躲在离村10里远的东山上，见村里冒起了浓烟，心急如焚：那天，黑灯瞎火地藏木柜，回来走得急，也没顾得上擦掉洞口的脚印，万一让日军发现就糟了，于是决定再回去走一遭。

傍晚，杨金花发现李队长交给的猪不见了，东找西找没找到，突然，她灵光乍现，何不借找猪的由头去山洞查看一下？深夜，她摸回家中，到猪圈一看，猪已跑回来趴在圈里，她连忙赶着小猪，朝着藏文件的山洞跑去。

[①] 杨金花（1909—1992），延庆海陀山五里坡村人。1940年6月，平北军分区司令部成立后，加入党组织，并担任南碾沟村妇救会主任，组织妇女群众，积极参加抗日活动。中华人民共和国成立后，担任南碾沟村妇联主任，曾多次被县、乡评为"模范共产党员"。

刚到山梁，天已渐亮。她突然发现前面有许多人影在晃，还能听到皮靴咔嗒咔嗒的响声。糟了，碰到日军了，她急忙赶着猪往另一个方向跑。不料猪受惊叫了起来，一下惊动了日军，日军开始嗖嗖地开枪。

杨金花一口气跑到"落落山"的山崖边，眼见日军快追到近前，心想绝不能被日军捉去，不如跳崖来个痛快。于是，心一横，眼一闭，纵身跳下悬崖。

没想到，她恰好被山崖上的一丛荆棘挂住，但手腕被摔断，衣服被剐破，身上多处受伤。日军把她连拉带扯拖上山顶，用枪托打她。日军翻译问："跑什么？哪个村的？"

杨金花一声不吭。翻译见状，上前踢她一脚，大吼："是不是给八路军送信的？八路军司令部转移到哪儿去了？说了，皇军大大地有赏；若不说，老子崩了你！"说着，便拿出手枪顶在杨金花的脑门上。

电光石火间，杨金花想，落在敌人手里，不如先装傻，蒙蒙他们。便有气无力地说："我是白岭后山的人，这里住没住司令部我没看见，我只知道我家的猪丢了，还指着它过年呢……我去找猪，见到你们一害怕就掉下了山崖……""下山的路咋走？"原来是日军的马夫大队找不到下山的路。"往……往右拐，再……再往南。"日军信以为真，打了她一枪托，然后一窝蜂地下山了。

杨金花刚松了一口气，忍着剧痛要起身，日军马夫大队后面又过来两人，看了看她，觉得面熟，小声嘀咕："这好像是南碾沟村的妇救会主任。""对，今天得弄死她，不然对我们没好处！"杨金花咬紧牙关抓住身边的小树站了起来，准备向山崖上跑去。还未站稳，一个叛徒就追了上来，抓住她就往山崖下推，另一个叛徒又赶紧冲过来朝她开了两枪。

杨金花一躲闪，再次掉下山崖，刚好被一块巨石托住。两个叛徒趁机连开几枪。杨金花使出全身力气，一翻身，朝山下滚去，随即陷入昏迷。

不知过了多久,她苏醒过来,忍着疼痛顺着山路继续往回爬。直到天黑,昏迷中隐约听到女儿的喊声,她想答应,但嗓子好像被棉花堵住一样,喊不出声。当她再次醒来,发现自己躺在一个山洞里,司令部的姜大夫正在给她治伤,丈夫和女儿也围在身边。姜大夫说,她全身多处受伤,一只手腕和一条腿骨折,这还能活下来真是命大。杨金花笑笑说:"这都没什么,保住文件最重要。"

(高俊良)

6. 延庆县革命烈士墓(八达岭镇岔道村西南)

也称八达岭烈士陵园。始建于1949年4月。1954年修建官厅水库时,当地政府将水库淹没区和延庆县境内散埋的革命烈士遗骨,连同3座烈士纪念碑,一起迁至此陵园内,并对陵园进行修整和扩建。陵园内分纪念碑区和墓葬区。进入陵园仿古大门,便是一座红色影

延庆县革命烈士墓(延庆区史志办 提供)

壁，上书"革命烈士永垂不朽"。绕过影壁，甬道两侧的平地上安葬着在抗日战争、解放战争和社会主义建设时期光荣牺牲的烈士遗骨。3座碑亭内分别立着3座纪念碑。

1985年1月，此处被公布为延庆县文物保护单位。2017年8月，陵园内建成长6米、高3米的烈士墙，整面墙上整齐有序地排列着2165名烈士的名字。

主题故事 ▶

写给先烈的话

为中国人民革命而死的先烈们，你们是中华民族的子孙，你们痛恨中国的衰弱，痛恨中国的黑暗，痛恨中国的落后，你们挺身而起，站在全体人民的前列和侵略者战斗，和暴军战斗，和吃人制度战斗，尽了你们的心，尽了你们的力量，流了你们的血。任何反革命的残暴武力挫折不了你们为民族、为人民解放而战斗的意志，任何反革命的利禄诱惑，打动不了你们为人民服务的心。你们冒着枪林弹雨、鞭打屠杀，前赴后继，唤起人民的自我觉醒，引导中国走向光明。你们做了杀身成仁与劳瘁丧身的民众英雄，你们的光辉是永垂不朽的。

革命先烈们，由于敌人无比残暴、野蛮，你们在长期的中国革命战斗中所受的苦难是人类历史上亘古未有的。你们的苦难是集中地表现了中国人民的苦难。你们在极端苦难中的战斗英雄主义，同样是人类历史上罕有的。你们的英雄事迹是集中地表现了中国人民的英雄主义。由于你们前仆后继，杀身成仁，创造与开辟了新中国诞生的条件和全国人民的解放道路。没有这样的人民前驱，中国就将不能免于灭亡，四万万七千万人民就将永远成为奴隶。你们虽然牺牲了，但经过你们的手，经过你们的智慧，却已锻炼了一支更壮大、更有力的革命队伍，已尽了你们伟大的责任。你们未竟事业就是要由我们生者来继承。我们在这里告慰先烈们：中国人民的解放事业，在我们伟大的舵手毛泽东同志领导下，经过全体共产党员和一切革命民主主义者的努力，已创造了百年来未有过的新局面，革命即将达到全国性的彻底胜利。

先烈们：你们安息吧！延庆党政军民各界和全国人民定不屈不挠地继承你们的钢铁意志，完成你们未竟事业，把革命进行到底，使独立、自由、民主、统一与富强的新中国的解放大旗飘扬在全国土地上。

这是1949年4月延庆县党政军民各界公祭革命烈士时，在纪念碑上刻写的一段碑文。纪念碑的另一面刻有烈士姓名，最初立在延庆县城东岳庙街，后被迁至县城西北角。1954年8月，为建设官厅水库，中共延庆县委、县人民政府将库区规划范围内300多位在抗日战争和解放战争中牺牲烈士的遗骨，迁至西拨子乡岔道村，建立延庆县革命烈士墓（也称八达岭烈士陵园）。刻有碑文的烈士纪念碑再次迁至烈士陵园。

陵园占地约6亩，四周建有围墙。陵园中央的小山上建有三个纪念碑亭。中间八角亭内竖着高2.2米，宽0.7米的烈士纪念碑。正面上方刻着"万古流芳"，下方刻着"英勇献身为祖国增光"；背面上方刻着"光荣之典"，下面刻着"革命烈士丰功伟绩永垂不朽"。两侧各有一个六角碑亭。一个放置迁来的烈士纪念碑，另一个纪念碑上刻有抗日战争时期昌延联合县第一任县委书记徐智甫、县长胡瑛等968名烈士的英名。

（黄迎风）

北京市红色遗存一览表

（2019年）

序 号	名 称	地 址
东 城 区		
1 ▲	火烧赵家楼遗址	前赵家胡同1号
2 △	豆腐池胡同毛泽东居住地	豆腐池胡同15号
3 ☆	吉安所左巷毛泽东居住地	景山东街三眼井吉安所左巷8号
4 ☆	中法大学旧址	东黄城根北街甲20号
5 ※ ☆	三一八惨案发生地	张自忠路3号
6 ☆ ★	中国铁道博物馆正阳门馆	前门大街甲2号
7	北平陆军监狱旧址	炮局胡同21号
8 ☆ ★ △	军调部中共代表团驻地旧址（翠明庄）	南河沿大街1号
9 ■ ※ ★	北京大学红楼	五四大街29号
10 ☆	《新青年》编辑部旧址（陈独秀旧居）	北池子箭杆胡同20号
11 ☆	"亢慕义斋"旧址	沙滩后街59号
12 △	第一次国共合作时期中国国民党北京执行部、市党部旧址	翠花胡同27号
13 ※ ☆	孙中山逝世纪念地	张自忠路23号
14 △	为国死义谢唐君纪念碑	培新街6号北京汇文中学内
15	彭雪枫将军纪念碑	培新街6号北京汇文中学内
16	李大钊被捕处	东交民巷29号、31号

续表

序 号	名 称	地 址
17	北京大学民主广场	五四大街（北大红楼北侧）
18 ☆	北京饭店初期建筑	东长安街 33 号
19 ■※	天安门	北京城南北中轴线上
20 ■★	天安门广场	天安门以南
21 ■※	人民英雄纪念碑	天安门广场内
22 ■★	中国国家博物馆	东长安街 16 号
23 ■☆★	毛主席纪念堂	天安门广场南部
西 城 区		
24 ☆	平民通讯社旧址	北长街 20 号福佑寺内
25 ※★	国立北平大学女子师范学院旧址	新文化街 45 号鲁迅中学内
26 ※☆	国立蒙藏学校旧址	小石虎胡同 33 号
27 ※☆★	北京鲁迅旧居	阜成门内宫门口二条 19 号
28 ★☆	慈悲庵（北京的共产党早期组织秘密联络据点）	太平街 19 号陶然亭公园内
29 ★	高君宇、石评梅墓	太平街 19 号陶然亭公园内
30 ☆	京报馆旧址	魏染胡同 30 号、32 号
31 ☆★	刘公馆（纪晓岚故居）	珠市口西大街 241 号
32 ☆	国立北平师范大学旧址	南新华街 13 号、15 号、17 号
33 ※☆	辅仁大学旧址	定阜街 1 号
34 ☆	中国大学旧址	大木仓胡同 35 号
35 ※☆★	中共北平地下党员会师大会会场	佟麟阁路 62 号
36	三一八遇难烈士刘和珍、杨德群纪念碑	新文化街 45 号鲁迅中学内

续表

序号	名称	地址
37 ■ ※ ★	李大钊故居	文华胡同 24 号
38 ☆	湖南会馆	烂缦胡同 101 号、103 号
39 ☆	国民会议促成会全国代表大会会址	北长街 71 号北长街小学内
40 ☆	原京华印书局	南新华街 177 号
41 ☆	长椿寺（李大钊烈士灵柩存放地）	长椿街 9 号、11 号
42 ※	国民政府财政部印刷局旧址	白纸坊西街 23 号
43	何基沣故居（魁公府）	宝产胡同 29 号
44	志成楼	赵登禹路 8 号北京市第三十五中学新校园内
45 ☆	平绥铁路西直门火车站	西直门外北滨河路 1 号
46 ※	中南海	西长安街
47	全国政协礼堂（中共八大会址）	太平桥大街 23 号
48 ■ ※ ★	宋庆龄同志故居	后海北沿 46 号
49	人民大会堂	天安门广场西部
朝 阳 区		
50 ★	马骏烈士墓	日坛北路 6 号日坛公园西北角
51	北平和平解放五里桥谈判纪念碑	朝阳北路与东高路交叉口东北侧（五里桥公园北）
52 ※ ☆ ★	四九一电台旧址	豆各庄乡双桥街 9 号院
53	双桥革命烈士纪念碑	黑庄户乡大鲁店村北京市长青园内
海 淀 区		
54 ☆	圆明园三一八烈士公墓	圆明园九洲清晏殿遗址处

续表

序号	名称	地址
55	北京大学革命烈士纪念碑	颐和园路5号北京大学校园内
56	清华英烈纪念碑	双清路30号清华大学校园内
57 ■★☆	李大钊烈士陵园	香山南路万安里1号万安公墓内
58 ★△▲	樱桃沟一二·九运动纪念地	北京植物园樱桃沟北部
59	黑山扈战斗纪念园、纪念碑和游击队之林纪念碑	百望山森林公园天摩沟、望京楼
60 ▲	贝家花园	苏家坨镇贝家花园路5号
61 ※☆	大觉寺	阳台山东麓
62 ※	香山碧云寺孙中山纪念堂及衣冠冢	香山公园碧云寺
63 ■△	万安公墓	香山南路万安里1号
64	北京大学三一八遇难烈士纪念碑	颐和园路5号北京大学校园内
65	埃德加·斯诺墓地	颐和园路5号北京大学校园内
66	韦杰三君死难纪念碑	双清路30号清华大学校园内
67	清华大学施滉烈士纪念壁碑	双清路30号清华大学第三教学楼西墙北侧
68	清华大学纪毓秀墓	双清路30号清华大学校园内
69	北京师范大学五四纪念碑	新街口外大街19号北京师范大学校园内
70	三一八殉难烈士范士融、刘和珍、杨德群纪念碑	新街口外大街19号北京师范大学校园内
71	北京师范大学一二·九纪念碑	新街口外大街19号北京师范大学校园内
72	北安河烈士纪念堂	苏家坨镇
73 △	六郎庄烈士纪念碑	六郎庄村北园子里46号

续表

序号	名称	地址
74	清华园车站	中关村街道华清嘉园西区南侧
75	西郊机场纪念地	四季青镇南坞村
76 ■★☆	双清别墅（毛泽东居住地）	香山公园内
77	来青轩（朱德、刘少奇、周恩来、任弼时居住地）	香山公园内
78	双清别墅东侧平房（中央警卫处驻地旧址）	香山公园内
79	小白楼（中央宣传部图书馆旧址）	香山公园内
80	思亲舍（中央宣传部旧址）	香山公园内
81	多云亭（中央宣传部办公旧址）	香山公园内
82	丽瞩楼（香山专用电话局旧址）	香山公园内
83	镇芳楼（中央机要处旧址）	香山公园内
84	香山纪念馆	香山脚下
85	景福阁	颐和园内
86	益寿堂	颐和园内
87 ■★	中国人民革命军事博物馆	复兴路9号
88	京西宾馆	羊坊店路1号
	丰 台 区	
89 ※★☆	长辛店劳动补习学校旧址	长辛店大街南段东祠堂口1号
90 ※★☆	长辛店工人俱乐部旧址	长辛店大街174号
91 ※★☆	长辛店留法勤工俭学旧址	长辛店第一中学校园内
92 ※☆	二七机车厂近代建筑遗存	长辛店杨公庄1号中车集团二七机车公司内

续表

序号	名称	地址
93 ※ ☆	警察局驻地旧址（长辛店二七惨案发生地）	长辛店大街 196 号
94 ※ ☆	工人夜班通俗学校旧址	长辛店第一小学校内
95 ※ ☆	二七烈士墓	长辛店公园内
96 ★	长辛店二七纪念馆	长辛店花园南里甲 15 号
97 ■★	中国人民抗日战争纪念馆	宛平城内
98 ★	中国人民抗日战争纪念雕塑园	卢沟桥城南街 77 号
99 △	东管头十八烈士墓	卢沟桥乡东管头教堂西侧
石 景 山 区		
100 ■★☆	八宝山革命公墓（含麻峪无名烈士墓碑）	石景山路 9 号
门 头 沟 区		
101 ★△	京西山区田庄党支部纪念馆	雁翅镇田庄村
102 △	八路军邓华支队司令部旧址	斋堂镇西斋堂村聂家大院
103 ★	冀热察挺进军司令部旧址陈列馆	斋堂镇马栏村
104 ▲	宛平县八年抗战为国牺牲烈士纪念碑	斋堂镇九龙头
105 ★	平西情报联络站纪念馆	妙峰山镇涧沟村
106 △	八路军宋邓支队会师旧址	清水镇杜家庄
107	宛平县抗日民主政府旧址	斋堂镇东斋堂村
108 △	冀热察军政委员会塔河旧址	清水镇塔河村
109 △	挺进军司令部塔河旧址	清水镇塔河村
110 △	挺进军十团团部旧址	斋堂镇马栏村

续表

序　号	名　称	地　址
111 △	冀热察区党委大三里旧址	斋堂镇大三里村
112	崔显芳烈士纪念馆（故居）	雁翅镇田庄村
113 △	昌宛专署党校黄安村旧址	清水镇黄安村
114 ※ ★	爨底下村	斋堂镇
115	柏峪村	斋堂镇
116	燕家台村	清水镇
房　山　区		
117 ★ ▲	平西抗日战争纪念馆和平西抗日烈士陵园	十渡镇十渡村
118 ▲	老帽山六壮士纪念碑亭	十渡镇十渡村
119 ▲	赵然烈士墓	十渡镇西庄村
120 ▲	窑上英烈园	琉璃河镇窑上村
121 ■★▲	没有共产党就没有新中国纪念馆	霞云岭乡堂上村
122 ▲	张坊村烈士陵园（郭士红烈士墓）	张坊镇张坊村
123 ▲	郭永生烈士墓	张坊镇片上村
124 ▲	王仲民烈士纪念碑	蒲洼乡蒲洼村
125 ▲	河北烈士碑亭	河北镇河北村村西
126 ▲	王家台烈士陵园	霞云岭乡王家台村
127 ▲	五烈士碑	周口店村娄子水村
128 ▲	大安山烈士碑亭	大安山乡大安山村
129	后石门烈士墓	大石窝镇后石门村
130	西营村纪念碑	韩村河镇西营村

续表

序 号	名 称	地 址
131	燕山革命烈士墓	燕山石化公司羊耳峪小区
132 ▲	吉羊无名烈士墓	石楼镇吉羊村
133	老英雄蒋维平烈士陵园	石楼镇石楼村
134	萧克疗伤地旧址	蒲洼乡森水村
135	白文如烈士墓	琉璃河镇务滋村
136	西甘池村革命烈士陵园	长沟镇西甘池村
137 ▲	良乡烈士陵园	良乡阳光北大街
138 ▲	蒲洼乡兵工厂遗址	蒲洼乡蒲洼村
139 ▲	平西无名烈士纪念地	十渡镇平峪村
通 州 区		
140 ※ ★ ☆	中共潞河中学支部旧址	北苑街道新华南路135号
141 ▲	大沙务革命烈士纪念碑	西集镇大沙务村
142 △	平津战役前线指挥部旧址	宋庄镇宋庄村中街
143	马驹桥革命烈士陵园	马驹桥镇二街村东（马驹桥镇实验小学对面）
顺 义 区		
144 ★	顺义区潮白烈士陵园	潮白河大桥东侧
145 ■ ★ ☆	北京焦庄户地道战遗址纪念馆	龙湾屯镇焦庄户村
146	庞山惨案纪念碑	大孙各庄镇尹家府村
昌 平 区		
147 ★ △	昌平烈士陵园（含昌平革命历史纪念馆）	流村镇西峰山村水台路
148 ▲ △	昌平县立乡村师范学校旧址	政府街邮政局院内

349

续表

序 号	名 称	地 址
149 ★	国民抗日军起义地遗址	流村镇白羊城村
150 ▲△	桃林烈士陵园	兴寿镇桃林村
151 ▲△	高崖口革命烈士纪念碑	流村镇狼儿峪村
152 ▲	昌宛县委、县政府驻地旧址	流村镇狼儿峪村
153 ▲	昌顺联合县县委、县政府驻地旧址	兴寿镇桃林村
154 ▲△	上店烈士陵园	流村镇上店村
155 ▲△	周德纯烈士墓	崔村镇东崔村
156 ▲△	大汤山烈士陵园	小汤山镇大汤山村
大 兴 区		
157	华黎烈士墓	榆垡镇榆垡中心小学校园内
158	田载耕烈士陵园	长子营镇赵献营村南
平 谷 区		
159 ★	桃棚村抗战遗址	山东庄镇桃棚村
160	熊儿寨烈士墓	熊儿寨乡熊儿寨村
161 ★☆	鱼子山抗日战争纪念馆	山东庄镇鱼子山村
162	北土门烈士墓	熊儿寨乡北土门村
163	井儿峪烈士墓	王辛庄镇井儿峪村
164	刘家河烈士墓	南独乐河镇刘家河村
165	南张岱烈士墓	东高村镇南张岱村
166	上宅烈士墓	金海湖镇上宅村童星小学东南
167	官庄烈士陵园	顺（义）平（谷）路官庄路口
168	水峪村英烈园	金海湖镇水峪村

续表

序 号	名 称	地 址
怀 柔 区		
169 ▲	刘玉林烈士墓	庙城镇桃山村
170 ▲	沙峪抗日纪念碑	渤海镇沙峪村东山
171 ★	怀柔第一党支部纪念馆	九渡河镇庙上村
172 ★	弘德烈士陵园	宝山镇道德坑村
173 ▲	长哨营烈士陵园	长哨营乡长哨营村
174 ▲	汤河口烈士陵园	汤河口镇汤河口村
175 ▲	刘士绥烈士陵园	怀柔镇大中富乐村
密 云 区		
176 ★☆	白乙化烈士纪念馆（陵园）	石城镇河北村
177 △	丰滦密联合县政府遗址	云蒙山牛盆峪村黄花顶
178 ▲	王波烈士碑园	不老屯镇半城子村
179 ★△	承兴密联合县政府旧址纪念馆	北庄镇大岭村
180 ★	英雄母亲邓玉芬雕塑和主题广场	石城镇张家坟村
181 ▲	云蒙山抗日斗争纪念碑	西田各庄镇牛盆峪村三峪风景区
182	炸弹厂遗址	石城镇水堡子村西北云蒙峡景区内
183	抗日标语遗迹	冯家峪镇西口外村
184	石洞子革命遗址	冯家峪镇石洞子村
185	雾灵山抗日标语摩崖石刻	新城子镇曹家路村东南雾灵山
186 △	白乙化烈士牺牲地	石城镇河北村
187	"还我河山"纪念碑	冯家峪镇冯家峪村
188 ▲	金崇山烈士纪念碑	太师屯镇葡萄园村

续表

序　号	名　称	地　址
189 ▲	新城子雾灵碑苑	新城子镇新城子村
190	七烈士纪念碑	石城镇张家坟村
191	"英志长青"纪念碑	石城镇张家坟村
192 ▲	南山革命烈士纪念碑	北庄镇大南沟村南山
193 ▲	四竿顶战斗烈士纪念碑	穆家峪镇庄头峪村
194 ▲	苍术会四十八烈士纪念碑	大城子镇苍术会村
195	刘殿文烈士墓	东邵渠镇南达峪村
196	靳朝阳烈士纪念碑	溪翁庄镇密溪公路西侧
197 △	古北口保卫战纪念碑及阵亡烈士墓碑	古北口镇古北口村
198	西田各庄烈士纪念碑	西田各庄镇西田各庄村北
199 ▲	密云烈士陵园	密云区园林路89号
延　庆　区		
200	康庄铁路党支部旧址	康庄镇康庄火车站
201 ★▲	平北红色第一村（含白乙化烈士雕塑）	大庄科乡沙塘沟村
202 ★▲	昌延联合县政府旧址	大庄科乡霹破石村
203 △	白龙潭烈士纪念碑	大庄科乡白龙潭桥东北坡
204 ■★▲△	平北抗日烈士纪念园（含平北抗日战争纪念馆）	旧县镇韩郝庄路口
205 ▲△	延庆县革命烈士墓	八达岭镇岔道村西南
206	四海县临时办公地旧址	四海镇永安堡村
207	双营战斗遗址	延庆镇双营村
208 △	四海烈士陵园	四海镇四海村四海中学西侧

续表

序　号	名　　称	地　　址
209	八里店无名烈士墓	张山营镇八里店村
210 △	河南无名烈士墓	千家店镇河南村
211 △	果树园无名烈士墓	井庄镇果树园村
212 △	平北军分区司令部纪念碑亭	张山营镇南碾沟村
213 △	窑湾烈士纪念碑	井庄镇窑湾村
214 △	巾帼英烈纪念碑	井庄镇八家村
215 △	四海烈士纪念碑	原四海中学校园围墙外
216	艾官营村烈士纪念碑亭	井庄镇艾官营村南山坡
217	北张庄村烈士纪念碑	旧县镇北张庄村东北山脚下
218	董家沟村烈士纪念碑	大庄科乡董家沟村西北角
219	董玉亭烈士纪念碑	沈家营镇魏家营村西南角
220	旧县村烈士纪念碑亭	旧县镇旧县村村委会北
221	刘斌堡烈士陵园	刘斌堡乡刘斌堡村西
222	彭家窑村烈士纪念碑亭	永宁镇彭家窑村西
223	大泥河村烈士纪念碑	大榆树镇大泥河村西南山坡
224	西河烈士纪念碑	香营乡山底下村旁的柏树林
225	小张家口村烈士纪念碑	大榆树镇小张家口村南1千米的半山坡上
226	珍珠泉烈士陵园	珍珠泉乡双金草村北大路旁
227	昌延县干训所旧址	大庄科乡铁炉村

北京市相关遗存一览表

（2019年）

序号	名称	地址
1	日军北支（甲）第1855部队本部	东城区天坛公园神乐署
2 ☆	张自忠故居	西城区西长安街街道府右街丙27号
3 ★☆	湖广会馆	西城区虎坊路3号
4	绍兴会馆	西城区南半截胡同7号
5	林白水故居（异地复建）	西城区骡马市大街9号（原位于棉花头条1号）
6	高仁山碑刻	西城区西长安街1号一六一中学内
7 ※	辛亥滦州起义纪念园	海淀区温泉路118号
8	佟麟阁将军之墓	海淀区香鹿园北正黄旗18号
9	侵华日军西郊机场飞机堡	海淀区四季青镇东冉村
10	侵华日军西苑集中营遗址	海淀区西苑
11	清华大学朱自清雕像和纪念亭	海淀区清华大学校园内
12	清华大学闻一多烈士雕像和纪念亭	海淀区清华大学校园内
13 ※★	卢沟桥	丰台区卢沟桥乡西部（永定河上）
14 ※★	宛平城	丰台区卢沟桥东
15 ☆	南苑兵营司令部旧址	丰台区警备东路南苑机场内
16 △	赵登禹将军之墓	丰台区卢沟桥西道口沙岗子附近
17	侵华日军南苑飞机窝	丰台区南苑村（团河路东南）
18	长辛店侵华日军吃人狼狗队遗址	丰台区长辛店二七纪念馆院内

续表

序号	名　称	地　址
19 ★	王家山惨案遗址	门头沟区斋堂镇王家山村
20	二站村天主教堂惨案遗址	房山区石楼镇二站村
21	冯玉祥驻通营盘旧址	通州区旧城南关窑厂村10号院
22 ▲	南口抗战旧址纪念碑	昌平区南口镇南口公园内
23	西山惨案遗址	昌平区流村镇溜石港村
24 ☆	团河保卫战遗址（团河行宫遗址）	大兴区团河村
25	南山村惨案遗址	平谷区南独乐河镇南山村
26	鱼子山惨案遗址	平谷区鱼子山村
27 ▲△	古北口长城抗战七勇士纪念碑	密云区古北口镇东关村帽儿山下
28 ★☆	古北口长城抗战纪念馆和古北口战役阵亡将士公墓	密云区古北口镇古北口村南关
29	潮河关惨案纪念碑	密云区古北口镇潮河关村口
30	牤牛沟"人圈"遗址	密云区冯家峪镇牤牛沟村
31	沙河桥头日军炮楼遗迹	密云区密云镇沙河铁路桥西头北侧
32	下营"万人坑"遗址	密云区冯家峪镇下营村
33 ▲	孟思郎峪惨案纪念碑	密云区冯家峪镇孟思郎峪村
34	殿臣峪惨案纪念碑	密云区不老屯镇殿臣峪村
35 △	岔道"万人坑"纪念碑亭	延庆区八达岭镇岔道村
36 △	西羊坊惨案纪念碑亭	延庆区张山营镇西羊坊村

北京市红色纪念展示教育设施一览表

（2019年）

序号	名称	地址
1 ☆	"光辉起点——中国共产党早期组织在东城"主题展（原北京大学数学系楼）	东城区沙滩后街55号
2	北京市西城区红墙意识党性教育基地	西城区长安街南侧（中南海对面）西安福胡同20号
3	北京市党员干部党性教育基地	西城区车公庄大街6号（中共北京市委党校院内）
4	北京西山无名英雄纪念广场	海淀区西山国家森林公园（闵庄路口）
5	周文彬塑像广场	通州区大运河森林公园内
6	大兴区烈士纪念广场	大兴区清源路清源公园内
7	北京经济技术开发区党群活动服务中心	大兴区亦庄凉水河一街
8 ★	大兴区委党校红色文化教育基地	大兴区兴丰街道大兴区委党校
9 ★	北京铁军纪念园	怀柔区渤海镇九公山

- ■ ——全国爱国主义教育基地或示范基地
- ※ ——全国重点文物保护单位（或所在地为全国重点文物保护单位）
- ★ ——北京市爱国主义教育基地或纪念地
- ☆ ——北京市文物保护单位（或所在地为北京市文物保护单位）
- ▲ ——区级爱国主义教育基地
- △ ——区级文物保护单位（或所在地为区级文物保护单位）

结　语

波澜壮阔的新民主主义革命,在北京这块沃土上留下了灿若星辰、光昭日月的红色遗存,书写着京华儿女不懈奋斗的壮丽诗篇,见证着中国革命艰苦卓绝的光辉历史,承载着共产党人矢志不渝的初心使命,值得我们永远铭记,值得我们传承弘扬。

北京红色遗存是一尊尊革命先驱的伟岸雕塑。遍布京华大地的红色遗存,耸立着众多革命先烈的纪念丰碑。走进李大钊烈士陵园,我们仿佛看到了这位伟大马克思主义者传播真理、奔走建党、舍生取义的雄才英姿;走进高君宇、石评梅墓,我们仿佛聆听到"我愿生如闪电之耀亮,我愿死如彗星之迅忽"的铿锵呐喊;走进马骏烈士墓,我们仿佛目睹着这位五四运动先锋勇立潮头、挥斥方遒、慷慨陈词的壮阔场景;走进三一八烈士公墓,我们仿佛感受到无数中华儿女在国难当头的危急时刻,为了信仰敢于正视淋漓鲜血的浩然正气……他们的英名在京华大地定格,他们的事迹在人民心中永驻,他们的精神在复兴征程中弘扬。

北京红色遗存是一幅幅风云际会的壮美画卷。新民主主义革命浪潮迭起,荡涤着一切污泥浊水,北京作为中国革命的重要历史舞台,在这里掀起了一场场壮怀激烈的革命风暴。火烧赵家楼遗址,记录着北京青年学生救亡图存、敢为人先、不畏强暴的爱国情怀,以磅礴之力鼓动着中国人民实现中华民族复兴的坚定信心;长辛店工人俱乐部等旧址,记录着中国共产党开展工人运动的探索实践,淬炼成伟大的二七革命精神,成为中国工人运动的重要起源地;

一二九运动纪念地,记录着北平学生和中华民族解放先锋队发出的震惊中外抗日救亡的怒吼,鲜艳醒目的《保卫华北》《收复失地》石刻,成为我们与历史对话的最好载体……这些红色遗存流淌着烈士的鲜血,绽放着生命的鲜花,汇聚成为中华民族崛起而前赴后继、不懈奋斗的历史画卷。

北京红色遗存是一面面昭示未来的精神旗帜。凝望新民主主义革命胜利的光辉历史,神州中华风起云涌,京华沃土红旗猎猎。北大红楼这座守望思想黎明的灯塔,依然闪耀着马克思主义的真理光芒;卢沟桥上众多形态各异的雄狮,依然发出保家卫国、抵御外侮的冲天怒吼;中共中央北京香山革命纪念地的一景一物,依然铭记着中国共产党人筹建新中国、解放全中国的宏图伟略;巍峨屹立的天安门城楼,依然见证着中华民族从站起来、富起来到强起来的坚实脚步……这些红色遗存历史意义丰富深邃、时代价值导向鲜明,始终是我们继往开来、砥砺前行的强大动力。

京华遗存漾清风,长征路遥阔步行。让我们沐浴着新时代的春风,接过革命先辈未竟的事业,向着中华民族更加美好的明天扬帆远航、高歌前行。

后　记

根据全国文化中心建设领导小组总体部署，在中共北京市委宣传部统筹指导下，市委党史研究室组织编写了"红色文化丛书"。丛书由中央党史研究室原副主任李忠杰担任主编，市委党史研究室主任李良及副巡视员刘岳担任执行主编，副主任陈志楣、张恒彬及原副巡视员范登生、副巡视员运子微担任执行副主编。

为打造精品力作，邀请邵维正、柳建辉、关海庭、杨凤城、王树荫、黄如军、包国俊等著名党史军史专家学者组成丛书编委会，并下设刘岳及曹楠、宋传信、方东杰、黄迎风、高俊良、王桂环、祁霄等人组成的办公室。编委会负责制订方案、确定书目、遴选主编、审订大纲及书稿。办公室负责组织联络督办工作，出台书写规范、组织作者培训等。曹楠负责丛书协调工作，宋传信负责丛书图片统筹工作，骆洪刚负责部分图片修版工作。

《北京红色遗存》是"红色文化丛书"之一。在2018年16个区史志工作部门红色遗存普查基础上，由市、区两级史志干部共同完成。16区史志部门撰写本区革命史概述，宋传信、曹楠除撰写74处红色遗存简介外，还与黄迎风、高俊良、王桂环、祁霄、杨华锋、孙太红、赵妍、孙良菊、阮珍珍、鲁杨、董盼盼、齐静霞、徐支燕、陈亮、王妍撰写74个主题故事。高俊良阅改第一、二稿，王桂环阅改主题故事，原北京市委党史研究室副主任陆兵审改第二稿，北京教育学院原院长李方审改第三稿，中央党史和文献研究院研究员李树泉审订书稿。段丽欣、王桂环润色全书，范登生改写导语、结语。原中央党校副校长李君如，中央党校（国家行政学院）分管日常工作的副校（院）长何毅亭、副校长谢春涛，原中央党史研究室副主任龙新民等老领导、专家学者对本书提出宝贵意见。北京出版社编辑对全书进行了严谨细致的编辑加工，在此一并表示衷心感谢。

由于时间仓促和水平有限，书中难免存在疏漏和不足之处，敬请广大读者批评指正。

中共北京市委党史研究室
2019年8月